MARCOS ALIPIO STRUTZEL

VEREDAS
da justiça

- PROFECIAS -

Editora CRV

Marcos Alipio Strutzel

VEREDAS DA JUSTIÇA

PROFECIAS

Editora CRV
Curitiba – Brasil
2020

Copyright © da Editora CRV Ltda.
Editor-chefe: Railson Moura
Diagramação e Capa: Diagramadores e Designers CRV
Imagens de Capa: ihonn/Shutterstock; Freepik
Revisão: Ronaldo Sathler Rosa

DADOS INTERNACIONAIS DE CATALOGAÇÃO NA PUBLICAÇÃO (CIP)
CATALOGAÇÃO NA FONTE
Bibliotecária responsável: Luzenira Alves dos Santos CRB9/1506

St893

Strutzel, Marcos Alípio.
 Veredas da justiça – profecias / Marcos Alipio Strutzel (autor), Ronaldo Sathler Rosa (revisor) – Curitiba : CRV, 2020.
254 p.

 Bibliografia
 ISBN Digital 978-65-5578-565-4
 ISBN Físico 978-65-5578-566-1
 DOI 10.24824/978655578566.1

 1. Teologia 2. Análise bíblica 3. Justiça 4. Profecia I. Rosa, Ronaldo Sathler. rev. II. Título III. Série.

CDU 2   CDD 230
Índice para catálogo sistemático
1. Teologia 230

ESTA OBRA TAMBÉM ENCONTRA-SE DISPONÍVEL
EM FORMATO DIGITAL.
CONHEÇA E BAIXE NOSSO APLICATIVO!

2020
Foi feito o depósito legal conf. Lei 10.994 de 14/12/2004
Proibida a reprodução parcial ou total desta obra sem autorização da Editora CRV
Todos os direitos desta edição reservados pela: Editora CRV
Tel.: (41) 3039-6418 – E-mail: sac@editoracrv.com.br
Conheça os nossos lançamentos: **www.editoracrv.com.br**

Conselho Editorial:

Aldira Guimarães Duarte Domínguez (UNB)
Andréia da Silva Quintanilha Sousa (UNIR/UFRN)
Anselmo Alencar Colares (UFOPA)
Antônio Pereira Gaio Júnior (UFRRJ)
Carlos Alberto Vilar Estêvão (UMINHO – PT)
Carlos Federico Dominguez Avila (Unieuro)
Carmen Tereza Velanga (UNIR)
Celso Conti (Ufscar)
Cesar Gerónimo Tello (Univer .Nacional Três de Febrero – Argentina)
Eduardo Fernandes Barbosa (UFMG)
Elione Maria Nogueira Diogenes (UFAL)
Elizeu Clementino de Souza (UNEB)
Élsio José Corá (UFFS)
Fernando Antônio Gonçalves Alcoforado (IPB)
Francisco Carlos Duarte (PUC-PR)
Gloria Fariñas León (Universidade de La Havana – Cuba)
Guillermo Arias Beatón (Universidade de La Havana – Cuba)
Helmuth Krüger (UCP)
Jailson Alves dos Santos (UFRJ)
João Adalberto Campato Junior (UNESP)
Josania Portela (UFPI)
Leonel Severo Rocha (UNISINOS)
Lídia de Oliveira Xavier (UNIEURO)
Lourdes Helena da Silva (UFV)
Marcelo Paixão (UFRJ e UTexas – US)
Maria Cristina dos Santos Bezerra (UFSCar)
Maria de Lourdes Pinto de Almeida (UNOESC)
Maria Lília Imbiriba Sousa Colares (UFOPA)
Paulo Romualdo Hernandes (UNIFAL-MG)
Renato Francisco dos Santos Paula (UFG)
Rodrigo Pratte-Santos (UFES)
Sérgio Nunes de Jesus (IFRO)
Simone Rodrigues Pinto (UNB)
Solange Helena Ximenes-Rocha (UFOPA)
Sydione Santos (UEPG)
Tadeu Oliver Gonçalves (UFPA)
Tania Suely Azevedo Brasileiro (UFOPA)

Comitê Científico:

Claudio Lorenzo (Université de Sherbrooke, USherbrooke, Canadá)
Clovis Ecco (PUC/GO)
Dirceu Bartolomeu Greco (UFMG)
Dora Porto (UNB)
Eduardo Rueda (Colômbia)
Flávio Rocha Lima Paranhos (UNB)
Helena Carneiro Leão (PUC/SP)
J. M. de Barros Dias (Universidade de Evora/Portugal)
Jose Eduardo Siqueira (PUC/PR)
José Roque Junges (UNISINOS)
Mario Antônio Sanches (PUC/PR)
Marlene Braz (FIOCRUZ)
Regina Ribeiro Parizi Carvalho (UNESCO)
Sergio Ibiapina Ferreira Costa (ICF)
Sérgio Rogério Azevedo Junqueira (Università Pontificia Salesiana di Roma, UPS, Itália)
Susana Vidal (UNESA)
Thiago Rocha da Cunha (UNB)
Volnei Garrafa (UNESP)

Este livro passou por avaliação e aprovação às cegas de dois ou mais pareceristas *ad hoc*.

Agradecimentos
Jane, querida esposa,
Sérgio, Fernando e Flávio, queridos filhos.

Homenagens
John Wesley (1703 - 1791)
Duncan Alexander Reily (1924 - 2004)
Dorival Rodrigues Beulke (1927 – 2014)

SUMÁRIO

APRESENTAÇÃO 11

O LIVRO DE AMÓS – TEXTO BÍBLICO COMPLETO 15

O LIVRO DE AMÓS 17

TEMA 1
A ÉPOCA DE AMÓS 39

TEMA 2
JAVÉ FALA 57

TEMA 3
AS VISÕES 77

TEMA 4
A CONDENAÇÃO 99

TEMA 5
A ELEIÇÃO DE ISRAEL 121

TEMA 6
O ÁLIBI DA RELIGIÃO 141

TEMA 7
A FALSA SEGURANÇA 165

TEMA 8
A CRISE DO PODER 175

TEMA 9
A CRISE DAS ELITES 189

TEMA 10
OS SINAIS DO JUÍZO 203

TEMA 11
JAVÉ, O CRIADOR 215

TEMA 12
A RESTAURAÇÃO 225

CONSIDERAÇÕES FINAIS 239

REFERÊNCIAS 243

ÍNDICE REMISSIVO 245

APRESENTAÇÃO

O conteúdo deste livro é o resultado do estudo e interpretação do livro de Amós, feito com base no texto bíblico e em um conjunto de trabalhos existentes sobre a origem, contexto e exegese de livros bíblicos elaborados por estudiosos dos profetas da Bíblia. Foram identificados alguns temas que emergem e que aglutinam ao redor de si versículos, observações e situações importantes para se conhecer a natureza do texto do livro do Profeta Amós e da vontade de Deus.

É a visão construída ao longo de alguns anos de estudo e meditação, que agora é compartilhada, evidenciando o conhecimento desenvolvido a respeito da vontade de Deus, nosso Senhor, aqui tratado como Javé (nome em português para Yahveh), com relação às nossas vidas, tanto no nível pessoal quanto no nível da sociedade.

Espera-se, sinceramente, que este escrito seja util para incentivar a meditação de muitas pessoas e para o debate em grupos e igrejas, apesar de não se constituir, obviamente, em um tratado científico sobre o profeta Amós ou sobre as profecias e nem querer esgotar os temas aqui tratados ou os assuntos que eles carregam.

É importante enfatizar que a parte exegética foi desenvolvida e registrada com base nas referências aqui citadas e, como o autor não é um escritor muito experiente, não houve preocupação em ligar cada aspecto e cada elemento do texto deste livro à respectiva fonte. Mas saibam os leitores que está tudo lá, nessas referências, e que nada dessa parte encontrada aqui é mérito pessoal do autor.

Em certos pontos, são feitas algumas comparações com situações, fatos ou pessoas da era de Cristo ou da era atual, mas ressalta-se que isto é feito apenas para tentar facilitar uma visão e uma interpretação mais clara e precisa do texto de Amós e do contexto de sua época, por pessoas que vivem e pensam nos dias atuais. Não há, portanto, intenção alguma de criticar ou apoiar qualquer dessas situações, fatos, pessoas ou mesmo religiões.

Deixa-se claro o profundo respeito a todas as pessoas, a todas as religiões, a todos os Estados e a todas as nações. Este livro não tem a intenção de colocar em dúvida e, muito menos, de atacar qualquer uma delas e, se em algum parágrafo assim o parecer, pede-se antecipadamente perdão e que notifiquem e corrijam.

Procurou-se também manter uma linguagem o mais familiar possível e sair um pouco da linguagem "teológica", a fim de favorecer o entendimento do texto por leigos, sendo este um dos objetivos que motivou este trabalho. Justamente para evitar desvios ou interpretações falsas é que o autor solicitou a revisão do texto deste livro pelo Pr. Ronaldo Sathler Rosa, pastor, teólogo e PhD em Teologia e, principalmente, um grande e estimado companheiro de jornada.

Em resumo, ao se adotar essa linha de pensamento, ao invés de dedicar espaço aos temas que surgem linearmente (passo a passo) ao longo do livro de Amós, buscou-se desenvolver separadamente alguns dos temas que surgem e que foram considerados os principais dentro dele. Assim, embora esses temas girem ao redor de um tema central, a justiça de Javé, foi possível destacar doze assuntos e tratar cada um deles de maneira sistemática, subdividindo o estudo de cada tema, sempre que possível, em partes, a saber:

a) **Introdução**, que trata do assunto levantado a partir do texto bíblico em si e da natureza do assunto;

b) **Apresentação do texto bíblico**, acompanhado de notas exegéticas, em forma de tabela, que talvez ajudem a entender alguns detalhes do texto e do contexto, conforme já mencionado acima;

c) **Comentário**, que procura ressaltar e ilustrar os conceitos que são a base do texto de Amós; e

d) **Questões**, que surgem, quando possível, ao se tentar reportar o texto e o contexto de outrora à época de hoje. Estas questões não aparecem, portanto, em todos os doze temas levantados por este livro. Elas possuem a intenção de servir como roteiro de pensamento, debate e tomada de decisão, através de perguntas, linhas futuras de meditação e de pesquisa e, também, de possíveis respostas, ainda que limitadas e provisórias, uma vez que podem ser totalmente substituídas por outras, mais coerentes e válidas, propostas por você, caro leitor.

Na elaboração deste livro, o foco foi procurar compreender o texto, ter uma ideia da sua redação original, tentar identificar possíveis alterações feitas em tempos posteriores, e analisar o seu peso e sua dimensão para o entendimento da missão do profeta e, principalmente, da vontade de Deus no passado e, até onde nos foi possível compreender, nos dias atuais.

Enfim, creio que devamos ir diretamente ao assunto.
Boa leitura!

O LIVRO DE AMÓS – TEXTO BÍBLICO COMPLETO

Esta obra é baseada no texto bíblico do Profeta Amós. A seguir, é apresentado o texto de Amós, o qual foi inserido aqui sob a permissão da SBB – Sociedade Bíblica do Brasil, conforme indicação contida no sítio da mesma, segundo o qual é permitida a reprodução livre de até quinhentos versículos sem permissão escrita. Para facilitar, e também para enriquecer a compreensão desse texto, ele é apresentado em duas versões:

- Nova Tradução na Linguagem de Hoje (NTLH)
- Almeida – Revisada e Atualizada (ARA)

Fala-se de enriquecer a compreensão, pois, ao se comparar estas duas versões, pode-se ter uma ideia do enorme esforço que representa traduzir um texto tão antigo, que remonta a cerca de 750 anos antes de Cristo, e colocá-lo em termos da linguagem atual procurando manter seu sentido o mais próximo possível de cada palavra e cada frase original.

Há outras versões da Bíblia disponíveis, as quais podem também ser consultadas e usadas para a comparação das traduções feitas e melhor compreensão ainda.

É altamente recomendável a leitura inicial e completa desse texto bíblico, pois isto proporcionará ao leitor a experiência de ter uma ideia global da mensagem dirigida por Deus ao povo de Israel e do trabalho de Amós, além de servir para que o leitor possa entrar no clima e no contexto da época do profeta, o que irá proporcionar maior facilidade de compreensão dos doze temas abrangidos por este livro.

Ao longo desta obra, ao se abordar os doze temas propostos, voltaremos a alguns trechos selecionados do texto bíblico, mas agora escolhidos e separados por serem relativos a cada um dos temas. Estes trechos são originados de versão dos Setenta, traduzida livremente pelo autor, os quais são acompanhados de alguns detalhes de exegese do texto antigo, para dar suporte aos comentários e às questões levantadas, conforme já mencionado.

O LIVRO DE AMÓS

Estes textos são extraídos do sítio da Sociedade Bíblica do Brasil, a qual permite a livre reprodução de até 500 versículos sem autorização expressa.

Nova Tradução na Linguagem de Hoje "NTLH"	Almeida – Revisada e Atualizada "ARA"
CAPÍTULO 1	
1 Esta é a mensagem a respeito do povo de Israel que Deus deu a Amós, pastor de ovelhas da cidade de Tekoa. Isso aconteceu dois anos antes do terremoto, quando Uzias era rei de Judá, e Jeroboão, filho de Joás, era rei de Israel.	**Ameaças contra diversas nações** 1 Palavras que, em visão, vieram a Amós, que era entre os pastores de Tekoa, a respeito de Israel, nos dias de Uzias, rei de Judá, e nos dias de Jeroboão, filho de Joás, rei de Israel, dois anos antes do terremoto.
2 Amós disse: "Do monte Sião, em Jerusalém, o SENHOR Deus fala alto, e a sua voz parece o trovão. Os pastos murcham, e tudo seca no monte Carmelo."	2 Ele disse: O SENHOR rugirá de Sião e de Jerusalém fará ouvir a sua voz; os prados dos pastores estarão de luto, e secar-se-á o cimo do Carmelo.
Deus condena as nações vizinhas Síria 3 O SENHOR Deus diz: — O povo de Damasco tem cometido tantos pecados, tantos mesmo, que eu tenho de castigá-los. Eles torturaram o povo de Gileade, fazendo passar sobre eles rodas com pontas de ferro.	3 Assim diz o SENHOR: Por três transgressões de Damasco e por quatro, não sustarei o castigo, porque trilharam a Gileade com trilhos de ferro.
4 Por isso, eu vou pôr fogo no palácio do rei Hazael, e esse mesmo fogo destruirá também as fortalezas do rei Ben-Hadade.	4 Por isso, meterei fogo à casa de Hazael, fogo que consumirá os castelos de Ben-Hadade.
5 Arrombarei os portões da cidade de Damasco e acabarei com os governadores de Biqueate-Avém e de Bete-Éden. O povo da Síria será levado como prisioneiro para a terra de Quir. Eu, o SENHOR, falei.	5 Quebrarei o ferrolho de Damasco e eliminarei o morador de Biqueate-Áven e ao que tem o cetro de Bete-Éden; e o povo da Síria será levado em cativeiro a Quir, diz o SENHOR.

Filisteia **6** O SENHOR Deus diz: — O povo de Gaza tem cometido tantos pecados, tantos mesmo, que eu tenho de castigá-los. Eles levaram como prisioneiro todo o povo de uma região e os venderam como escravos ao povo de Edom. **7** Por isso, eu vou pôr fogo nas muralhas de Gaza, e esse mesmo fogo destruirá também as fortalezas daquela cidade. **8** Vou acabar com os reis de Asdode e de Asquelom. Destruirei a cidade de Ecrom e acabarei com todos os outros filisteus. Eu, o SENHOR, falei. **Tiro** **9** O SENHOR Deus diz: — O povo de Tiro tem cometido tantos pecados, tantos mesmo, que eu tenho de castigá-los. Levaram como prisioneiro para Edom todo o povo de uma região com o qual tinham feito um acordo de amizade. **10** Por isso, eu vou pôr fogo nas muralhas de Tiro, e esse mesmo fogo destruirá também as fortalezas daquela cidade. **Edom** **11** O SENHOR Deus diz: — O povo do país de Edom tem cometido tantos pecados, tantos mesmo, que eu tenho de castigá-los. Fizeram guerra contra os seus irmãos, os israelitas, e não tiveram dó nem piedade. A raiva dos edomitas não parou, e eles conservaram o seu ódio para sempre.	**6** Assim diz o SENHOR: Por três transgressões de Gaza e por quatro, não sustarei o castigo, porque levaram em cativeiro todo o povo, para o entregarem a Edom. **7** Por isso, meterei fogo aos muros de Gaza, fogo que consumirá os seus castelos. **8** Eliminarei o morador de Asdode e o que tem o cetro de Asquelom e volverei a mão contra Ecrom; e o resto dos filisteus perecerá, diz o SENHOR. **9** Assim diz o SENHOR: Por três transgressões de Tiro e por quatro, não sustarei o castigo, porque entregaram todos os cativos a Edom e não se lembraram da aliança de irmãos. **10** Por isso, meterei fogo aos muros de Tiro, fogo que consumirá os seus castelos. **11** Assim diz o SENHOR: Por três transgressões de Edom e por quatro, não sustarei o castigo, porque perseguiu o seu irmão à espada e baniu toda a misericórdia; e a sua ira não cessou de despedaçar, e reteve a sua indignação para sempre.

VEREDAS DA JUSTIÇA
PROFECIAS

12 Por isso, eu vou pôr fogo na cidade de Temã, e esse mesmo fogo destruirá também as fortalezas de Bosra.	**12** Por isso, meterei fogo a Temã, fogo que consumirá os castelos de Bozra.
Amom **13** O SENHOR Deus diz: — O povo do país de Amom tem cometido tantos pecados, tantos mesmo, que eu tenho de castigá-los. Na guerra para conquistar mais terras na região de Gileade, eles rasgaram as barrigas de mulheres grávidas.	**13** Assim diz o SENHOR: Por três transgressões dos filhos de Amom e por quatro, não sustarei o castigo, porque rasgaram o ventre às grávidas de Gileade, para dilatarem os seus próprios limites.
14 Por isso, eu vou pôr fogo nas muralhas de Rabá, e esse mesmo fogo destruirá também as fortalezas daquela cidade. Haverá batalhas violentas e gritos de homens lutando.	**14** Por isso, meterei fogo aos muros de Rabá, fogo que consumirá os seus castelos, com alarido no dia da batalha, com turbilhão no dia da tempestade.
15 O rei e as autoridades serão levados como prisioneiros. Eu, o SENHOR, falei.	**15** O seu rei irá para o cativeiro, ele e os seus príncipes juntamente, diz o SENHOR.
CAPÍTULO 2	
Moabe **1** O SENHOR Deus diz: — O povo de Moabe tem cometido tantos pecados, tantos mesmo, que eu tenho de castigá-los. Profanaram o corpo do rei de Edom, queimando-o até virar cinza.	**1** Assim diz o SENHOR: Por três transgressões de Moabe e por quatro, não sustarei o castigo, porque queimou os ossos do rei de Edom, até os reduzir a cal.
2 Por isso, eu vou pôr fogo no país de Moabe, e esse mesmo fogo destruirá também as fortalezas de Queriote. Haverá batalhas violentas, gritos de soldados e som de cornetas, e o povo morrerá.	**2** Por isso, meterei fogo a Moabe, fogo que consumirá os castelos de Queriote; Moabe morrerá entre grande estrondo, alarido e som de trombeta.
3 Acabarei com o rei e com as autoridades de Moabe. Eu, o SENHOR, falei.	**3** Eliminarei o juiz do meio dele e a todos os seus príncipes com ele matarei, diz o SENHOR.

Judá	Ameaças contra Judá
4 O SENHOR Deus diz: — O povo de Judá tem cometido tantos pecados, tantos mesmo, que eu tenho de castigá-los. Eles rejeitaram a minha lei e desobedeceram aos meus mandamentos. Adoraram os mesmos deuses falsos que os seus antepassados adoraram.	**4** Assim diz o SENHOR: Por três transgressões de Judá e por quatro, não sustarei o castigo, porque rejeitaram a lei do SENHOR e não guardaram os seus estatutos; antes, as suas próprias mentiras os enganaram, e após elas andaram seus pais
5 Por isso, eu vou pôr fogo na terra de Judá, e esse mesmo fogo destruirá as fortalezas de Jerusalém.	**5** Por isso, meterei fogo a Judá, fogo que consumirá os castelos de Jerusalém.
Deus condena Israel	**Ameaças contra Israel**
6 O SENHOR Deus diz: — O povo de Israel tem cometido tantos pecados, tantos mesmo, que eu tenho de castigá-los. Vendem como escravos pessoas honestas que não podem pagar as suas dívidas e até aquelas que são tão pobres, que não podem pagar a dívida que fizeram para comprar um par de sandálias.	**6** Assim diz o SENHOR: Por três transgressões de Israel e por quatro, não sustarei o castigo, porque os juízes vendem o justo por dinheiro e condenam o necessitado por causa de um par de sandálias.
7 Perseguem e humilham os pobres e fazem injustiças contra as pessoas simples. Pais e filhos têm relações com prostitutas nos templos pagãos e assim envergonham o meu santo nome.	**7** Suspiram pelo pó da terra sobre a cabeça dos pobres e pervertem o caminho dos mansos; um homem e seu pai coabitam com a mesma jovem e, assim, profanam o meu santo nome.
8 Perto de qualquer altar pagão, eles se assentam sobre roupas que receberam como garantia de pagamento de dívidas e comem dos sacrifícios oferecidos aos ídolos. Para comprar o vinho que bebem no templo do deus deles, usam o dinheiro que receberam de multas injustas.	**8** E se deitam ao pé de qualquer altar sobre roupas empenhadas e, na casa do seu deus, bebem o vinho dos que foram multados.
9 Será que vocês já esqueceram o que fiz com os amorreus? Eu destruí aqueles homens que eram altos como os cedros e fortes como os carvalhos. Acabei completamente com eles.	**9** Todavia, eu destruí diante deles o amorreu, cuja altura era como a dos cedros, e que era forte como os carvalhos; e destruí o seu fruto por cima e as suas raízes por baixo.

10 Fui eu que tirei vocês do Egito, que os guiei quarenta anos pelo deserto e que lhes dei a terra dos amorreus.	**10** Também vos fiz subir da terra do Egito e quarenta anos vos conduzi no deserto, para que possuísseis a terra do amorreu.
11 Escolhi alguns dos seus filhos para serem profetas e outros para serem nazireus. Não foi isso mesmo o que eu fiz?	**11** Dentre os vossos filhos, suscitei profetas e, dentre os vossos jovens, nazireus. Não é isto assim, filhos de Israel? — diz o SENHOR.
12 Mas vocês dão vinho aos nazireus e proíbem os profetas de anunciar a minha mensagem.	**12** Mas vós aos nazireus destes a beber vinho e aos profetas ordenastes, dizendo: Não profetizeis.
13 Pois bem! Eu vou amontoar castigos em cima de vocês, e vocês vão ranger os dentes, como range uma carroça carregada de trigo.	**13** Eis que farei oscilar a terra debaixo de vós, como oscila um carro carregado de feixes.
14 Os que correm depressa não poderão escapar, os fortes perderão toda a força, e os corajosos não salvarão a vida.	**14** De nada valerá a fuga ao ágil, o forte não usará a sua força, nem o valente salvará a sua vida.
15 Os homens armados de arcos e flechas não vencerão, e não escaparão com vida nem os que fugirem a pé, nem os que fugirem montados a cavalo.	**15** O que maneja o arco não resistirá, nem o ligeiro de pés se livrará, nem tampouco o que vai montado a cavalo salvará a sua vida.
16 Naquele dia, até os soldados mais valentes jogarão fora as suas armas e fugirão. Eu, o SENHOR, estou falando.	**16** E o mais corajoso entre os valentes fugirá nu naquele dia, disse o SENHOR.

CAPÍTULO 3

1 Povo de Israel, escute o que o SENHOR Deus disse a respeito de vocês, o povo que ele tirou do Egito:	**O castigo contra a maldade de Israel** **1** Ouvi a palavra que o SENHOR fala contra vós outros, filhos de Israel, contra toda a família que ele fez subir da terra do Egito, dizendo:
2 — No mundo inteiro, vocês são o único povo que eu escolhi para ser meu. Por isso, tenho de castigá-los por causa de todos os pecados que vocês cometeram.	**2** De todas as famílias da terra, somente a vós outros vos escolhi; portanto, eu vos punirei por todas as vossas iniquidades.

O profeta não pode calar

3 Por acaso, duas pessoas viajam juntas, sem terem combinado antes?

4 Será que o leão ruge na floresta, sem ter achado algum animal para caçar? Será que o leão novo fica rosnando na caverna, se não tiver pegado nada?

5 Será que um passarinho cai numa armadilha que não estava armada? Será que uma armadilha se desarma sem ter pegado algum animal?

6 Quando tocam a corneta de alarme, será que o povo não fica com medo? Por acaso, cai alguma desgraça sobre uma cidade, sem que o SENHOR Deus a tenha feito acontecer?

7 Por acaso, o SENHOR Deus faz alguma coisa sem revelar aos seus servos, os profetas?

8 Quando o leão ruge, quem não fica com medo? Quando o SENHOR Deus fala, quem não anuncia a sua mensagem?

O castigo da cidade de Samaria

9 Anunciem nos palácios de Asdode e do Egito o seguinte: "Reúnam-se nos montes que ficam ao redor de Samaria e vejam a desordem que existe na cidade e os crimes que são cometidos."

10 O SENHOR Deus diz:
— O povo de Samaria não sabe fazer nada com honestidade, e os seus palácios estão cheios de coisas roubadas com violência.

---

3 Andarão dois juntos, se não houver entre eles acordo?

4 Rugirá o leão no bosque, sem que tenha presa? Levantará o leãozinho no covil a sua voz, se nada tiver apanhado?

5 Cairá a ave no laço em terra, se não houver armadilha para ela? Levantar-se-á o laço da terra, sem que tenha apanhado alguma coisa?

6 Tocar-se-á a trombeta na cidade, sem que o povo se estremeça? Sucederá algum mal à cidade, sem que o SENHOR o tenha feito?

7 Certamente, o SENHOR Deus não fará coisa alguma, sem primeiro revelar o seu segredo aos seus servos, os profetas.

8 Rugiu o leão, quem não temerá? Falou o SENHOR Deus, quem não profetizará?

9 Fazei ouvir isto nos castelos de Asdode e nos castelos da terra do Egito e dizei: Ajuntai-vos sobre os montes de Samaria e vede que grandes tumultos há nela e que opressões há no meio dela.

10 Porque Israel não sabe fazer o que é reto, diz o SENHOR, e entesoura nos seus castelos a violência e a devastação.

11 Por isso, os inimigos cercarão o seu país, destruirão as suas fortalezas e levarão embora tudo o que está nos palácios.	**11** Portanto, assim diz o SENHOR Deus: Um inimigo cercará a tua terra, derribará a tua fortaleza, e os teus castelos serão saqueados.
12 O SENHOR Deus diz: — Quando um leão pega uma ovelha, às vezes o pastor somente consegue salvar duas pernas ou uma orelha. Assim também serão salvos somente alguns moradores de Samaria, que agora descansam em camas de luxo.	**12** Assim diz o SENHOR: Como o pastor livra da boca do leão as duas pernas ou um pedacinho da orelha, assim serão salvos os filhos de Israel que habitam em Samaria com apenas o canto da cama e parte do leito.
13 Escutem o que eu digo e acusem o meu povo, os descendentes de Jacó — diz Deus, o SENHOR Todo-Poderoso.	**13** Ouvi e protestai contra a casa de Jacó, diz o SENHOR Deus, o Deus dos Exércitos:
14 — Quando eu castigar o povo de Israel por causa dos seus pecados, destruirei os altares de Betel. As quatro pontas de todos os altares serão quebradas e cairão no chão.	**14** No dia em que eu punir Israel, por causa das suas transgressões, visitarei também os altares de Betel; e as pontas do altar serão cortadas e cairão por terra.
15 Destruirei as casas de inverno e as de verão; as casas luxuosas, as casas enfeitadas de marfim, todas elas serão destruídas. Sou eu, o SENHOR, quem está falando.	**15** Derribarei a casa de inverno com a casa de verão; as casas de marfim perecerão, e as grandes casas serão destruídas, diz o SENHOR.
CAPÍTULO 4	
1 — Ouçam isto, mulheres da cidade de Samaria, que estão satisfeitas e gordas como as vacas de Basã! Vocês maltratam os necessitados, exploram os pobres e ficam sempre pedindo aos maridos que lhes tragam mais vinho para beber.	**Ameaças contra as mulheres de Samaria** **1** Ouvi esta palavra, vacas de Basã, que estais no monte de Samaria, oprimis os pobres, esmagais os necessitados e dizeis a vosso marido: Dá cá, e bebamos.

2 Eu, o SENHOR, juro pelo meu santo nome que virá o tempo em que vocês serão arrastadas para fora da cidade com anzóis, como se fossem peixes; nenhuma de vocês escapará.	**2** Jurou o SENHOR Deus, pela sua santidade, que dias estão para vir sobre vós, em que vos levarão com anzóis e as vossas restantes com fisga de pesca.
3 Vocês sairão em fila pelas brechas das muralhas e serão jogadas na direção do monte Hermom.	**3** Saireis cada uma em frente de si pelas brechas e vos lançareis para Hermom, disse o SENHOR.
Israel não quer arrepender-se **4** O SENHOR Deus diz: — Povo de Israel, vocês querem pecar? Pois vão aos santuários de Betel e de Gilgal e ali pequem à vontade! Todas as manhãs ofereçam sacrifícios e de três em três dias deem os seus dízimos.	**A cegueira espiritual de Israel** **4** Vinde a Betel e transgredi, a Gilgal, e multiplicai as transgressões; e, cada manhã, trazei os vossos sacrifícios e, de três em três dias, os vossos dízimos;
5 Apresentem os pães da oferta de gratidão a Deus e depois saiam para contar a todo mundo que fizeram ofertas de livre e espontânea vontade. E como vocês gostam de fazer isso!	**5** e oferecei sacrifício de louvores do que é levedado, e apregoai ofertas voluntárias, e publicai-as, porque disso gostais, ó filhos de Israel, disse o SENHOR Deus.
6 — Eu fiz com que faltasse comida em todas as cidades e que todos passassem fome, mas assim mesmo vocês não voltaram para mim.	**6** Também vos deixei de dentes limpos em todas as vossas cidades e com falta de pão em todos os vossos lugares; contudo, não vos convertestes a mim, disse o SENHOR.
7 Não deixei que chovesse durante três meses antes das colheitas. Fiz com que caísse chuva numa cidade, mas, em outra, não; choveu numa plantação, mas, em outra, não, e nesta tudo secou.	**7** Além disso, retive de vós a chuva, três meses ainda antes da ceifa; e fiz chover sobre uma cidade e sobre a outra, não; um campo teve chuva, mas o outro, que ficou sem chuva, se secou.

VEREDAS DA JUSTIÇA
PROFECIAS

8 As pessoas iam de cidade em cidade procurando água, mas não achavam o bastante nem para matar a sede. Assim mesmo vocês não voltaram para mim. Sou eu, o SENHOR, quem está falando.

9 — Eu os castiguei com ventos muito quentes e com pragas nas plantas; os gafanhotos acabaram com as hortas, com as parreiras, com as figueiras e com as oliveiras. Assim mesmo vocês não voltaram para mim.

10 Fiz cair sobre vocês uma praga como as que mandei contra o Egito. Fiz com que os moços morressem nos campos de batalha e deixei que os inimigos levassem embora os cavalos de guerra. Fiz com que o mau cheiro dos corpos que estavam apodrecendo se espalhasse pelo acampamento. Assim mesmo vocês não voltaram para mim. Sou eu, o SENHOR, quem está falando.

11 — Eu destruí cidades, como fiz com Sodoma e com Gomorra; vocês escaparam como se fossem um galho que no último momento é tirado do fogo. Assim mesmo vocês não voltaram para mim.

12 Por isso, povo de Israel, eu os castigarei. E, já que vou castigá-los, preparem-se para se encontrar com o seu Deus. Eu, o SENHOR, falei.

8 Andaram duas ou três cidades, indo a outra cidade para beberem água, mas não se saciaram; contudo, não vos convertestes a mim, disse o SENHOR.

9 Feri-vos com o crestamento e a ferrugem; a multidão das vossas hortas, e das vossas vinhas, e das vossas figueiras, e das vossas oliveiras, devorou-a o gafanhoto; contudo, não vos convertestes a mim, disse o SENHOR.

10 Enviei a peste contra vós outros à maneira do Egito; os vossos jovens, matei-os à espada, e os vossos cavalos, deixei-os levar presos, e o mau cheiro dos vossos arraiais fiz subir aos vossos narizes; contudo, não vos convertestes a mim, disse o SENHOR.

11 Subverti alguns dentre vós, como Deus subverteu a Sodoma e Gomorra, e vós fostes como um tição arrebatado da fogueira; contudo, não vos convertestes a mim, disse o SENHOR.

12 Portanto, assim te farei, ó Israel! E, porque isso te farei, prepara-te, ó Israel, para te encontrares com o teu Deus.

13 Foi Deus quem fez as montanhas e criou o vento. Ele revela os seus planos aos seres humanos. Ele faz o dia virar noite e anda por cima das montanhas. Este é o seu nome: o SENHOR, o Deus Todo-Poderoso.

13 Porque é ele quem forma os montes, e cria o vento, e declara ao homem qual é o seu pensamento; e faz da manhã trevas e pisa os altos da terra; SENHOR, Deus dos Exércitos, é o seu nome.

CAPÍTULO 5

O povo precisa arrepender-se
1 Povo de Israel, escute esta canção triste que eu canto a respeito de você:

2 "Israel, bela e pura como uma virgem, caiu e nunca mais se levantará! Está caída na sua própria terra, e ninguém a ajuda a se levantar!"

3 O SENHOR Deus diz:
— Se uma cidade mandar mil homens para a guerra, somente cem voltarão vivos; se mandar cem homens, somente dez voltarão.

4 O SENHOR diz isto ao povo de Israel:
— Voltem para mim a fim de que tenham vida.

5 Mas não me procurem em Betel, nem em Gilgal, nem em Berseba, pois o povo de Gilgal será levado como prisioneiro para fora do país, e a cidade de Betel vai ficar em ruínas.

6 Voltem para o SENHOR e vocês viverão. Se não voltarem, ele descerá como fogo para destruir o país de Israel, e em Betel ninguém poderá apagar esse fogo.

7 Em vez de praticarem a justiça, vocês praticam a injustiça, que causa amargura, e não respeitam os direitos dos outros.

Buscai a Deus e vivei
1 Ouvi esta palavra que levanto como lamentação sobre vós, ó casa de Israel:

2 Caiu a virgem de Israel, nunca mais tornará a levantar-se; estendida está na sua terra, e não há quem a levante.

3 Porque assim diz o SENHOR Deus: A cidade da qual saem mil conservará cem, e aquela da qual saem cem conservará dez à casa de Israel.

4 Pois assim diz o SENHOR à casa de Israel: Buscai-me e vivei.

5 Porém não busqueis a Betel, nem venhais a Gilgal, nem passeis a Berseba, porque Gilgal, certamente, será levada cativa, e Betel será desfeita em nada.

6 Buscai ao SENHOR e vivei, para que não irrompa na casa de José como um fogo que a consuma, e não haja em Betel quem o apague.

7 Vós que converteis o juízo em alosna e deitais por terra a justiça,

VEREDAS DA JUSTIÇA
PROFECIAS

8 O SENHOR Deus criou as estrelas, as Sete-Cabrinhas e as Três-Marias. Ele faz a noite virar dia e o dia virar noite. Ele chama as águas do mar e as derrama sobre a terra. O seu nome é SENHOR.

9 Ele acaba com os poderosos e destrói as suas fortalezas.

10 Vocês têm ódio daqueles que defendem a justiça e detestam as testemunhas que falam a verdade;

11 vocês exploram os pobres e cobram impostos injustos das suas colheitas. Por isso, vocês não vão viver nas casas luxuosas que construíram, nem chegarão a beber o vinho das belas parreiras que plantaram.

12 Eu sei das muitas maldades e dos graves pecados que vocês cometem. Vocês maltratam as pessoas honestas, aceitam dinheiro para torcer a justiça e não respeitam os direitos dos pobres.

13 Não admira que num tempo mau como este as pessoas que têm juízo fiquem de boca fechada!

14 Procurem fazer o que é certo e não o que é errado, para que vocês vivam. Assim será verdade o que vocês dizem, isto é, que o SENHOR, o Deus Todo-Poderoso, está com vocês.

---

8 procurai o que faz o Sete-estrelo e o Órion, e torna a densa treva em manhã, e muda o dia em noite; o que chama as águas do mar e as derrama sobre a terra; SENHOR é o seu nome.

9 É ele que faz vir súbita destruição sobre o forte e ruína contra a fortaleza.

10 Aborreceis na porta ao que vos repreende e abominais o que fala sinceramente.

11 Portanto, visto que pisais o pobre e dele exigis tributo de trigo, não habitareis nas casas de pedras lavradas que tendes edificado; nem bebereis do vinho das vides desejáveis que tendes plantado.

12 Porque sei serem muitas as vossas transgressões e graves os vossos pecados; afligis o justo, tomais suborno e rejeitais os necessitados na porta.

13 Portanto, o que for prudente guardará, então, silêncio, porque é tempo mau.

14 Buscai o bem e não o mal, para que vivais; e, assim, o SENHOR, o Deus dos Exércitos, estará convosco, como dizeis.

15 Odeiem aquilo que é mau, amem o que é bom e façam com que os direitos de todos sejam respeitados nos tribunais. Talvez o SENHOR, o Deus Todo-Poderoso, tenha compaixão das pessoas do seu povo que escaparem da destruição.	**15** Aborrecei o mal, e amai o bem, e estabelecei na porta o juízo; talvez o SENHOR, o Deus dos Exércitos, se compadeça do restante de José.
16 O SENHOR, o Deus Todo-Poderoso, diz: — Haverá gritos de dor em todas as cidades, e as ruas ficarão cheias de gente chorando. Até lavradores serão chamados para chorar pelos defuntos, junto com as pessoas que são pagas para fazer isso.	**16** Portanto, assim diz o Senhor, o SENHOR, Deus dos Exércitos: Em todas as praças haverá pranto; e em todas as ruas dirão: Ai! Ai! E ao lavrador chamarão para o pranto e, para o choro, os que sabem prantear.
17 Haverá choro em todas as plantações de uvas. E tudo isso acontecerá porque eu virei castigá-los. Eu, o SENHOR, estou falando.	**17** Em todas as vinhas haverá pranto, porque passarei pelo meio de ti, diz o SENHOR.
O Dia do SENHOR **18** Ai dos que querem que venha o Dia do SENHOR! Por que é que vocês querem esse dia? Pois será um dia de escuridão e não de luz.	**18** Ai de vós que desejais o Dia do SENHOR! Para que desejais vós o Dia do SENHOR? É dia de trevas e não de luz.
19 Será como um homem que foge de um leão e dá de cara com um urso; ou como alguém que entra em casa e encosta a mão na parede e é picado por uma cobra.	**19** Como se um homem fugisse de diante do leão, e se encontrasse com ele o urso; ou como se, entrando em casa, encostando a mão à parede, fosse mordido de uma cobra.
20 O Dia do SENHOR não será um dia de luz; pelo contrário, será um dia de trevas, de escuridão total.	**20** Não será, pois, o Dia do SENHOR trevas e não luz? Não será completa escuridão, sem nenhuma claridade?

Justiça e não sacrifícios	Deus exige justiça e não sacrifícios
21 O SENHOR diz ao seu povo: — Eu odeio, eu detesto as suas festas religiosas; não tolero as suas reuniões solenes.	**21** Aborreço, desprezo as vossas festas e com as vossas assembleias solenes não tenho nenhum prazer.
22 Não aceito animais que são queimados em sacrifício, nem as ofertas de cereais, nem os animais gordos que vocês oferecem como sacrifícios de paz.	**22** E, ainda que me ofereçais holocaustos e vossas ofertas de manjares, não me agradarei deles, nem atentarei para as ofertas pacíficas de vossos animais cevados.
23 Parem com o barulho das suas canções religiosas; não quero mais ouvir a música de harpas.	**23** Afasta de mim o estrépito dos teus cânticos, porque não ouvirei as melodias das tuas liras
24 Em vez disso, quero que haja tanta justiça como as águas de uma enchente e que a honestidade seja como um rio que não para de correr.	**24** Antes, corra o juízo como as águas; e a justiça, como ribeiro perene.
25 — Povo de Israel, por acaso, vocês me apresentaram sacrifícios e ofertas de cereais durante os quarenta anos em que estiveram no deserto?	**25** Apresentastes-me, vós, sacrifícios e ofertas de manjares no deserto por quarenta anos, ó casa de Israel?
26 Agora, vocês vão sair carregando as imagens do deus Sicute e da estrela Quium, que vocês fizeram para adorar. Vocês vão carregar essas imagens	**26** Sim, levastes Sicute, vosso rei, Quium, vossa imagem, e o vosso deus-estrela, que fizestes para vós mesmos.
27 quando eu os levar como prisioneiros para lá de Damasco. Eu, o SENHOR, o Deus Todo-Poderoso, estou falando.	**27** Por isso, vos desterrarei para além de Damasco, diz o SENHOR, cujo nome é Deus dos Exércitos.

CAPÍTULO 6

O castigo de Israel	
1 Ai dos que têm uma vida boa em Jerusalém! Ai de vocês que vivem sossegados em Samaria, vocês que são as autoridades desse grande país de Israel, vocês a quem o povo vai pedir ajuda!	**1** Ai dos que andam à vontade em Sião e dos que vivem sem receio no monte de Samaria, homens notáveis da principal das nações, aos quais vem a casa de Israel!

2 Vocês dizem ao povo: "Vão olhar a cidade de Calné, e depois vão até a grande cidade de Hamate, e dali cheguem até a cidade de Gate, na terra dos filisteus. Por acaso, aqueles povos são mais ricos do que nós ou os seus países maiores do que o nosso?"

3 Vocês não querem acreditar que o dia do castigo esteja perto, mas o que vocês estão fazendo vai apressar a chegada de um tempo de violência.

4 Ai de vocês que gostam de banquetes, em que se deitam em sofás luxuosos e comem carne de ovelhas e de bezerros gordos!

5 Vocês fazem músicas como fez o rei Davi e gostam de cantá-las com acompanhamento de harpas.

6 Bebem vinho em taças enormes, usam os perfumes mais caros, mas não se importam com a desgraça do país.

7 Portanto, vocês serão os primeiros a serem levados como prisioneiros para fora do país, e não haverá mais banquetes alegres.

8 O SENHOR, o Todo-Poderoso, jurou assim:
— Eu vou entregar a cidade de Samaria nas mãos do inimigo, que levará embora tudo o que encontrar. Pois eu odeio o orgulho do povo de Israel, detesto os seus palácios.

9 E vai acontecer que, se houver dez pessoas numa casa, todas morrerão.

2 Passai a Calné e vede; e, dali, ide à grande Hamate; depois, descei a Gate dos filisteus; sois melhores que estes reinos? Ou será maior o seu território do que o vosso território?

3 Vós que imaginais estar longe o dia mau e fazeis chegar o trono da violência;

4 que dormis em camas de marfim, e vos espreguiçais sobre o vosso leito, e comeis os cordeiros do rebanho e os bezerros do cevadouro;

5 que cantais à toa ao som da lira e inventais, como Davi, instrumentos músicos para vós mesmos;

6 que bebeis vinho em taças e vos ungis com o mais excelente óleo, mas não vos afligis com a ruína de José.

7 Portanto, agora, ireis em cativeiro entre os primeiros que forem levados cativos, e cessarão as pândegas dos espreguiçadores.

8 Jurou o SENHOR Deus por si mesmo, o SENHOR, Deus dos Exércitos, e disse: Abomino a soberba de Jacó e odeio os seus castelos; e abandonarei a cidade e tudo o que nela há.

9 Se numa casa ficarem dez homens, também esses morrerão.

VEREDAS DA JUSTIÇA
PROFECIAS

10 E, quando alguém chegar para tirar da casa o corpo do seu parente e queimá-lo, perguntará a quem ainda estiver vivo lá dentro: "Tem mais gente aí?" O outro responderá: "Não tem, não." Então o primeiro dirá: "Cale a boca! Não devemos nem dizer o nome do SENHOR!"	**10** Se, porém, um parente chegado, o qual os há de queimar, toma os cadáveres para os levar fora da casa e diz ao que estiver no seu mais interior: Haverá outro contigo? E este responder: Não há; então, lhe dirá: Cala-te, não menciones o nome do SENHOR.
11 Pois o SENHOR vai dar uma ordem, e todas as casas, as grandes e as pequenas, serão destruídas.	**11** Pois eis que o SENHOR ordena, e será destroçada em ruínas a casa grande, e a pequena, feita em pedaços.
12 Por acaso, podem os cavalos galopar sobre as rochas? Ou será que os bois podem puxar o arado no mar? Claro que não! Mas vocês fazem a honestidade virar veneno e a justiça virar injustiça.	**12** Poderão correr cavalos na rocha? E lavrá-la com bois? No entanto, haveis tornado o juízo em veneno e o fruto da justiça, em alosna.
13 Vocês se orgulham de terem derrotado a cidade de Lo-Debar e se gabam, dizendo: "Pela nossa própria força conquistamos Carnaim."	**13** Vós vos alegrais com Lo-Debar e dizeis: Não é assim que, por nossas próprias forças, nos apoderamos de Carnaim?
14 O SENHOR, o Deus Todo-Poderoso, diz: — Povo de Israel, vou mandar uma nação invadir o seu país, e todos vocês serão perseguidos desde a subida de Hamate, no Norte, até o riacho Arabá, no Sul.	**14** Pois eis que levantarei sobre vós, ó casa de Israel, uma nação, diz o SENHOR, Deus dos Exércitos, a qual vos oprimirá, desde a entrada de Hamate até ao ribeiro da Arabá.

CAPÍTULO 7

A visão dos gafanhotos **1** O SENHOR Deus me mostrou numa visão o seguinte: eu vi Deus criar uma praga de gafanhotos. Isso aconteceu quando já começava a crescer o capim que brota depois da colheita que pertence ao rei.	**A visão do gafanhoto, do fogo e do prumo** **1** Isto me fez ver o SENHOR Deus: eis que ele formava gafanhotos ao surgir o rebento da erva serôdia; e era a erva serôdia depois de findas as ceifas do rei.

2 Quando os gafanhotos acabaram de comer todas as plantas, eu disse a Deus, o SENHOR: — Eu te peço, ó Deus, que nos perdoes. O teu povo é fraco; como poderemos resistir? **3** Então ele mudou de ideia e respondeu: — O que você viu não acontecerá. **A visão do fogo** **4** O SENHOR Deus me mostrou numa visão outra coisa: eu vi que ele estava pronto para castigar o seu povo com fogo. O fogo secou o grande mar que fica debaixo da terra e estava acabando com as plantações. **5** Aí eu disse a Deus, o SENHOR: — Ó Deus, para! O teu povo é fraco; como poderemos resistir? **6** Então ele mudou de ideia e respondeu: — Isso também não acontecerá. **A visão do prumo** **7** O SENHOR me mostrou numa visão isto também: ele estava perto de um muro construído direito, a prumo, e tinha um prumo na mão. **8** Ele me perguntou: — Amós, o que é que você está vendo? — Um prumo! — respondi. Então ele me disse: — Eu vou mostrar que o meu povo não anda direito: é como um muro torto, construído fora de prumo. E nunca mais vou perdoar o meu povo.	**2** Tendo eles comido de todo a erva da terra, disse eu: SENHOR Deus, perdoa, rogo-te; como subsistirá Jacó? Pois ele é pequeno. **3** Então, o SENHOR se arrependeu disso. Não acontecerá, disse o SENHOR. **4** Isto me mostrou o SENHOR Deus: eis que o SENHOR Deus chamou o fogo para exercer a sua justiça; este consumiu o grande abismo e devorava a herança do SENHOR. **5** Então, disse eu: SENHOR Deus, cessa agora; como subsistirá Jacó? Pois ele é pequeno. **6** E o SENHOR se arrependeu disso. Também não acontecerá, disse o SENHOR Deus. **7** Mostrou-me também isto: eis que o Senhor estava sobre um muro levantado a prumo; e tinha um prumo na mão. **8** O SENHOR me disse: Que vês tu, Amós? Respondi: Um prumo. Então, me disse o Senhor: Eis que eu porei o prumo no meio do meu povo de Israel; e jamais passarei por ele.

9 Todos os templos e os outros lugares de adoração da terra de Israel serão destruídos, e eu vou acabar com o rei Jeroboão e com os seus descendentes.

Amós e Amazias

10 Amazias, o sacerdote de Betel, mandou o seguinte recado a Jeroboão, o rei de Israel:
— Amós está planejando uma revolta contra o senhor no meio do povo. O que ele está dizendo põe o país em perigo.

11 Ele anda falando assim: "Jeroboão morrerá numa guerra, e o povo de Israel será levado como prisioneiro para fora do seu país."

12 Depois Amazias disse a Amós:
— Fora daqui, seu profeta! Volte para a sua terra de Judá e ganhe a vida por lá com as suas profecias.

13 Pare de profetizar aqui em Betel, pois este é o santuário onde o rei adora, este é o templo principal do país.

14 Amós respondeu:
— Não sou profeta por profissão; não ganho a vida profetizando. Sou pastor de ovelhas e também cuido de figueiras.

15 Mas o SENHOR Deus mandou que eu deixasse os meus rebanhos e viesse anunciar a sua mensagem ao povo de Israel.

16 Portanto, escute a mensagem de Deus, o SENHOR. Você, Amazias, diz que eu não devo continuar profetizando contra o povo de Israel.

9 Mas os altos de Isaque serão assolados, e destruídos, os santuários de Israel; e levantar-me-ei com a espada contra a casa de Jeroboão.

Amós acusado como conspirador

10 Então, Amazias, o sacerdote de Betel, mandou dizer a Jeroboão, rei de Israel: Amós tem conspirado contra ti, no meio da casa de Israel; a terra não pode sofrer todas as suas palavras.

11 Porque assim diz Amós: Jeroboão morrerá à espada, e Israel, certamente, será levado para fora de sua terra, em cativeiro.

12 Então, Amazias disse a Amós: Vai-te, ó vidente, foge para a terra de Judá, e ali come o teu pão, e ali profetiza;

13 mas em Betel, daqui por diante, já não profetizarás, porque é o santuário do rei e o templo do reino.

14 Respondeu Amós e disse a Amazias: Eu não sou profeta, nem discípulo de profeta, mas boieiro e colhedor de sicômoros.

15 Mas o SENHOR me tirou de após o gado e o SENHOR me disse: Vai e profetiza ao meu povo de Israel.

16 Ora, pois, ouve a palavra do SENHOR. Tu dizes: Não profetizarás contra Israel, nem falarás contra a casa de Isaque.

17 Mas o SENHOR diz a você: "A sua mulher virará prostituta aqui na cidade, e os seus filhos e as suas filhas morrerão na guerra. O seu país será dividido entre outros países, e você morrerá numa terra pagã. E o povo de Israel vai ser levado como prisioneiro para fora da sua terra."	17 Portanto, assim diz o SENHOR: Tua mulher se prostituirá na cidade, e teus filhos e tuas filhas cairão à espada, e a tua terra será repartida a cordel, e tu morrerás na terra imunda, e Israel, certamente, será levado cativo para fora da sua terra.

CAPÍTULO 8

A visão da cesta de frutas **1** O SENHOR Deus me mostrou numa visão o seguinte: estava ali uma cesta cheia de frutas maduras.	**A visão de um cesto de frutos** **1** O SENHOR Deus me fez ver isto: eis aqui um cesto de frutos de verão.
2 Ele me perguntou: — Amós, o que é que você está vendo? — Uma cesta cheia de frutas maduras! — respondi. Então ele me disse: — Chegou o fim para o povo de Israel, que está maduro, pronto para ser arrancado como uma fruta madura. Nunca mais vou mudar de ideia e perdoá-los	**2** E perguntou: Que vês, Amós? E eu respondi: Um cesto de frutos de verão. Então, o SENHOR me disse: Chegou o fim para o meu povo de Israel; e jamais passarei por ele.
3 Naquele dia, em vez de canções haverá lamentações no palácio. Haverá tantos mortos, que os corpos serão jogados em qualquer lugar. Silêncio! Eu, o SENHOR, estou falando	**3** Mas os cânticos do templo, naquele dia, serão uivos, diz o SENHOR Deus; multiplicar-se-ão os cadáveres; em todos os lugares, serão lançados fora. Silêncio!
A condenação de Israel **4** Escutem, vocês que maltratam os necessitados e exploram os humildes aqui neste país.	**A ruína de Israel está perto** **4** Ouvi isto, vós que tendes gana contra o necessitado e destruís os miseráveis da terra,
5 Vocês dizem: "Quem dera que a Festa da Lua Nova já tivesse terminado para que pudéssemos voltar a vender os cereais! Como seria bom se o sábado já tivesse passado! Aí começaríamos a vender trigo de novo, cobrando preços bem altos, usando pesos e medidas falsos	**5** dizendo: Quando passará a Festa da Lua Nova, para vendermos os cereais? E o sábado, para abrirmos os celeiros de trigo, diminuindo o efa, e aumentando o siclo, e procedendo dolosamente com balanças enganadoras,

6 e vendendo trigo que não presta. Os pobres não terão dinheiro para pagar as suas dívidas, nem mesmo os que tomaram dinheiro emprestado para comprar um par de sandálias. Assim eles se venderão a nós e serão nossos escravos!"

7 Portanto, o SENHOR, o Deus a quem o povo de Israel louva, faz este juramento:
— Nunca esquecerei aquilo que o meu povo tem feito.

8 Por causa disso, a terra tremerá, e todos os seus moradores chorarão de tristeza. A terra subirá e baixará como as águas do rio Nilo.

9 Naquele dia, farei o sol se pôr ao meio-dia, e em pleno dia a terra ficará coberta de escuridão. Sou eu, o SENHOR, quem está falando.

10 Transformarei as suas festas em velórios; vocês vão chorar em vez de cantar. Em sinal de luto, vocês vestirão roupa feita de pano grosseiro e raparão a cabeça. Vocês serão como pais chorando a morte do filho único. E tudo terminará em amargura.

11 — Está chegando o dia em que mandarei fome pelo país inteiro. Todos ficarão com fome, mas não por falta de comida, e com sede, mas não por falta de água. Todos terão fome e sede de ouvir a mensagem de Deus, o SENHOR.

12 Correrão do mar Morto até o mar Mediterrâneo, irão pelas regiões do Norte e do Leste do país, procurando a mensagem de Deus, o SENHOR, mas não a encontrarão.

6 para comprarmos os pobres por dinheiro e os necessitados por um par de sandálias e vendermos o refugo do trigo?

7 Jurou o SENHOR pela glória de Jacó: Eu não me esquecerei de todas as suas obras, para sempre!

8 Por causa disto, não estremecerá a terra? E não se enlutará todo aquele que habita nela? Certamente, levantar-se-á toda como o Nilo, será agitada e abaixará como o rio do Egito.

9 Sucederá que, naquele dia, diz o SENHOR Deus, farei que o sol se ponha ao meio-dia e entenebrecerei a terra em dia claro.

10 Converterei as vossas festas em luto e todos os vossos cânticos em lamentações; porei pano de saco sobre todos os lombos e calva sobre toda cabeça; e farei que isso seja como luto por filho único, luto cujo fim será como dia de amarguras.

11 Eis que vêm dias, diz o SENHOR Deus, em que enviarei fome sobre a terra, não de pão, nem sede de água, mas de ouvir as palavras do SENHOR.

12 Andarão de mar a mar e do Norte até ao Oriente; correrão por toda parte, procurando a palavra do SENHOR, e não a acharão.

13 Naquele dia, até moços e moças fortes desmaiarão de sede. 14 Os que juram pelos ídolos de Samaria, os que dizem: "Eu juro pelo deus de Dã" ou: "Eu juro pelo deus de Berseba" — todos eles cairão e nunca mais se levantarão. Eu, o SENHOR, estou falando.	13 Naquele dia, as virgens formosas e os jovens desmaiarão de sede, 14 os que, agora, juram pelo ídolo de Samaria e dizem: Como é certo viver o teu deus, ó Dã! E: Como é certo viver o culto de Berseba! Esses mesmos cairão e não se levantarão jamais.

CAPÍTULO 9

A visão da queda do templo de Betel	**Os juízos de Deus são inevitáveis**
1 Eu vi o Senhor perto do altar. Ele disse: — Dê pancadas nas colunas do templo até que o edifício todo comece a tremer. Deixe cair pedaços das colunas nas cabeças das pessoas que estão lá dentro. Os que escaparem com vida eu matarei na guerra; nenhum deles escapará, nenhum viverá.	1 Vi o Senhor, que estava em pé junto ao altar; e me disse: Fere os capitéis, e estremecerão os umbrais, e faze tudo em pedaços sobre a cabeça de todos eles; matarei à espada até ao último deles; nenhum deles fugirá, e nenhum escapará.
2 Mesmo que consigam entrar pela terra adentro e chegar até o mundo dos mortos, eu os tirarei dali; mesmo que subam até o céu, eu os farei descer de lá.	2 Ainda que desçam ao mais profundo abismo, a minha mão os tirará de lá; se subirem ao céu, de lá os farei descer.
3 Se procurarem se esconder no alto do monte Carmelo, eu irei atrás deles e os pegarei; se eles se esconderem de mim no fundo do mar, eu darei ordem à Serpente do mar, e ela os morderá.	3 Se se esconderem no cimo do Carmelo, de lá buscá-los-ei e de lá os tirarei; e, se dos meus olhos se ocultarem no fundo do mar, de lá darei ordem à serpente, e ela os morderá.
4 Se forem levados como prisioneiros pelo inimigo, eu darei ordem, e eles serão mortos. Pois eu vou cuidar deles, não para protegê-los, mas para destruí-los.	4 Se forem para o cativeiro diante de seus inimigos, ali darei ordem à espada, e ela os matará; porei os olhos sobre eles, para o mal e não para o bem.

5 O SENHOR, o Deus Todo-Poderoso, toca na terra, e ela treme, e todos os seus moradores choram de tristeza. A terra sobe e baixa como as águas do rio Nilo.

6 Deus constrói a sua casa nas alturas e coloca o céu por cima da terra. Ele chama as águas do mar e as derrama sobre a terra. O seu nome é SENHOR!

7 O SENHOR Deus diz:
— Povo de Israel, eu amo o povo da Etiópia tanto quanto amo vocês. Assim como eu trouxe vocês do Egito, eu também trouxe os filisteus da ilha de Creta e os arameus da terra de Quir.

8 Estou olhando para Israel, este país de pecadores, e vou fazê-lo desaparecer da terra; mas não acabarei com todos os israelitas. Sou eu, o SENHOR, quem está falando.

9 — Vou dar ordem e vou separar os bons dos maus em Israel, como quem separa o trigo da casca, sem perder um só grão.

10 Vão morrer na guerra todos os pecadores do meu povo, isto é, todos os que dizem: "Deus não deixará que qualquer desastre chegue perto de nós."

Um futuro feliz para Israel
11 O SENHOR Deus diz: — Naquele dia, eu construirei de novo o reino de Davi, que é como uma casa que caiu. Taparei as rachaduras das paredes e levantarei a casa que estava em ruínas, e ela ficará como era antes.

5 Porque o Senhor, o SENHOR dos Exércitos, é o que toca a terra, e ela se derrete, e todos os que habitam nela se enlutarão; ela subirá toda como o Nilo e abaixará como o rio do Egito.

6 Deus é o que edifica as suas câmaras no céu e a sua abóbada fundou na terra; é o que chama as águas do mar e as derrama sobre a terra; SENHOR é o seu nome.

7 Não sois vós para mim, ó filhos de Israel, como os filhos dos etíopes? — diz o SENHOR. Não fiz eu subir a Israel da terra do Egito, e de Caftor, os filisteus, e de Quir, os siros?

8 Eis que os olhos do SENHOR Deus estão contra este reino pecador, e eu o destruirei de sobre a face da terra; mas não destruirei de todo a casa de Jacó, diz o SENHOR.

9 Porque eis que darei ordens e sacudirei a casa de Israel entre todas as nações, assim como se sacode trigo no crivo, sem que caia na terra um só grão.

10 Todos os pecadores do meu povo morrerão à espada, os quais dizem: O mal não nos alcançará, nem nos encontrará.

Restauração do Israel espiritual
11 Naquele dia, levantarei o tabernáculo caído de Davi, repararei as suas brechas; e, levantando-o das suas ruínas, restaurá-lo-ei como fora nos dias da antiguidade;

12 Então o meu povo conquistará o que restar do país de Edom e de todas as outras nações que eram minhas. Eu farei com que tudo isso aconteça. Sou eu, o SENHOR, quem está falando.	**12** para que possuam o restante de Edom e todas as nações que são chamadas pelo meu nome, diz o SENHOR, que faz estas coisas.
13 — Está chegando o dia em que o trigo crescerá mais depressa do que poderá ser colhido, as parreiras produzirão uvas mais depressa do que se poderá fazer vinho. As parreiras produzirão tantas uvas, que o vinho vai correr à vontade, como um rio.	**13** Eis que vêm dias, diz o SENHOR, em que o que lavra segue logo ao que ceifa, e o que pisa as uvas, ao que lança a semente; os montes destilarão mosto, e todos os outeiros se derreterão.
14 Trarei o meu povo de volta do cativeiro para a sua terra. Eles construirão de novo as cidades que estavam em ruínas e morarão nelas. Farão plantações de uvas e beberão do seu vinho; cultivarão pomares e comerão as suas frutas.	**14** Mudarei a sorte do meu povo de Israel; reedificarão as cidades assoladas e nelas habitarão, plantarão vinhas e beberão o seu vinho, farão pomares e lhes comerão o fruto.
15 Plantarei o meu povo na terra que lhes dei, e eles nunca mais serão arrancados dali. Eu, o SENHOR, o Deus de vocês, falei.	**15** Plantá-los-ei na sua terra, e, dessa terra que lhes dei, já não serão arrancados, diz o SENHOR, teu Deus.

TEMA 1
A ÉPOCA DE AMÓS

1.1 A época de Amós – Introdução

Quando Amós aparece no cenário religioso e político de Israel, estão reinando Jeroboão II, em Samaria, região do reino de Israel, ao norte (entre 785 / 4 até 747 / 6 AC), e Uzias, em Jerusalém, região do reino de Judá, ao sul (787 / 6 até 747 / 6 AC). Ou seja, a sua ação ocorre durante meados do século VIII AC.

Este era um momento particularmente feliz, ou seja, tranquilo, para a região da palestina. Historicamente, esta região agitada do antigo oriente estava passando por um período de paz e prosperidade semelhante àquele de dois séculos antes, que ocorreu durante o reinado de Salomão. Israel era um núcleo de bem-estar, liberdade e de crescimento econômico situado próximo ao Egito, o qual havia sido uma potência gloriosa, mas, então, já se encontrava sem o grande poder de antes. Na região havia também outros governos pequenos e instáveis, além de cidades costeiras, isoladas em seu comércio e em suas memórias, como as cidades fenícias e filisteias.

Figura 1 – A vila de Tekoa no início do século 21

Nessa época existia, na verdade, a grande ameaça da política expansionista da Assíria, país cuja principal cidade era Nínive, a cerca de quinhentos quilômetros a nordeste de Damasco. Embora essa política fosse imprevisível, sinuosa e de grande violência, estava atuando a grandes distâncias, nas regiões próximas dos rios Eufrates e Tigre, e fazendo outros povos como vítimas, os quais eram desconhecidos ou irrelevantes para Israel, ao menos naquele momento. No entanto, por um fato histórico singular, é exatamente a Assíria, o grande inimigo do futuro, que irá colocar um fim à liberdade ilusória de Israel, na Samaria, aquela que estava a garantir, por algumas décadas, a liberdade e a paz para o pequeno reino de Israel. A pressão assíria, de fato, atingiu pelo lado norte o poder dos aracênios de Damasco, desviando temporariamente sua atenção quanto a uma possível expansão mais para o sul, em direção a Israel. A superpotência assiria ameaçava o poder sírio e, nesse contexto, o pequeno Israel, justamente por ser militarmente irrelevante, acabara de recuperar a sua liberdade e também uma relativa estabilidade.

Figura 2 – Mapa antigo básico Judá – Israel – Síria – Assíria

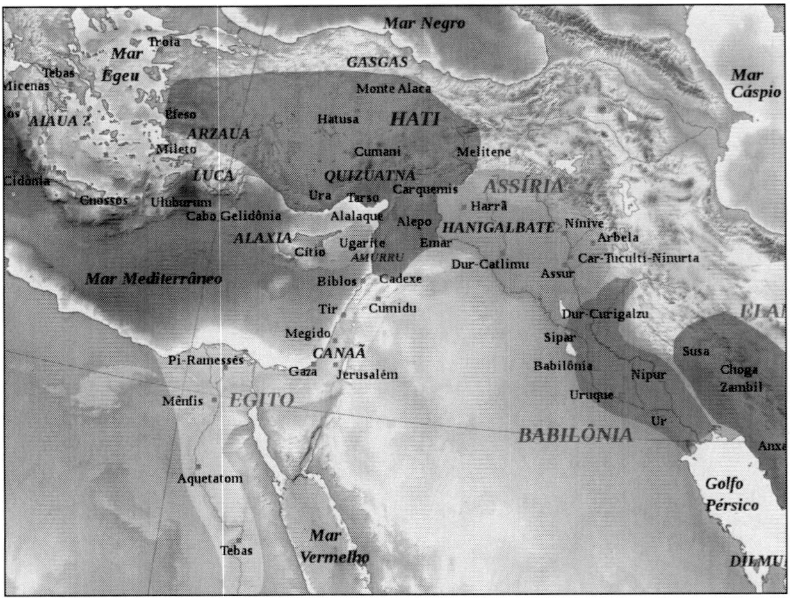

Este ficheiro foi derivado de: Moyen Orient 13e siècle.svg:, CC BY 4.0, https://commons.wikimedia.org/w/index.php?curid=50458601

Isto foi de grande importância para Israel, uma vez que, por décadas, a sua política, sua própria existência e também a do reino de Judá, ora aliado, ora inimigo, foram condicionados e limitados pela política e pela ação militar da Síria, cuja principal cidade era Damasco. Foi um conflito desgastante e extenuante, travado nas fronteiras ao norte e com a Transjordânia, pontilhada de cercos e de batalhas campais, alternando conquistas e perdas de cidades fortificadas, como Gileade. A guerra sirio-efraimita havia criado um legado inevitável de destruição e violência, uma perda geral e uma fadiga profunda em populações que tinham sido vítimas inocentes de massacres injustificados, deportações, violações das normas de respeito e de caridade geralmente aceitas.

Esta página da história já era uma coisa do passado para a geração de Amós. Anteriormente, Joás (anos 801 a 786/7) conseguiu recuperar a Transjordânia (II Reis 13:25) e o seu filho Jeroboão II continuou a guerra de libertação e restaurou as antigas fronteiras do reino (II Reis 14:25) ao reocupar a região de Gileade. Esta série de sucessos militares, depois de décadas de humilhação, foi uma motivação importante para revigorar os sentimentos nacionalistas em Israel, especialmente de suas classes dominantes – com os militares à frente – e criou um sentimento de otimismo e até de ousadia, ainda que petulante e sem consistência, devido à situação política precária e ao pequeno poderio das forças militares israelitas.

Mas há algo além disso: Israel associa Javé, o Senhor Deus, a toda essa sua ilusão de triunfos, considerando que o Deus dos exércitos não pode mais ficar longe e ausente, e que o "Seu dia", o Seu glorioso evento, não pode deixar de acontecer e que este será a coroação de uma política de vitórias de Israel.

Estes relativos sucessos na política externa são também acompanhados por mudanças profundas na realidade socioeconômica do país. Pode-se dizer que, nessa época, estava quase totalmente concluída a integração das populações israelitas nômades em Canaã. Este assentamento em terras cultivadas, com a transição de uma economia pastoril para uma economia mais baseada na agricultura, causou grandes crises no conjunto das tribos, acrescentando fatores a mais à crise que já ocorria devido ao processo de urbanização que estava se desenvolvendo.

Agora, na era de Jeroboão II, toda a sociedade tende para um crescimento mais rápido e forte, o comércio se intensifica, aumenta o bem-estar nos meios mais ricos e, por outro lado, a corrupção se estende. Os relacionamentos antigos de fraternidade e de igualdade que guiaram durante séculos as relações dentro da sociedade patriarcal estão se dissolvendo e vão sendo substituídos por relações cada vez mais rígidas de dominação e de exploração de uma classe social por outra.

Não menos importante é também o aspecto religioso da vida em Israel. A tensão existente ao longo de muitas décadas entre a antiga tradição de fé do povo de Deus e da religião cananéia ainda não tinha sido resolvida e nem mesmo atenuada. Israel, de fato, parecia irritado com a intervenção dos grandes profetas do século IX AC, Elias e Eliseu. Para este povo estão, de um lado, a fé e obediência ao Senhor, o Deus da Aliança e da libertação do povo do cativeiro no Egito, e, do outro lado, estão as divindades do culto à natureza de Baal e Astarte.

Mas esta contraposição nem sempre viveu em tal extremo e de modo tão radical como pode sugerir o famoso episódio do profeta Isaías no Monte Carmelo (1 Reis 18). Entre Deus e Baal é impossível uma reconciliação em um nível espiritual, e aí há duas revelações opostas: um lado é a lei, o outro lado é a natureza; por um lado são as obras de salvação do Senhor que retirou com braço forte o seu povo do cativeiro no Egito, por outro lado são os rituais do culto da fertilidade. Mas, na prática, no culto e nas formas de piedade, há um contraste que parece dissolver-se em uma série de compromissos, de acomodações e de sincretismo religioso.

Uma dessas formas de conciliação é, sem dúvida, promovida pela política religiosa dos soberanos israelitas, os quais não negavam a referência ao Senhor como o Deus da Aliança, e, como resultado, ao povo escolhido, mas também acolhiam elementos da tradição cananéia, fenícia e síria, somando tudo em uma espécie de religião do Estado, principalmente por razões políticas. Assim, foram juntados o valor da tradição (valorização dos santuários da era patriarcal em Jerusalém), o nacionalismo (Javé, Deus "exclusivo" de Israel), a religiosidade supersticiosa que lançava mão do uso de liturgias e rituais do ambiente cananeu e, finalmente, a sacralidade do poder real, que colocava o rei como ministro e representante de Javé.

Neste ambiente conturbado, de expansão e de crescimento, enfrentando o futuro com desenvoltura e otimismo, mas em crise profunda e dilacerado por tensões, é que surge a pregação de Amós, o pastor de Tekoa.

1.2 O livro de Amós – Uma introdução

O livro de Amós é o texto mais antigo da pregação dos profetas de Israel em nossa posse e, como tal, representa um documento extremamente importante. Na composição da Bíblia, ele foi incluído na coleção dos doze profetas menores e é um texto relativamente curto. Ele começa com dois versos iniciais que indicam o autor, o tempo de sua pregação e o tema da sua mensagem e se constituem numa espécie de prefácio do livro.

Uma visão geral do livro de Amós é dada a seguir:

🕎 Na primeira parte (Cap. 1:3 até Cap. 2:16) há uma coleção de oráculos contra os povos vizinhos de Israel e um oráculo mais amplo e detalhado contra o próprio Israel.

🕎 A segunda parte (Caps. 3 até 6) é constituída por uma série de oráculos de condenação contra o povo e seus líderes, proclamando a destruição e a punição divina.

🕎 Na terceira parte (Caps. 7 até 9) é encontrado um material de um tipo diferente: uma série de visões, algumas palavras de condenação que prolongam o tema da segunda parte, o conto de um episódio cujos protagonistas são o profeta e o sacerdote Amazias em Betel, e, finalmente, alguns anúncios de restauração.

Com exceção da primeira parte, que é a mais bem estruturada, o conjunto do texto carece de organicidade, embora trate de uma temática substancialmente uniforme. As palavras do profeta, suas visões e provérbios não são, efetivamente, ordenados de acordo com uma progressão lógica, mas simplesmente aparecem uma ao lado da outra, como se tivessem sido coletados aleatoriamente. Não raro, elas adentram umas nas outras, ou se sobrepõem umas às outras, quebrando a linha de pensamento inicial. As visões mencionadas na última parte não estão ordenadas e aparecem interrompidas pelo episódio de Betel (7: 10-17).

No que diz respeito a este livro da Bíblia, estão formuladas, analogamente ao que ocorreu em relação a outros livros da Bíblia, várias hipóteses para explicar a gênese e os eventos, a fim de dar um sentido e uma razão, se não para todos, pelo menos para alguns problemas nele tratados. Antes de levar brevemente em consideração esses problemas, porém, convém identificar alguns elementos importantes. Nenhum dos documentos proféticos possui as características de uma obra literária, no sentido moderno, não é uma composição estruturada, feita por pessoas das quais se conheça precisamente suas atribuições ou propósitos, mas consistem, sim, na sua maioria, em textos ligados a períodos de tempo relativamente curtos destinados a desenvolver uma ideia, um tema ou uma tese.

A verdade é que os textos atualmente conhecidos dos profetas, Amós entre eles, se constituem em uma coleção, feita tardiamente, de ditos, fragmentos, episódios e visões transmitidas de geração a geração, e são o final de um longo e descontínuo processo de pensamentos e de vida. Duas soluções foram propostas pelos estudiosos para explicar a gênese das obras proféticas, soluções estas que são incompletas e, certamente, erradas, se forem aceitas de forma unilateral, no entanto ambas contêm elementos valiosos e podem nos ajudar na compreensão dos textos proféticos.

Para alguns, o profeta de Israel é visto, em geral, como uma espécie de profeta-escritor, um homem consciente de sua missão, que redige a sua pregação de uma maneira fragmentada e concisa, ou seja, adota uma forma de escrita que está mais próxima do folhetim ou de um cartaz do que de um livro, tal como é conhecido hoje em dia. Esse profeta, no clima quente desse seu trabalho polêmico, divulgou este material crítico com o objetivo de provocar emoções, arrependimento e reações nos leitores. É este material que, coletado posteriormente, fez chegar os livros na forma como foram recebidos e lidos hoje.

Para outros, o profeta estava inserido em uma comunidade de crentes que compartilhavam suas ideias e projetos e que viam em suas palavras uma expressão válida para as suas aspirações. Foram esses discípulos, amigos e seguidores, que acolheram com amor as palavras do profeta e as transmitiram aos outros e às futuras gerações, de uma forma não muito diferente do que aconteceu dentro da primeira comunidade cristã com relação às palavras e ensinamentos de Jesus e à descrição dos momentos-chave de sua vida.

Assim, a prosa profética é, na verdade, mais próxima de um folhetim que de um tratado. Ao invés de explicar, ela provoca pensamentos e reações e, em vez de trazer comentários, ela é um tanto paradoxal, inesperada e fragmenta conceitos. Por outro lado, também é verdade que o profeta não preenche o perfil de um grande e sombrio solitário, portador de uma personalidade superior, ou de um gênio religioso que elabora seus conceitos e caminha na esteira de suas visões de uma forma separada da realidade do mundo. Em torno dele existem pessoas que compartilham esperanças e situações de vida real e que absorvem iluminação e força a partir do seu ensino e de suas atitudes. Alguém pode falar sobre escolas proféticas, correntes de pensamento e teologias vividas em torno destas personalidades notáveis, mas o fato mais importante a enfatizar-se aqui, no entanto, é este: a transmissão das visões, de memórias, dos dizeres proféticos não são fatos "mecânicos", mas sim uma verdadeira atividade criativa.

A escola do profeta que profere os conceitos e juízos não se limita somente a gravá-los fielmente e passá-las para outros, um a um. Ela a torna sua, a reinterpreta, atualiza e faz referências à sua situação e ao contexto, mesmo que muitas décadas depois da morte do profeta. Deve-se notar que a palavra falada através de sua boca não vem dele e não é sua, mas é a palavra de Deus e, como tal, o seu significado não fica preso nem se esgota no tempo em que ela foi entregue. Esta palavra foi, certamente, real e significativa na época, porém ela mantém a sua carga de vida ao longo do tempo e se estende no futuro. Ela é constantemente ativa, e deve, por isso, ser novamente ouvida e entendida como se o profeta estivesse falando, ainda hoje, as palavras de Deus. Na época, nem todo israelense estava pronto para aceitar este fato ou para aceitar a palavra profética imediatamente, o que torna compreensível que existissem poucos discípulos, círculos de pessoas fiéis ou fraternidades próximas do homem de Deus dispostos a manter viva a memória das pregações e das mensagens proféticas.

Com estas breves observações, pode-se reconstruir a formação do livro de Amós aproximadamente nestes termos. O primeiro grupo de materiais foi escrito em relativamente pouco tempo, que, provavelmente, foi a série de visões (que serão detalhadas no Tema 3), as quais parecem ser a parte original da pregação do profeta. Porém, é difícil afirmar se foi escrito por Amós ou por seus discípulos. Quem quiser atribuir a autoria deste primeiro documento pode pensar que ele pretendia continuar o seu trabalho de testemunho através da escrita, o qual foi interrompido depois de um curto período de tempo, com a deportação do povo do reino do norte. Nesse caso, ele teria também adicionado à coleção de visões a narrativa do confronto com Amazias, em Betel (Cap. 7: 10-17). No entanto, a rigor, este episódio é considerado por alguns como tendo sido escrito por outras mãos, como será visto adiante. Esta mensagem, em síntese, representa um documento de acusação contra Israel e sua incredulidade, o testemunho de um teste da verdade no julgamento de um povo rebelde, eliminando todas as desculpas e escapatórias. A palavra foi pregada de forma simplesmente inequívoca.

Independentemente desta, foram feitas outras coletâneas de oráculos do profeta, os oráculos contra os povos, outros contra Israel e assim por diante (Neste ponto, o leitor é convidado a, se necessário, rever o conceito de *oráculo* referido no início deste livro, tal como é empregado nesta obra).

A confluência de todos esses materiais deu origem a um texto com o tamanho aproximado do livro atual. De acordo com os estudiosos, foram feitas mais adições em tempos posteriores, mas de pouca importância e nem todos foram identificados com certeza: alguns fragmentos do hino a Deus Criador, os oráculos contra Judá e contra outros povos, na primeira parte; os oráculos de restauração do Cap. 9 que desenvolvem uma temática que parece muito distante daquela do profeta e mais próxima da época de Isaías e da restauração. É, provavelmente, no decorrer destas alterações que a série de visões do Cap. 7 foi quebrada com a inserção do episódio de Betel.

No entanto, quem foi o homem que está na origem desta longa história, aquele que, no nome do Senhor pronunciou as palavras e viu as visões? Pode-se conhecer algumas coisas sobre ele a partir do próprio livro de Amós.

1.3 Detalhes sobre o texto relativo

Texto	Termo	Observação
O PASTOR DE TEKOA Cap 1:1	---	---
1 Palavras de Amós [a], pertencente aos pastores [b] de Tekoa [c], que ele teve em visão sobre Israel [d] nos tempos de Uzias [e], rei de Judá e de Jeroboão [f], filho de Joás, rei de Israel, dois anos antes do terremoto [g].	[a] Amós	[a] Nome derivado de uma raiz que significa levar, talvez abreviação de Amosiah (O Eterno levou). É o único caso na Bíblia.
	[b] pastores	[b] O termo é "nôqēd", pastor, boiadeiro, vaqueiro
	[c] Tekoa	[c] Vila a cerca de 9 km ao sul de Jerusalém (conf. II Sam. 14:2; II Cr. 11:6).
	[d] Israel	[d] As dez tribos do reino do norte
	[e] Uzias	[e] Também chamado Azarias (II Re. 15:1 ss.), reinou entre 785 e 747 AC
	[f] Jeroboão	[f] Trata-se de Jeroboão II, reinou entre 787 e 747 AC
	[g] terremoto	[g] Ocorrência de data desconhecida; deve ter deixado más lembranças e marcas no povo (conf. 9:1; Zac. 14:5)

Texto	Termo	Observação
O PASTOR (Cap. 7: 14-15)		
14 Mas Amós respondeu a Amazias: "Eu não era um profeta nem pertencia a uma associação de profetas, **15** eu era pastor ʰ e colhia ⁱ sicômoros, mas o Senhor me arrancou para longe do gado ʲ e mandou-me ir e profetizar ao Seu povo Israel.	ʰpastor	O termo (bōqer) indica a criação de gado bovino.
	ⁱcolhia	Colher ou espremer, operação necessária para fazer o sicômoro (tipo de figo) próprio para o consumo como alimento ou forragem.
	ʲgado	Aqui, o termo original indica criação de ovinos.

1.4 Comentários sobre o texto relativo

1.4.1 O homem

As indicações biográficas que são percebidas no livro de Amós são poucas e deixam abertas algumas questões. De qualquer maneira, são suficientes para delinear sua figura com alguma precisão. Em primeiro lugar, conhece-se sua terra natal, que é Tekoa. Trata-se de uma pequena cidade próxima a Jerusalem, em Judá, à beira do deserto, mencionada algumas vezes no Antigo Testamento (II Samuel 14:2, II Cr. 20:20, Jer. 6:1). Foi um local fortificado durante o reinado de Jeroboão (II Cr. 11: 6) e, consequentemente, o local de uma guarnição militar. Parece gozar de uma certa notoriedade graças à sabedoria de seus cidadãos (veja a história de II Sam. 14:2). Em resumo, é uma cidade modesta, que não ocupa um lugar proeminente na história das tribos israelitas nem do ponto de vista religioso nem político, mas que não é completamente desconhecida.

O elemento importante, tendo em vista delinear a missão de Amós, não resulta, no entanto, dos personagens da própria cidade, mas da sua localização. Tekoa pertence ao território de Judá e Amós é, portanto, natural do reino de Judá, embora sua atividade seja conhecida apenas no contexto do reino de Israel. Este fato não pouco importante, porque enfatiza o caráter e a natureza dos dois reinos (Judá e Israel) e de suas relações mútuas.

O cisma que ocorreu com a morte de Salomão entre as dez tribos do norte e as duas tribos do sul é agora um fato definitivo. Israel e Judá organizaram suas próprias vidas quanto aos aspectos econômicos, sociais e religiosos, de formas diferentes e autônomas, e agora, no tempo de Amós, já têm mais de um século de vida independente. Mas não se deve entender essa independência no sentido moderno, como se fosse uma separação absoluta entre dois estados, como nos dias atuais. Esses reinos do norte e do sul não eram estados modernos, mas constituíam algo como duas seções de uma entidade étnico-religiosa única, que era o povo de Javé. Eles são conscientes de constituir uma realidade única, com origem, história e tradições comuns e, também, estão conscientes de viver no contexto da mesma problemática, que é o de crentes que vivem entre povos pagãos.

Usando um termo de comparação extraído da esfera da realidade religiosa moderna, poder-se-ia dizer que Israel e Judá são duas "confissões" de fé em Javé. Estão de frente um para o outro como se fossem duas igrejas cristãs no contexto atual do protestantismo. Como estes, eles derivam seus personagens e sua sensibilidade espiritual da situação histórica em que se encontram vivendo, do meio ambiente ou de peculiaridades intrínsecas, que remontam ao passado mais remoto. A ruptura que ocorreu em meados do século X AC, trouxe à luz conflitos antigos entre as tribos do norte e do sul, conflitos e diferenciações que explodiram na época dos reinados de Saul e Davi, mas que pertenciam a um passado nômade, distante, do qual a história patriarcal preserva a memória, referindo-se aos filhos de Raquel como um grupo de irmãos e aos filhos de Lea como um outro grupo.

Embora vivendo no contexto de uma fé comum e mantendo uma referência constante às grandes obras realizadas por Deus no passado, tais como a libertação do Egito, o Pacto do Sinai e a doação do país de Canaã, as duas comunidades encontram nesse momento expressões peculiares para essa fé e para expressões espirituais específicas. Judá coloca como pontos de referência fundamentais em sua vida religiosa o apego à dinastia de Davi e ao culto do Templo. Israel parece recorrer à manutenção das antigas tradições da história sagrada. Davi e Sião constituem as realidades teológicas que caracterizam o reino do sul; em torno deles, são reunidas as reflexões teológicas, as esperanças, as reformas da pequena comunidade e não são incluídas as pregações de Isaías e Jeremias, nem as renovações e os despertamentos próprios do tempo de Ezequias e de Josias sem uma referência constante a estas realidades. Neste contexto é que nascem e se desenvolvem a teologia messiânica, que vê na dinastia de Davi o instrumento da graça no tempo presente e no futuro, a teologia dos salmos e a pregação do Deuteronômio.

Israel, o reino do norte, ao escapar da supremacia religiosa da cidade sagrada do reino do sul (Judá), foi instado a buscar outras motivações espirituais que lhe permitissem realizar uma vida independente. Foi Jeroboão I quem orientou essa escolha, com considerável perspicácia política, focalizando a atenção de seu povo nos santuários tradicionais da era patriarcal, como Betel, e também foi ele quem tentou estabelecer uma política religiosa em torno desses lugares sagrados, de modo parecido ao que Davi e Salomão haviam criado em torno de Jerusalém. Em outras palavras, ele se esforçou para dar à sua comunidade uma estrutura coerente, ressaltando as mais sagradas e veneráveis lembranças da tradição em contraste com a recente teologia oriunda de Sião. Israel se viu orientado para os elementos mais tradicionais da revelação de Javé: os anos vividos pelo povo no deserto, a aliança do Sinai e a relação de filiação e paternidade entre o povo e Javé. E dentro desta teologia de relações diretas Javé-Israel e do amor do primeiro pelo segundo, a pregação de Oséias foi inserida e, a partir daqui, Jeremias dará origem à sua teologia da nova Aliança.

O reino do norte – porque isso nos interessa diretamente aqui – não pode, portanto, ser considerado na história do povo de Israel como se fosse um ramo seco, um mero movimento de divisão, ou cismático, desprovido de valores espirituais e de fé, uma simples área mundanizada da comunidade israelense. Pelo contrário, ele vive uma forma perfeitamente coerente e legítima de fé e de busca dentro da tradicional obediência ao Deus da Aliança. Este fato talvez não seja totalmente refletido nos documentos históricos por nós conhecidos, isto é, nos livros dos Reis (I e II), mas convém lembrar que esses textos são mais recentes que o livro de Amós e, de qualquer maneira, subsequentes à queda de Samaria em 722. É uma história escrita quando o julgamento pré-anunciado pelos profetas já havia ocorrido, ou seja, a palavra final foi escrita após a derrota das tribos do norte e sua redução à condição de uma mera província da Assíria.

E, finalmente, isto pode ter influenciado o autor do livro de Reis, o fato de ele ter vivido no agora minúsculo e último baluarte da fé israelita: o reino de Judá. Ele foi, em certa medida, condicionado por esse fato a trazer um julgamento global negativo a respeito de toda a história do reino do norte.

Ao avaliar a situação de forma mais objetiva, pode-se afirmar que Israel, composto pelas tribos no norte, enfrentou uma série de problemas políticos extremamente difíceis, lembrando que, no Oriente antigo, o termo político também significa religioso. O contato direto com civilizações àquela época mais avançadas, como os fenícios e os filisteus, na costa do Mediterrâneo e com os reinos arameus (sírios) ao norte, levaram os líderes de Israel a adotar uma atitude muito mais "moderna" e flexível do que seus vizinhos de Judá com relação aos conceitos religiosos dos cananeus, aos cultos celestiais e aos cultos da fertilidade. Por outro lado, o desenvolvimento da situação social, da urbanização e do comércio, sem dúvida, também contribuíram para esse processo de integração de Israel à civilização da região cananéia.

Por outro lado, no entanto, é importante notar a existência, na comunidade das tribos de Israel, de muitos elementos típicos da fé antiga, atitudes singulares que, em alguns aspectos, eram mais tradicionalistas do que as concepções de Jerusalém. Um elemento digno de menção é o caráter carismático da monarquia no reino do norte (Israel), onde o rei é visto como um ministro de

Javé, um intérprete e executor de suas ordens, seu filho, o ungido, enquanto no reino do sul (Judá) esta "vocação" é transmitida de pai para filho, em virtude da aliança original estabelecida entre Deus e a casa de Davi. Em Israel, às vezes, se recebia o poder em virtude da única eleição do próprio Deus, como é o caso de Jeú, por exemplo. Parece que o povo se mantém ciente do fato de que o direito de reinar sobre o povo de Javé é algo diferente da descendência natural, deriva de um presente, de um carisma. Com efeito, os homens que sobem ao trono em Israel são, frequentemente, soldados que recorrem à violência e ao golpe para abrir o seu caminho, não sendo muito espirituais e nem adeptos de uma política de compromisso e de prestígio. Parece reviver neles algo do primeiro rei de Israel, Saul, o soberano apaixonado, vitorioso e decadente, com suas alternâncias entre sucessos militares e erros espirituais.

Como em Saul, no entanto, mesmo nos casos de Omri, Acabe e Jeroboão não paira nada da vocação de Deus nem do serviço real como uma eleição, mesmo que fosse uma eleição inválida e fracassada.

Em conexão direta com este aspecto da vida israelense há um outro fato: a riqueza excepcional da vida profética no reino do norte. De Elias e de Eliseu são conhecidos extensos rastreios biográficos nos dois ciclos de histórias consagradas a eles e parcialmente utilizados no livro dos Reis. Estes foram os "grandes homens" que se destacam como figuras excepcionais na vida de seu povo, embora ao lado deles tenham estado outras figuras menos relevantes, como Miqueias, que se atreve a desafiar Acabe justamente no auge de sua política imperialista, e muitas outras figuras incógnitas que compõem os antecedentes dessas grandes figuras.

Estes não são apenas homens da palavra, no sentido de pregadores modernos, para se ter uma comparação, mas eles estão diretamente envolvidos nos eventos mais sérios da política nacional e estão presentes nas horas decisivas da história do reino do norte, como por exemplo, Elias em sua luta contra a linha de Acabe (I Reis Caps. 17 e 18), e Eliseu na sangrenta revolução do grupo da intransigência formado por Jeú (II Reis Cap. 9). Sem essa luta apaixonada e violenta entre a monarquia e os círculos proféticos, a história do reino de Israel seria hoje incompreensível e é certamente no ambiente dos profetas e seus seguidores que foram conservados com garra e suficiente fidelidade as grandes tradições da história do povo escolhido, aquelas tradições às quais Amós se refere precisamente aos fundamentos da própria realidade do povo de Israel.

No entanto, que sentido há na missão de Amós, no contexto em que ele é um cidadão de Judá, pertencente à outra parte separada do Reino de Israel, ou seja, estando ele em uma terra que não é a sua? De acordo com alguns estudiosos, ele se volta para os irmãos do Norte com a intenção de trazê-los de volta à comunhão com Jerusalém, e entende a sua missão como uma purificação do culto mantido nos santuários do norte contaminados pela idolatria cananeia. Movido por um forte conhecimento do "confessionalismo judeu", isto é, com a certeza de que a revelação permanece intacta em sua pureza apenas no reino do sul, ele estaria tentando reconstruir a unidade religiosa de todo o povo de Deus. Esta tese não é totalmente sem fundamento e não parece ser totalmente gratuita, se for feita uma leitura cuidadosa do texto, mas não parece, no julgamento da maioria dos estudiosos, explicar plenamente a pregação do profeta. Ele se dirige aos irmãos de Israel não tanto em nome de uma ortodoxia judaica ligada ao reino do sul ou de uma certa consciência de justiça legal ou religiosa, mas sim em nome de Javé, o Senhor de Israel, para anunciar novos acontecimentos e novas manifestações da presença divina.

Um segundo fato de alguma importância, em relação à pessoa de Amós, é conhecido através do livro, que é a sua profissão. As indicações diretas ou indiretas que são derivadas do texto escrito são bastante numerosos e nos permitem colocar Amós em um ambiente agrícola e pastoril desenvolvido em regiões montanhosas de Judá, que era uma área de pré-deserto onde pastorear era a principal atividade. Os termos com os quais ele é designado são precisos, embora contraditórios. A introdução do livro menciona o termo "pastor" (1:1), mas no Cap. 7 é chamado de "boieiro" (ou criador), ou seja, detentor de gado. Ainda no Cap. 7 ele fala de bandos confiados à sua custódia e de que Deus o roubou (retirou), enviando-o para pregar. Foi proposto corrigir o termo do cap. 7, "criador", substituindo-o com o "pastor" do Cap. I. Mas o problema continua a ser praticamente o mesmo, porque o próprio termo "criador" é difícil de interpretar. Raramente ele é utilizado no Antigo Testamento, e encontra termos paralelos nas línguas do Oriente Médio, onde indica "pastor de ovelhas", particularmente quando se trata de rebanhos de propriedade de santuários. Teria sido este o caso de Amós? Alguns pensam que sim e, se for este o caso, deve-se encarar esse personagem como um oficial pertencente à custódia dos rebanhos do rei de Judá, ou do templo, como se fosse uma espécie de oficial, um membro, embora subordinado, do aparelho burocrático do reino de Judá. Esta solução, no entanto, parece ser improvável e os estudiosos preferem vê-lo como um proprietário de rebanhos.

O fato de Amós pertencer ao mundo da criação de ovelhas, no entanto, é um fato incontestável e isso não significa uma colocação sociológica, mas, em certo sentido, uma determinação espiritual. O pastoreio, na época de Amós, tem um claro peso econômico na economia da região e representa, no seio de uma população nômade que se tornou camponesa, a lembrança do passado. Lembramo-nos que diversas grandes figuras da história sagrada de Israel foram pastores como o patriarca Moisés e o rei Davi. De uma condição econômica, o pastoreio começa lentamente a se tornar um símbolo de um tempo distante, do tempo glorioso em que Israel viveu a grande temporada de sua fé no deserto.

O fato de que Amós foi um pastor significa, portanto, no contexto de Israel, não pertencer a classes sociais desfavorecidas, mas à mais autêntica tradição de fé; não evoca pensamentos de natureza econômica, mas de natureza espiritual; não é um pobre nem um rico, mas é um crente e fiel a Deus.

A este elemento é adicionado um outro fato: o homem de Tekoa está interessado no cultivo de sicômoros, árvores que crescem nas áreas quentes da costa mediterrânea e do Mar Morto. Ele, portanto, alternou sua atividade pastoril com a agrícola, vivendo assim uma existência de seminomadismo sazonal. Será que durante estes períodos em que passou como trabalhador nas áreas mais populosas do país ele estava ciente dos problemas que estavam sendo colocados a respeito da fé de seu povo? É bastante provável.

O retrato do profeta não parece, portanto, ser o que uma longa tradição de exegese apresentou: uma espécie de paixão do país, um pastor solitário do deserto, um "puritano isolado" que, de repente, se moveu por seus sonhos e pela humanidade rude e franca, típica de pessoas desdenhosas, e surgiu de repente nas cidades corruptas, profetizando infortúnios. Estar-se-ia mais perto da verdade, retratando-o como um homem da província, de uma cidade pequena, possuidor de uma visão equilibrada da realidade de Israel, um pequeno proprietário de terra e rebanhos, escolhido e lançado por Deus para uma missão inesperada.

TEMA 2
JAVÉ FALA

2.1 Javé fala – Introdução

A tese que caracteriza a pregação de Amós, a partir do título, é a seguinte: Javé fala e sua palavra constringe o crente a profetizar. Assim, aparecem dois conceitos fundamentais de fé e da tradição de Israel, de maneira rigorosa e revolucionária: a palavra de Deus e a profecia. O fato de estabelecer um vínculo fundamental e muito estreito entre essas duas realidades é o que caracteriza o pregador Amós. Uma compreensão correta de sua mensagem deve, portanto, começar a partir desses oráculos em que ele fala da revelação divina e de sua vocação profética.

Em primeiro lugar, há o oráculo colocado no início da própria coleção, o qual representa o subtítulo, o resumo. São estes quatro versos dispostos de acordo com a estrutura clássica da poesia judaica que falam de Javé na terceira pessoa. Mais do que um verdadeiro oráculo, é um hino de teofania, ou seja um hino que evoca a presença de Javé entre as pessoas e a sua vinda, a sua manifestação.

O texto não especifica o conteúdo da revelação divina, mas enfatiza apenas seu caráter aterrorizante, como um leão que ruge, como um cataclisma natural que seca o campo, então Javé irrompe na vida de Israel e a sua presença causa consternação e terror.

A natureza e o tema do segundo trecho são diferentes. Agora o profeta usa um gênero literário muito característico: o estilo da sabedoria, presente no AT através de um documento muito amplo, que é o livro dos Provérbios, e que também é encontrado em muitas páginas de profecias e é caracterizado por parábolas, coleções de ditos e de provérbios.

Amós usa essa forma literária, enunciando sete situações extraídas da vida cotidiana (viagem, floresta, guerra etc.) em que ocorre o mesmo fenômeno: uma causa oculta produz um efeito evidente. O homem cuidadoso e atento, aquele que pensa e reflete, deve ser capaz de rastrear o efeito e identificar a sua causa.

O terceiro trecho consiste em uma página biográfica contendo dois oráculos dirigidos, respectivamente, contra a dinastia de Jeroboão e a família do sacerdote Amazias. Esta é a única "estória" de todo o livro e é o único em que se fala do profeta na terceira pessoa, o que torna difícil estabelecer se esse trecho deve ser atribuído ao próprio profeta ou a um de seus discípulos, numa inserção posterior. Sua posição atual, entre a terceira e a quarta visão, é provavelmente o resultado de um rearranjo posterior do texto e é muito provável que essa estória fechasse a coleção das sentenças de Amós.

Será possível colocar o episódio no contexto da biografia do profeta? Provavelmente sim. Aconteceu no final de sua missão porque Amazias fala dele como uma pessoa já conhecida, e é difícil acreditar que ele poderia continuar uma atividade pública após sua expulsão. Alguns pensaram que poderiam situar o fato no decurso de uma assembleia popular em Betel, no contexto das festas que seguem a colheita, por exemplo. Isso não é impossível e alguns oráculos, lidos sob este ponto de vista, adquirem um significado particular.

O último dos quatro trechos, por outro lado, coloca problemas ainda maiores. Na verdade, eles podem receber duas interpretações diferentes, dependendo de considerar-se o trecho como palavra do próprio Amós, ou de considerar-se o mesmo uma adição posterior, por um discípulo. Caso o trecho em questão seja atribuído ao próprio profeta, qual deve ser a interpretação? É feita menção à "cautela", um termo característico da linguagem de sábios, já mencionada em relação ao segundo trecho. Caso a segunda hipótese seja aceita, está-se na presença de uma palavra que expressa o sentimento de consternação do crente diante do cumprimento das profecias contidas no livro, ou que sofre silenciosamente a opressão causada por sua fé. A interpretação mais provável, aqui, é que o profeta gostaria de viver como sábio, como um homem que tem tempo e oportunidade para adaptar sua atitude à situação, avaliando-a completamente, percebendo a possibilidade e a oportunidade de falar ou de ficar quieto, mas, em vez disso, ele é forçado não somente a falar, mas a falar de uma maneira completamente contrária ao que se poderia esperar dele.

VEREDAS DA JUSTIÇA
PROFECIAS

2.2. Detalhes sobre o texto relativo

Texto	Termo	Observação
JAVÉ RUGE Cap. 1:2	---	---
2 Amós costumava dizer: É de Sião[a] que o Senhor ruge[b] é de Jerusalém que ele faz ouvir a sua voz! Então as pastagens dos pastores murcham, até o cume do Carmelo[c] seca	[a] de Sião	[a] Colina em que o templo de Jerusalém foi construído.
	[b] ruge	[b] O leão, símbolo de um julgamento irresistível, é frequentemente mencionado na pregação profética (ver Oséias 13: 7).
	[c] Carmelo	[c] Ao noroeste do território israelense, era conhecido por suas florestas e pastagens (Isaías 33: 9, Je 50: 1 9); e a visão de 7: 4 e vv. ss.
O SENHOR FALA (Cap. 3: 3-8)	----	---
3 Será que dois podem estar caminhando juntos sem primeiro terem entrado em acordo[d]? **4** Será que um leão ruge no mato sem ter apanhado uma presa? Será que um leãozinho grunhe em seu covil sem ter caçado nada? **5** Será que o pássaro mergulha para o chão no laço sem que haja uma presa? **6** Será que a armadilha se solta do chão sem realmente pegar alguma coisa? Ou, se a buzina tocar na cidade as pessoas não ficarão alarmadas? **7** Ou algo de ruim acontece na cidade sem que Javé seja o autor[e], de fato, o Senhor Javé não faz nada sem antes ter revelado sua intenção aos seus ministros, os profetas[f]. **8** O leão[g] rugiu: quem não terá medo? Senhor Javé falou[h]: quem não profetizará?	[d] entrado em acordo	[d] Assim, o hebraico e todas as versões antigas, que leram a raiz jcd = entrar em acordo; os Setenta leram jdc = conhecer; traduzindo: "sem se conhecerem"
	[e] o autor	[e] Nada acontece sem que Javé o queira, especialmente se for uma questão de calamidade coletiva (Ez 14:12 ss; Is 13: 1-5); neste caso, a guerra.
	[f] profetas	[f] O anúncio de uma advertência e seu cumprimento estão sempre ligados, segundo a tradição do Deuteronômio (1,1 Reis 17:13). O verso, provavelmente, foi adicionado para comentar o verso 6.
	[g] leão	[g] Ver acima, v. 2.
	[h] falou	[h] Como o "fazer" no v. 7, indica uma intervenção de Deus, que pode ser tanto uma revelação quanto uma série de fatos (ver 4: 6 e ss.).

A POLÊMICA COM AMAZIAS Cap. 7: 10-17	---	---
10 Então Amazias, o sacerdote ⁱ de Betel, mandou uma mensagem a Jeroboão ʲ nestes termos: "Amós está conspirando ᵏ contra você no centro ˡ da casa de Israel. O país não pode mais tolerar o que está dizendo. 11 Amós anuncia, de fato: "Jeroboão morrerá à espada ᵐ e Israel está irremediavelmente destinado a ser deportado de seu país!" 12 Então Amazias se voltou para Amós: "Vidente ⁿ, vá embora ᵒ, vá para a terra de Judá e ganhe ᵖ lá o seu pão com a sua profissão de profeta! 13 Mas não volte a profetizar a Betel, que é um santuário real, um templo do estado ᵠ!" 14 Mas Amós respondeu a Amazias: "Eu não era ʳ um profeta nem pertencia a uma associação de profetas ˢ: eu era um pastor e picava sicômoros ᵗ. 15 Mas o Senhor me tirou do rebanho e me ordenou que eu fosse e profetizasse ao seu povo ᵘ Israel. 16 E agora ouças tu a palavra de Javé: Tu me ordenaste que não profetizasse em Israel, que não contrariasse a casa de Isaque; 17 pois, assim diz Javé: "Sua esposa terá que prostituir-se na cidade, seus filhos e filhas perecerão pela espada, sua terra será loteadaᵛ. E quanto a ti, morrerás na terra impura, uma vez que Israel está agora irremediavelmente destinado a ser deportado de seu país!"	ⁱ sacerdote	ⁱ Trata-se do principal sacerdote, o sumo sacerdote
	ʲ Jeroboão	ʲ O soberano Jeroboão II
	ᵏ conspirando	ᵏ O termo, que significa "ligar", "ligar-se", indica no livro de Reis as conspirações que mudaram a situação e a atitude do estado (I Reis 15:27; 16: 9; II Reis 9:14).
	ˡ centro	ˡ Evidentemente o templo de Betel.
	ᵐ morrerà à espada	ᵐ O fato de que Jeroboão não tenha morrido de morte violenta (ver II Reis 14:29) é mais uma prova da autenticidade do oráculo. Há oráculos semelhantes em 5:27; 6: 7; 7: 9; 9: 4; 10.
	ⁿ vidente	ⁿ O termo usado por Amazias é propositalmente depreciativo.
	ᵒ vá	ᵒ Lit.; "fuja", termo rude.
	ᵖ ganhe o seu pão	ᵖ Lit.: "coma".
	ᵠ templo de Estado	ᵠ Lit.: "Templo do Reino".
	ʳ não era	ʳ A preposição nominal recebe em ebr. o próprio tempo a partir do contexto; é portanto inadequado traduzir "eu sou".
	ˢ associação de profetas	ˢ Lit.: "não era filho de profeta" (cfr. I Sam. 10:10; I Re 20:35).
	ᵗ picava sicômoros	ᵗ Operação necessária sobre os frutos do sicômoro para torna-los próprios para o consumo como alimento e como forragem.
	ᵘ seu povo	ᵘ Israel como povo de Deus é tema constante da mensagem profética (cfr. Is. 1:3; Jer. 7:2-28).
	ᵛ loteada	ᵛ De verbo que significa lit. "dividir", "compartilhar com alvoroço para medir".

TEMPO DE SILÊNCIO OU DE PROFECIA? (Cap. 5:13)	---	---
13 Certamente, em tempos como este, o homem prudente ʷ não pode deixar de ficar em silêncio, pois é uma era maligna!	ʷ homem prudente	ʷ Pessoa que sabe discernir o sentido das coisas; sábio (Jer. 9: 23; Prov. 10:5).

2.3 Comentários relativos ao Tema 2

2.3.1 A palavra

Para entender corretamente a mensagem contida nestes oráculos, é necessário situá-los no contexto da fé de Israel. Na verdade, eles se apresentaram aos ouvintes sob uma luz difusa, pois, por um lado, utilizam os termos atuais na linguagem religiosa tradicional, enquanto, por outro lado, introduzem no discurso um conceito novo.

De fato, Amós fala de Javé como "aquele que fala" ou "que ruge de Sião", isto é, que se manifesta na vida da comunidade israelita expressando uma vontade específica, um pensamento, e é esse o ponto de referência tradicional da teologia israelita. O dado inesperado, por outro lado, é o fato de que Javé expressa uma nova vontade, diz coisas imprevistas. A "palavra" de Javé tem, na tradição israelita, um significado preciso, que é, simultaneamente, conhecimento e ação. Javé falou e se revelou ao seu povo e também agiu. Em certas ocasiões, Ele propôs realidades e, em outras, Ele as implementou. E, sem essa força e essa dinâmica da palavra de Javé, Israel não existiria como uma comunidade. De fato, as intervenções milagrosas na história dessa nação é que vêm qualificá-la como povo de Deus, através da libertação do Egito, a entrada na terra de Canaã, a entrega da Lei, a revelação do Sinai... Neste sentido, pode-se dizer que Israel existe porque "Deus falou". Mas sua palavra não está terminada, não se extinguiu, e sim prolonga-se no presente. O diálogo entre Javé e os pais não esgota todo o mistério da palavra divina, pois Deus ainda fala na vida dos filhos.

O lugar onde a palavra de Javé é atuante e é também atualizada é o culto. Aqui, os grandes eventos do passado e as palavras fundamentais da revelação encontram novamente a sua força e realidade. Não se trata, simplesmente, de ouvir novamente, reler e relembrar as coisas do passado, mas sim de revivê-las. O caso mais eloquente é o da Páscoa, durante cuja comemoração as pessoas têm a oportunidade de renascer, como os pais, à liberdade do encontro com Deus.

Amós não contesta a validade desta abordagem à fé tradicional, mas provoca uma reviravolta no problema ao levantar uma questão: pode Javé dizer "novas palavras", não contidas na tradição, palavras que introduzam novos pensamentos e revelações? E, em paralelo, pode Deus fazer coisas novas e pronunciar palavras inesperadas? É em torno desta questão que todo o tema da profecia em Amós está concentrada.

Na verdade, ele responderá a esta pergunta de forma afirmativa, apoiando a tese segundo a qual a palavra de Deus não é apenas um fato do passado que volta à lembrança, mas um fato novo que nos coloca na presença de novas realidades. A verificação deste fato é feita examinando-se uma das fórmulas clássicas da linguagem bíblica: "assim fala Javé". Típico da linguagem sacerdotal, ela simplesmente indica a transmissão, o comentário da palavra antiga. Quando perguntado por um membro do grupo de fiéis sobre alguma prescrição legal antiga ou um ponto específico da fé, o profeta responde: "Assim diz Javé, ..." e relata uma lei precisa, uma ordenança tradicionalmente entregue à prática, uma dessas frases de direito antigo transmitido de geração em geração.

Na boca do profeta esta expressão significa, em vez disso, que um novo fato está para ser cumprido. Hoje, na situação histórica concreta, Javé está se preparando para dizer algo, é, em resumo, a premissa de um oráculo, não uma fórmula de comentário. É do encontro entre essa realidade nova e inesperada, por um lado, e a pessoa, o ser humano, por outro, que surge a profecia, o tipo de profecia que caracteriza os séculos VIII e VII AC. da história de Israel.

2.3.2 O fato da profecia

Este encontro é caracterizado por um primeiro fato: ele vem inesperadamente. A palavra de Javé pega Amós despreparado, tanto quanto seus contemporâneos, viola sua natureza pessoal e seu modo de vida. O profeta não é uma criatura privilegiada, um grande iniciado que, no fundo do seu ser, já previu ou preparou um encontro com Deus. E os seus ouvintes, ao ouvir suas prédicas, são surpreendidos e perturbados pelo irromper da palavra divina em sua vida, tanto quanto o próprio profeta.

A imagem de Sião como um lugar onde Javé ruge, e da palavra como de um fogo que consome o Carmelo levou alguns exegetas a situar essa experiência no contexto da vida errante dos pastores nas estepes. Aqui, Amós teria percebido, no ruido do trovão voltado para o norte, a presença inesperada de Deus. Não se pode excluir que fatos e experiências do mundo natural constituíssem fatores importantes no amadurecimento da consciência sobre a presença de Deus e da urgência da divulgação de Sua palavra. O fato de o profeta reconhecer claramente que está diante de uma palavra de caráter objetivo e de uma manifestação da presença do Deus de Israel, é decisivo.

O segundo elemento que caracteriza a concepção que Amós tem da palavra é seu caráter inescapável: ao ser percebida pelo fiel, surge a consequência necessária da pregação. O leão que ruge não pode fazer outra coisa senão despertar o pânico. Da mesma forma, a palavra não pode deixar de provocar a profecia, o testemunho, e quem a ouve é forçado a falar. Amós está plenamente consciente de que ele não faz nada além de obedecer a uma necessidade absoluta que lhe foi imposta. O encontro com a palavra de Javé o fez profeta e o obriga a falar. E o que o faz andar por esse caminho não é o fato de ele pertencer a uma ou outra classe social, seu compromisso com a vida da comunidade e nem mesmo o seu desejo pessoal de renovação. Esses diferentes elementos, que constituem sua personalidade, são, sem dúvida, importantes e fornecem indicações úteis para avaliar-se a sua linguagem, suas expressões, seus "oráculos", mas não constituem a mensagem profética nem a explicam.

O caráter da necessidade absoluta da profecia é expresso muito claramente, seja pelo oráculo do Cap. 1, seja pelo poema do Cap. 3. Da mesma forma que o que acontecerá depois, ao longo da história, com outros personagens bíblicos, desde Jeremias até Paulo, Amós só pode constatar um fato: sua vontade é inclinada a seguir a Palavra, é conduzida para onde ele não queria ir e para onde ele não esperava ter que ir.

Mas o episódio de Betel traz à tona um outro aspecto fundamental do problema: o fracasso da profecia no nível da história.

2.3.3 A rejeição da profecia

A palavra de Javé ressoa nos ouvidos do povo com toda a sua atualidade e urgência, atingindo aqueles a quem é dirigida, mas obtém um resultado oposto ao que alguém poderia desejar, ou seja, ela provoca reações, conflitos, incita a agir, mas em direção contrária à fé. Amós descobre, assim, que a palavra profética é eliminada do campo religioso/espiritual de Israel e que isso acontece de duas maneiras: ou ela é explicitamente rejeitada, ou ela é distorcida. No primeiro caso, a profecia é vítima de rejeição, as pessoas fecham os seus ouvidos para não ouvir. No segundo caso, a profecia é objeto de interpretações tendenciosas, por pessoas que fingem não ver ou que veem o que não existe.

O fracasso da missão profética é expressado pelo choque entre Amazias e Amós. Por um lado, o sacerdote responsável pela vida cultual de Israel, e, por outro, o profeta que veio de Judá. Deve-se notar que a estória não é apenas um momento essencial na vida do profeta, mas assume um valor muito maior no contexto econômico do Antigo Testamento, expressando a natureza profunda do conflito entre o enviado de Deus e o povo. Ou seja, não se está na presença de uma página biográfica, embora esta também seja importante, mas de uma página espiritual na qual vem expressa o fato mais perturbador da profecia bíblica: o seu fracasso junto do povo de Deus. Amazias rejeita a palavra, afasta-a da esfera espiritual à qual foi dirigida e, em nome da autoridade que lhe compete como guardião da tradição sacra, ordena ao intruso que se retire. Qual é, no entanto, o significado dessa recusa? Qual é a sua profunda motivação? Uma primeira interpretação pode levar em conta o aspecto psicológico quando, de um lado, está o representante da casta sacerdotal, o expoente do aparato burocrático e, do outro lado está o indivíduo, o homem na sua autonomia e na sua responsabilidade. É o indivíduo contra o poder, ou, mais precisamente, o indivíduo vítima do poder institucional. Esta leitura pode ser bastante moderna, despertando em nós uma aceitação imediata, mas ela é improvável. Amós não tem a consciência de representar a autonomia e a liberdade do indivíduo diante do aparato burocrático, mas sim de afirmar a liberdade de Deus diante de seu povo.

Uma segunda interpretação, que se pode chamar de histórico-religiosa, é lida no choque de Betel, no conflito entre a antiga religião de Israel, centrada no culto, e a nova forma e sensação espiritual da pregação profética. De um lado estão os ritos, os sacrifícios e a religião da forma, e do outro lado as exigências da moral e da vida interior, o sacerdote contra o profeta, o culto contra a ética, a religião contra a moral. Os estudiosos que adotaram essa visão viram no profeta o expoente de uma nova religião, focada na responsabilidade moral do indivíduo. Na verdade, creio que mesmo esta leitura do episódio não está bem documentada e reflete mais as necessidades da historiografia moderna do que os problemas de Israel da época de Amós.

Uma terceira hipótese, mais atenta ao contexto histórico e teológico, vê no confronto entre Amazias e Amós simplesmente a reação dos círculos religiosos do reino do norte à intrusão de um homem pertencente à comunidade do sul (Judá). Esta interpretação, sem dúvida, tem mais elementos de verdade do que as anteriores. É claro que o contraste não está localizado em nenhum lugar, mas no fundo do santuário real e a alusão ao santuário é o elemento determinante da palavra autoritária e ameaçadora de Amazias. Convém recordar que os lugares sagrados têm, na espiritualidade antiga, um significado muito maior do que o que podem ter os locais de culto da fé cristã hoje em dia. Não só no nível quantitativo, no sentido de que, hoje em dia, eles podem estar constantemente abertos e ser frequentados, mas no sentido qualitativo, pois o santuário era o lugar onde a divindade habitava e se manifestava, o lugar privilegiado para a comunhão entre esta e o homem. E há, ainda, mais um aspecto nessa questão o santuário não é um lugar privado, mas sim uma instituição ligada à vida pública e, consequentemente, ao poder real. Em Israel, o estabelecimento do templo sobre Sião, em Jerusalém, coincidiu com o estabelecimento da dinastia de Davi e, assim, Jeroboão I, que teve que retirar o seu reino da influência da cidade sagrada, foi forçado a fundar o seu próprio santuário real, seu próprio centro de poder religioso. A vida das pessoas é impensável sem esses santuários, não só porque elas precisam de um lugar para se ajuntar e adorar, mas também porque os ministros de culto, os sacerdotes e o rei constituem o elo indispensável entre a vida presente e a revelação do passado. Mas será que, raciocinando assim, a rejeição da profecia personificada por Amós ´pode ser reduzida a este conflito territorial de política religiosa?

Provavelmente não, ainda que este elemento esteja presente. Deve-se, portanto, retornar ao texto para uma leitura mais cuidadosa. O aviso de Amazias e a resposta de Amós, infelizmente, não são claras e admitem várias leituras. Por exemplo, qual é o significado exato das palavras do sacerdote: "vidente", "ir embora", etc.? Podem significar que ele nega a Amós o título e a função de um profeta. Ele vê em Amós nada além de um fazendeiro que se intrometeu abusivamente no mundo religioso para obter ganhos pessoais, ou vê um alucinado que se acredita inspirado, uma pessoa em êxtase levada por seus sonhos. A sensação de sua ameaça e a reação seria: "saia do caminho, vá para outro lugar para enganar as pessoas". Legitimamente, no entanto, também pode-se interpretar a sua intervenção na vida de Israel de maneira diferente, uma vez que ele não disputa de modo algum o status de profeta com Amós, mas se preocupa apenas com proteger a ordem estabelecida pelas instituições do reino de Israel.

Nem mesmo a resposta de Amós é suficiente para resolver essa dúvida. A frase, de fato, em que o verbo está implícito, de acordo com o uso judaico, pode significar: "Eu não era profeta", ou

"Eu não sou profeta, mas Javé ..." No primeiro caso, ele responde à desqualificação feita por Amazias, afirmando que, embora nunca tenha sido um homem ligado ao mundo profético, um profissional da profecia, ele é agora um verdadeiro "homem de Deus" e se tornou profeta no dia em que Deus o chamou. No segundo caso, ele responde ao esquema legal-jurídico de Amazias, que quer que ele retorne aos limites de sua competência, afirmando que ele não é um "profissional", que ele nunca esteve ligado aos ambientes proféticos e também que ele não está, mesmo agora. Nem mesmo após a sua vocação, Amós aparenta sentir-se "profeta". A dificuldade de reduzir a ameaça de Amazia e a resposta de Amós a um esquema induz, no entanto, à busca de motivações mais profundas para o conflito entre eles. Não é apenas uma questão de defesa pelo sacerdote dos direitos de sua casta, das tradições sagradas ou da autoridade da instituição ameaçada pelo intruso estrangeiro; o contraste diz respeito à própria concepção da profecia e, consequentemente, à própria concepção da palavra de Javé.

Nesta situação, o profeta representa a liberdade de Deus, e o sacerdote a imobilidade da fé religiosa. Entre estas duas dimensões, o conflito é inevitável. Há funcionários oficiais em Israel para garantir a legitimidade e validade da tradição, da adoração, da Lei, homens que falam em nome de Deus, os profetas, os visionários, homens engajados na luta pela fé como Samuel e Elias. Mas a liberdade de Javé permanece absoluta. Ele pode chamar novos homens, de ambientes não relacionados à religião oficial, e pode fazer, de camponeses, ministros de sua revelação. Deus ligou-se ao seu povo na Aliança que estabeleceu com seus antepassados no deserto, mas isso, de modo algum, significa que Ele renunciou ao senhorio e à autoridade. Certamente, Amazias não pretende rejeitar o Senhor e não pensa em excluir a autoridade divina, ele não crê que é Deus que se afasta, mas que Amós é apenas de um homem com uma pregação ambígua e perturbadora. Parece que, na realidade, ele desafia a possibilidade de que uma nova palavra possa invadir a história das pessoas, que Deus seja livre das restrições da tradição religiosa e possa começar qualquer coisa nova. Não é só a liberdade da pregação de Amós que é desafiada, mas sim a liberdade de expressão e de opinião e a liberdade da palavra de Deus junto à comunidade dos fiéis, Seu povo.

2.3.4 Os mal-entendidos da profecia

O episódio de Betel, no entanto, destaca outro aspecto do problema: Como a profecia é evitada pelas pessoas? De fato, além de ser objeto de oposição explícita e de ser rejeitada, a profecia pode ser enfraquecida, neutralizada e destituída de sua urgência. Isto ocorre quando o caráter e a intenção da palavra são distorcidos, retirando dela qualquer referência à vontade de Deus e reduzindo-a ao nível da palavra humana, como sendo meras palavras que trazem uma proposição qualquer ou qualquer proposta. Isso fica bem evidente na queixa de Amós ao tribunal de Samaria. O retrato que Amazias faz de Amós é, na verdade, o de um revolucionário que se envolve na luta pelo poder, um homem que se dedica à política. Afinal, o sacerdote não consegue discernir a pregação da atividade política? Não há informação precisa a este respeito, mas tudo leva a crer que ele conhece perfeitamente o significado das palavras que usa e que a ambiguidade de sua denúncia é intencional.

Na verdade, Amazias combina dois tipos de oráculos, muito diferentes entre si em seu escopo e significado, colocando-os no mesmo nível: o anúncio do julgamento sobre Israel e a condenação da dinastia de Jeroboão II. Ao fazê-lo, ele apresenta Amós como um profeta (ou um pretenso profeta) oponente do regime. Os termos podem, no entanto, ter os seus sentidos virados de cabeça para baixo e o camponês do sul pode aparecer, de repente, como um adversário político que finge profetizar. O raciocínio de Amazias não é um absurdo, visto que a presença de uma personalidade do ambiente profético nos acontecimentos do reino do norte não era, como já foi visto, um fato excepcional; Entre os ilustres precedentes, basta relembrar os precedentes como a batalha de Elias contra a política de Acabe e o ainda mais comprometedor apoio de Eliseu à revolta de Jeú.

Além disso, essa acusação realmente corresponde à pregação de Amós, os oráculos mencionados por Amazias foram realmente pronunciados. Esta não é uma invenção caluniosa, e, no entanto, talvez exatamente por esta razão, a denúncia seja uma mentira, não pelo que ela diz, mas pelo que não é dito e está em oculto. O elemento fundamental e essencial do discurso profético foi, de fato, constituído pela referência à vontade divina, à palavra. de Javé. É precisamente essa referência que é mantida em oculto para que as palavras de Amós assumam um tom exclusivamente político. Sem serem ligadas ao anúncio de uma intervenção divina na história, elas se tornam um plano de luta subversiva ou de insurreição. O termo usado para definir o profeta, como afirmado acima, é um termo técnico que indica Amós como um conspirador, aquele que participa de um golpe. A acusação de subversão interpreta a atividade profética de uma maneira puramente política e, consequentemente, a degenera ao nível de um plano de insurgência. Amós se assume como um homem comprometido, envolvido na obra de Javé, mas, do ponto de vista da denúncia ambígua e difamatória do sacerdote Amazias, torna-se um mero político.

Deve-se notar que, também neste caso, é notável a possível comparação com Jesus e os apóstolos. A configuração da acusação feita pelos círculos religiosos de Judá em relação à mensagem evangélica não será diferente. A cruz do Gólgota é o símbolo desta convergência de interesses entre uma política preocupada com a ordem pública, uma religião que joga com ambiguidades e equívocos, qualificando, ou desqualificando, como política uma mensagem que é de juízo e de apelo ao arrependimento.

Por outro lado, não menos característica parece a segunda forma de mal-entendido em que a profecia é dissolvida através da oposição de Amazias: a integração. Ele, na verdade, não negou a Amós o direito de pregar e de dirigir sua palavra a Israel, mas desde que isso aconteça no âmbito da legalidade, no lugar consagrado a ela, de acordo com a norma prevista pela tradição: em seu reino. "Lá no sul" não se opõe apenas a "aqui", o sul de Betel, mas indica o lugar da legalidade em oposição ao terreno ilegal. Em Judá, no contexto que lhe convém, a profecia de Amós pode até ser válida, ou seja, só depois de ter recebido a validação de oficialidade é que a palavra pode ser aceita, já integrada a um esquema de autoridade já existente.

Os textos de Amós examinados até agora demonstram que, na comunidade israelense do século VIII AC, os conceitos de "profeta" e de "profecia" ainda são incertos e controversos. Alguns elementos, no entanto, tornam-se mais claros a partir de um estudo e será suficiente lembrar-se deles brevemente:

a) A figura do profeta é muito antiga no mundo religioso de Israel e se apresenta com vários aspectos: são profetas aqueles funcionários de culto dos santuários, cujas atividades podem ser consideradas paralelas e complementares à dos sacerdotes; e são profetas, também, aqueles homens livres de laços cultuais que, em grupos ou individualmente, realizam uma atividade muito próxima a do adivinho.

b) Amós, tanto quanto se sabe através de seu livro, não pertence a esses ambientes. Ele mesmo afirma isso em sua resposta a Amazias: nem um oficial de santuários, nem um vidente, mas era um homem simples do povo, um leigo, em suma, para usar um termo moderno. Nesse sentido, sua presença no mundo da atividade profética representa uma novidade absoluta no mundo de Israel.

c) Sua pregação, portanto, não se situa no quadro da atividade cultual, mas é motivada unicamente por uma nova revelação divina. Ele não se limita a transmitir ou comentar os dados da tradição, mas afirma dar uma palavra completamente nova ao povo por parte do próprio Javé. Nele, a profecia se apresenta como o anúncio da nova revelação que se contrapõe à antiga.

d) Sua atividade provoca reações nos círculos oficiais, tanto religiosos quanto políticos, por duas razões essenciais. Em primeiro lugar porque ele é um estranho que pretende realizar uma atividade que não lhe compete, seja porque ele pertence ao reino de Judá, seja porque não está inserido no âmbito das hierarquias religiosas oficiais. Em segundo lugar, porque sua mensagem, como será visto mais adiante, está fora dos padrões tradicionais de fé, introduzindo elementos de crítica radical e conceitos completamente revolucionários.

2.4 Questões relativas ao tema 2

2.4.1 À espera de profecias

Se é possível transferir-se dos tempos de Amós para a situação da comunidade cristã de hoje, deve-se notar que as questões relativas ao problema da profecia não são menos numerosas nem menos graves. E elas são, essencialmente, três:
a) a profecia ainda é necessária, ou a Igreja pode pregar e testemunhar igualmente sem profecias?
b) Há pessoas hoje que, de alguma forma, podem ser comparadas com Amós?
c) Se alguém reconhecesse a necessidade fundamental da presença de profetas e, por outro lado, verificasse a falta deles, a quais causas isto deveria ser imputado?

Na primeira questão, pode-se responder imediata e afirmativamente: a Igreja precisa de profecias para viver e testemunhar, pois uma comunidade sem espírito profético não é mais uma comunidade cristã. Mas, quando se tenta especificar ainda mais o problema e definir, de alguma forma, no que consiste essa "profecia", encontra-se diante de uma contradição sintomática: a profecia é essencial, mas não há uma forma, uma regulamentação específica e nem uma medida de avaliação que permita identificar sua existência. Sem a profecia, a Igreja não vive, mas, por outro lado, não é capaz de confirmar a sua presença. O fato de que se fale hoje, com tanta insistência, de palavras proféticas, de atitudes proféticas e de uma visão profética da realidade, expressa a necessidade de uma orientação radicalmente nova do testemunho de Deus. Esse fato indica a convicção de que não se pode desconsiderar nem prescindir da profecia feita através de uma presença autêntica no mundo e de uma reforma válida da Igreja.

A profecia ainda é um fato imprevisível para nós, hoje em dia. É a irrupção da palavra de Deus na vida do crente e da comunidade, é uma palavra de autoridade à qual não se pode escapar, que pode até ser contradita e desafiada, mas não pode ser negada. A profecia é concebida como a renovação de uma revelação milagrosa por parte de Deus, uma explosão inesperada da revelação no contexto da vida cotidiana que pega as pessoas despreparadas, tanto o crente, que é um instrumento, como o não crente.

Por conseguinte, entende-se que a profecia seja concebida como um milagre do Espírito e não como uma instituição. Nenhuma das principais igrejas cristãs considera legítimo estabelecer o ministério de "profeta". Nem as comunidades protestantes nem as comunidades católicas ou ortodoxas consagram profetas. Ter um papel ou função de "profeta" parece impossível, precisamente porque a liberdade de Deus não pode ser confinada a um padrão fixo, em uma categoria estabelecida. A profecia é filha do Espírito, e, como lemos em João (Cap. 3:8), é uma realidade da qual se veem os sinais aqui ou ali, mas que não pode ser controlada nem dominada, pois é como o vento.

Esse fato é ainda mais sintomático se alguém considerar que a comunidade primitiva tinha, ao lado de seus apóstolos, evangelistas e doutores, os seus "profetas". O Novo Testamento é todo impregnado de "profecias", e não parece ser possível reduzir esse carisma (dom) ao nível de uma simples antecipação da pregação de hoje. Sem dúvida, toda pregação evangélica continua a ter um elemento de "profecia", quando não se limita a ser uma pura exegese da passagem bíblica, mas sim quando procura, de alguma forma, tirar consequências práticas disso. O sermão não é, no entanto, comparável ao discurso profético e os profetas das comunidades primitivas eram diferentes dos pregadores de hoje no púlpito.

Portanto, parece que a situação atual dos crentes em relação à "profecia" consiste na necessidade urgente de profecia, na espera de uma manifestação do Espírito, essencial para a vida cristã de hoje, e na impossibilidade de identificar-se a presença de tal manifestação nos padrões habituais da comunidade.

Essa situação, tão difícil e improdutiva em nível espiritual, talvez seja determinada por um erro fundamental que se pode expressar sinteticamente nestes termos: aguarda-se a manifestação da Palavra como discípulos de Amós e dos profetas do Antigo Testamento, e não como discípulos de Cristo.

Todos os elementos que se tem afirmado acima indicam que a profecia é um dos aspectos da liberdade divina. Deus escolhe quem ele quer, fala quando quer, não está vinculado a padrões, esquemas ou formas de comunidade. Eles são fundamentais e derivam da história profética de Israel, são a lição espiritual da profecia bíblica, representam a superação irreversível da função mediadora do sacerdócio, mas são válidos, na igreja, apenas se possuírem uma referência precisa a Cristo. O erro, se é que se pode falar em erro, que os crentes cometem hoje consiste em ter a ilusão de imitar Amós, sua vocação, sua pregação, sua liberdade (ou, talvez, mais do que Amós, a ideia que se faz dele). Se a profecia tem que acontecer hoje na Igreja cristã, não será uma profecia do tipo do Antigo Testamento, mas, como afirma ainda João (Cap.13:20), uma redescoberta da realidade de Cristo. Não será a revelação de novos fatos e novas dimensões espirituais, mas apenas a redescoberta da vida existente em Jesus Cristo. Nossa "profecia" não pode ser outra além de anunciar Cristo e seus ensinamentos, no sentido de que a Palavra não deve ser esperada, mas sim redescoberta, porque ela já nos foi revelada.

A confiança ilimitada e absoluta no poder da Palavra que às vezes é encontrada nas comunidades, para as quais a mensagem evangélica cria a nova realidade de fé e de arrependimento, pode ser fundamentada biblicamente, mas também pode encobrir o problema. A certeza absoluta do poder de Deus na profecia pode, de fato, estar na origem de uma incapacidade de saber discernir a profecia onde ela está. Em resumo, mais do que se perguntar se há ou não profecia hoje, deve-se perguntar se é sabido como lê-la, se possui ainda a inteligência espiritual e a sensibilidade para discerni-la onde ela reside, isto é, em Cristo.

2.4.2 O Profeta

Não menos isenta de equívocos é a avaliação que é dada à pessoa do "profeta". Pois quem é um profeta, hoje? É aquele que se dirige à Igreja com a autoridade que deriva da vocação divina e não da instituição ou de uma iniciativa pessoal? É a pessoa movida e guiada pelo Espírito, que pronuncia palavras autoritárias e esclarecedoras, que indica os pontos obscuros na reflexão e na prática da comunidade, que é a voz de autoridade que mostra deficiências e abre novas perspectivas? Será que existem hoje pessoas que correspondem a esta imagem?

Poucos cristãos estão dispostos a reconhecer em pessoas como Martin Luther King, Dietrich Bonhoeffer e João XXIII uma autêntica mensagem profética para o nosso tempo. No entanto, estas são personalidades excepcionais e personalidades falecidas. O profeta existe, mas parece que é possível reconhecê-lo somente após o fato, quando ele completou seu trabalho e a profecia é acreditada pela morte do profeta. A dificuldade em identificar-se as vozes proféticas nestes tempos provavelmente deriva, em parte, dessa concepção particular de "profeta" que se espalhou na comunidade cristã. Não identificável como pregador, teólogo ou homem da Igreja, muitas vezes o profeta se opõe a eles, dirige-se à Igreja em nome de Deus e, com a autoridade que deriva de sua vocação, é caracterizado por dois fatos: ele está em constante oposição ao meio circunstante e tem uma atitude crítica.

O ministério profético, já foi dito, não parece possível dentro do esquema de uma instituição, não é previsível nem organizado, não se encaixa em "estruturas". E não é só isso, ele parece estar necessariamente, também, em conflito com elas, move-se de forma desconfortável, ataca a incompreensão do meio ambiente, é quase sempre, para não dizer sempre, objeto de crítica, ataques e exclusões. Seu trabalho é fruto de equívocos e mal-entendidos e, portanto, provoca reações. O profeta não é, por natureza, ouvido e considerado. Um profeta que seja bem-sucedido, que ganha muitas adesões e que é facilmente seguido, passa a ser suspeito. Em resumo, o profeta de hoje é o crente marginalizado por excelência e, quanto mais o seu trabalho é radical, urgente e necessário, tanto mais ele enfrenta oposições e obstáculos.

Não menos essencial é a segunda característica: o profeta é um homem crítico, uma voz que denuncia. O pastoreio, isto é, o ministério de pregar e de cuidar das almas é função importante da edificação da comunidade. Assim como é o trabalho de um médico, assim o evangelista tem a função da missão. O "profeta" não evangeliza nem edifica, mas critica, desperta consciências, desmascara compromissos, remexe nas profundezas da vida e esclarece os aspectos obscuros e os segredos da fé, expondo os fatos.

Esta é a nossa concepção: estas coisas realmente são assim? Opine! Algumas características desta concepção são derivadas da Bíblia, sem dúvida, como o caráter não institucional da profecia, o impacto que ela encontra e causa no ambiente religioso, a dificuldade que ela encontra para se tornar crível, são realidades que a história de Amós colocou em evidência de maneira incontestável e que a história de todos os profetas confirma. Mas não existem, ao lado desses elementos bíblicos, outros dados mais ligados à cultura e ao contexto atual em cada localidade?

É indubitável que, hoje em dia, a vontade de Deus e a personalidade do profeta estejam no centro do assunto. A profecia é, em muito maior extensão do que era para Amós, uma realidade que é personalizada. Hoje em dia, o profeta interessa mais do que a profecia, pois ele é o homem solitário que denuncia os compromissos e os conluios da sociedade, mas é, no entanto, mais "romântico" do que o profeta bíblico, é uma mistura de anarquista político e boêmio literário, formas características de encarar-se pessoas diferenciadas hoje.

Uma confirmação desse fato vem do interesse que se dá hoje à vocação do profeta. O fato também é fundamental para Amós, é claro, e é ele mesmo quem afirma isso, ao dizer que Javé o arrancou de seu modo de vida anterior e o enviou para profetizar. A vocação significa que não há premissas ou condições prévias para o trabalho do Espírito. No profeta, no entanto, o centro da frase está no sujeito: "*Javé*". Para nós, hoje, o centro está no verbo: "chamar". Quando se fala de vocação, de fato, a questão fundamental cai na realidade da vocação. Se Deus chama uma pessoa para profetizar, não há dúvida de que ela se torna realmente um profeta, mas que garantias se tem a respeito da realidade desse chamado? Poderia isso ser uma ilusão, um sonho, uma autossugestão? Quem pode provar que uma pessoa seja, efetivamente, um profeta? Sua vocação! Se ela puder provar ser verdadeiramente "chamada", não se pode deixar de ouví-la. Ao se fazer isto, conecta-se a verdade de uma pregação profética à realidade da vocação e, como nunca se pode provar a realidade dessa vocação, está-se totalmente dispensado de dar fé à palavra.

Para os contemporâneos de Amós, ao contrário, a vocação é julgada pela pregação: são as palavras e a mensagem que elas trazem que confirmam a vocação. É a mensagem do camponês de Tekoa que os escandaliza, e não a eleição dele.

O problema sobre o qual se deve refletir hoje é, portanto, o seguinte: o profeta é realmente a personalidade de um crítico marginalizado na Igreja que deve demonstrar a sua vocação? Se a profecia é verdadeiramente, como foi visto, uma realidade a ser conectada com a obra de Jesus Cristo e com a sua presença na Igreja, isso não é um fato de reflexão, ao invés de deslumbre? Não é uma descoberta ao invés de uma revelação? Não é uma realidade que surge da comunidade ao invés de um dom pessoal de uma grande figura? Será que a comunidade cristã realmente precisa esperar pela vocação de profetas, identificando-os após a sua morte, ou precisa procurar a profecia que vive nela mesma? Será o trabalho do Espírito, realmente, apenas um deslumbre restrito a indivíduos ou uma vocação constante em toda a igreja?

TEMA 3
AS VISÕES

3.1. As visões – Introdução

O núcleo original do livro de Amós parece ter sido constituído, como já foi dito, pela coleção de suas visões. Elas foram em número de cinco, divididas em três grupos, os quais estão atualmente contidos na última parte do livro, sendo os três primeiros no Cap. 7, o quarto no Cap. 8, e o quinto no Cap. 9. Elas não têm uma relação de dependência nem com o contexto do que precede, nem com o do que se segue. Portanto, é razoável supor que a sua localização atual no texto se deve a rearranjos feitos no livro pelos discípulos de Amós, como será visto com maior detalhe a seguir.

As três primeiras visões são construídas de acordo com um mesmo esquema. Elas começam com uma fórmula idêntica: "Aqui está o que o Senhor Javé me mostrou". A revelação é, portanto, dada pelo objeto ou pela realidade que o profeta vê.

Na primeira dessas revelações, o objeto é muito simples: trata-se da formação de um enxame de gafanhotos que invade o campo.

O objeto da segunda é mais difícil de definir: é um fogo que devora o território de Israel, fogo de tal magnitude que também resseca até o abismo primordial. Há duas interpretações possíveis: está-se na presença de uma cena de julgamento através do fogo, típica da cultura medieval, ou está-se na presença de um fenômeno natural semelhante ao dos gafanhotos e, neste caso, se imagina um período de seca que resseca o campo. À vista desses fenômenos, Amós intercede por Israel junto a Javé e a ameaça expressa pela visão não ocorre.

A terceira visão é visivelmente diferente das anteriores. O profeta não é apenas colocado na presença de um objeto, mas é questionado por Deus a respeito do que ele vê. A visão, como as anteriores, já contém seu próprio significado na realidade vista, mas isso é ressaltado pela sentença de Deus. Nota-se ainda que o desdobramento da visão também mudou: Amós não intercede pelo povo, mas permanece em silêncio diante da sentença. Existem aqui algumas dificuldades do ponto de vista crítico. Em primeiro lugar, vem a questão sobre se o verso 9, que fecha a visão, faz parte dela ou não. Muitos comentaristas, embora mantenham a sua autenticidade, o considerem um oráculo adicional, quase para explicar o sentido da visão. O segundo problema consiste no próprio objeto da visão. O texto, muito incerto, oferece várias interpretações, uma vez que se fala de um objeto de medição (linha de prumo, nível) de um homem e de uma parede. A interpretação mais provável é que se trate da medida da parede por um estranho. De fato, Amós veria alguém com a intenção de controlar a verticalidade de uma parede com um instrumento como uma linha de prumo.

Já a quarta visão retoma o esquema da terceira e não apresenta dificuldades exegéticas particulares. O profeta está na presença de um objeto, neste caso uma cesta de frutas, e é interrogado por Javé com a já conhecida questão: "O que você vê?". O senso de visão é expresso, neste caso, através do jogo de palavras entre os termos "de verão" ("maduros") e "fim".

A quinta visão se constitui em um caso particular, independente. O profeta encontra-se na presença do próprio Javé, no templo, perto do altar. O templo é atingido pelo terremoto e parece cair sobre todos os presentes, matando-os. No entanto, o texto não é inteiramente claro e as palavras que anunciam a destruição podem ser interpretadas como um convite de Javé ao profeta, ou como uma descrição do fato realizado pelo próprio Deus. A destruição do templo é seguida por um grande oráculo em que Javé ilustra o significado dessa condenação.

VEREDAS DA JUSTIÇA
PROFECIAS

Texto	Termo	Observação
1ª VISÃO – OS GAFANHOTOS (cap. 7: 1-3)	---	---
1 Aqui está o que o Senhor Javé me mostrou: um ª bando de gafanhotos ᵇ em processo de formação, justo quando a colheita tardia ᶜ começava a despontar (esta é a colheita que vem depois da colheita do rei ᵈ). **2** E, já que eles devorariam todo o produto da terra, eu exclamei: "Senhor, Javé, te suplico, tenha piedade de nós: como faria Jacó ᵉ, pequeno como ele é?" **3** Isto desagradou ao Senhor: "Isto não acontecerá", disse o Senhor.	ª um	ª O texto é corrompido e os 70 adotam uma versão bem diferente.
	ᵇ gafanhoto	ᵇ Recordação das pragas do Egito (Ex. 10); também em Joel figuram como instrumento de castigo (Joel 1:4-7).
	ᶜ colheita tardia	ᶜ É quase certamente como um tipo de direito feudal, segundo o qual o rei tinha direito à tributação de certos produtos da terra; não se conhece uma lei específica a esse respeito, mas esse uso corresponde bem aos impostos e aos afazeres mencionados no discurso de Samuel (I Sam. 8:10 e ss.)
	ᵈ colheita do rei	ᵈ Plantações que crescem em janeiro-fevereiro
	ᵉ Jacó	ᵉ Aqui indica as dez tribos do Reino de Israel
2ª VISÃO – O JULGAMENTO COM O FOGO (cap. 7: 4-6)	---	---
4 Aqui está o que o Senhor Javé me mostrou: o Senhor Javé está ajuntando fogo ᶠ para um julgamento. Ele já devorou o grande abismo ᵍ e está prestes a devorar o território de Israel ʰ. **5** Então eu exclamei: "Senhor Javé, por favor, pare: como faria Jacó, pequeno como ele é?" **6** e isto desagradou ao Senhor; "Também isso não irá acontecer", disse o Senhor Javé.	ᶠ fogo	ᶠ A prática do julgamento ou condenação divina através do fogo, da água ou de outro elemento que trouxesse um risco notável a quem fosse submetido é atestada em todo o oriente próximo e o ocidente até a Idade Média. No entanto, o texto é difícil, provavelmente corrompido. Ver também I Reis 18:38,
	ᵍ abismo	ᵍ No julgamento, o inocente se demonstrava como tal ao provar ser capaz de passar no teste; neste caso, portanto, o fogo o poupou. Aqui esse fogo devora até mesmo o abismo primordial (ver Gen. 1:2) que normalmente seria inatingível pelo fogo; o fato deve, portanto, ser entendido como sinal de um resultado extremamente negativo
	ʰ território de Israel	ʰ O termo *bëleq* indica sempre a parte de território atribuída a cada uma das doze tribos

continua...

continuação

Texto	Termo	Observação
3º VISÃO – O FIO DE PRUMO (cap. 7: 7-9)	---	---
7 Eis o que o Senhor Javé mostrou-me: um homem ⁱ estava junto ʲ a um muro vertical ᵏ, segurando um fio de prumo ˡ. 8 Então Javé dirigiu-se a mim: "O que você vê, Amós?" Eu disse: "Um fio de prumoˡ". E o Senhor: "Eis que eu vou colocar o fio de prumo ˡ no meio do meu povo Israel; Eu não posso mais perdoá-lo ᵐ! 9 Por isso, os altos ⁿ de Isaque serão devastados, os santuários ᵒ de Israel serão devastados ᵖ, quando eu me erguer com uma espada contra a casa de Jeroboão ᵠ!"	ⁱ homem	ⁱ O hebraico traz: "o Senhor"; mas é melhor seguir os 70 que adotam: um homem. A visão direta de Javé ocorre apenas na última das três visões.
	ʲ junto a	ʲ A preposição usada aqui geralmente significa "acima"; no entanto, também é encontrada no sentido de "ao lado" no Salmo 1:3 e no Cap. 9:1
	ᵏ muro	ᵏ O termo prumo que, no verso seguinte está bem empregado, aparece também aqui sem mostrar bem a relação dele com a parede (a Rev. traduz de fato: "uma parede puxada, ou erguida, a prumo"). Uma interpretação seria a de um muro erguido verticalmente, não inclinado, ou torto, como estaria o povo de Israel
	ˡ fio de prumo	ˡ Algumas vezes, embora nem sempre, é uma imagem que indica o início de um trabalho de demolição (ver conceitos similares em II Reis 21:13, Isaías 28:17; 34:11)
	ᵐ perdoá-lo	ᵐ Lit.: "Eu não posso mais passar", no sentido de "fazer conta de nada".
	ⁿ altos, lugares altos	ⁿ Edificação para atos de adoração de deuses (ver I Reis 12:31, 14:23)
	ᵒ santuários	ᵒ Santuários ligados a tradições patriarcais ou antigos cultos cananeus; contra esses centros é que irá referir-se a reforma de Ezequias em favor do único santuário de Jerusalém.
	ᵖ devastados	ᵖ De acordo com alguns estudiosos, a frase contida nestes quatro versos não faz parte da visão; ela expressa um pensamento que está mais próximo da condenação da hipocrisia no culto como mencionado em 5:5.
	ᵠ Jeroboão	ᵠ Trata-se de Jeroboão II

continua...

VEREDAS DA JUSTIÇA
PROFECIAS

continuação

Texto	Termo	Observação
4ª VISÃO – O CESTO DE FRUTAS (Cap. 8:1-2)	---	---
1 Eis o que me mostrou o Senhor Javé: um cesto de frutas maduras. **2** Então Javé dirigiu-se a mim: "O que você vê, Amós?" Eu respondi: "Um cesto de frutas maduras". E Javé a mim: "De fato, o fim ʳ do meu povo Israel está maduro: não posso mais perdoá-loˢ!"	ʳ fim ˢ perdoá-lo	ʳ O fim irá se tornar uma figura frequente na linguagem do Apocalipse para indicar o encerramento da história (Ez. 7:2; Dan. 8:17; Mt. 24:14). No caso de Amós, existe um jogo de palavras entre *qajis* = verão, fruto de verão, fruto maduro e *qês* = fim. Lit.: "chegou o fim..." ˢ Conforme o verso 7:8, acima
5ª VISÃO – JUÍZOS INEVITÁVEIS (Cap 9: 1-4)	---	---
1 Vi o Senhor em pé ao lado ᵗ do altar. Ele ordenou-me ᵘ: "Golpeie no alto das colunas para que os limiares ᵛ tremam. Quebre ʷ tudo sobre a cabeça de todos eles, enquanto eu mato os demais com a espada: assim nenhum deles conseguirá fugir nem escapará! **2** Mesmo que conseguissem forçar a entrada no Infernoˣ, minha mão os arrancaria; e se eles conseguirem escalar o céu, até de lá eu os faria descer!	ᵗ ao lado ᵘ ordenou ᵛ limiares ʷ quebre ˣ inferno	ᵗ Cfr. 7:7 ᵘ Alguns autores gostariam de transportar "me ordenou ..." para antes de "quebre" e ler: "Ele (Javé) golpeia o alto da coluna (capitel)...", o que parece mais lógico; no entanto, o texto é difícil. De qualquer forma, há uma nova referência ao terremoto de 1:1. ᵛ Alguns autores leem, conjecturalmente "os tetos", que são os elementos construtivos que podem tremer e eventualmente desabar, após falhas nas colunas. ʷ O verso é pouco claro; o verbo *bs* = romper a trama (termo técnico da tecelagem) não se adapta muito ao contexto; alguns autores propõem: "quebre todos aqueles que estão à frente...". ˣ É a morada dos mortos; o conceito é análogo ao do Sal. 139:8, com sentido oposto, porém, não para o bem, mas para a condenação; abismo.

continua...

continuação

Texto	Termo	Observação
3 Se eles se escondessem diante dos meus olhos no fundo do mar, eu ordenaria ao Dragão ʸ para que os mordesse. **4** Se eles fossem render-se como prisioneiros a seus próprios inimigos, eu daria ordens à espada para matá-los; Eu não tirarei meus olhos deles, mas será para o mal, não para o bem deles!"	ʸ dragão	ʸ Personifica as potências ostis que estão além do mar (Is. 27:1; Jó 26:13); aqui, disponíveis à vontade de Deus..

3.3 Comentários sobre o texto relativo ao tema 3

As visões de Amós não são uma exceção no mundo espiritual israelita, mas fazem parte de uma longa e complexa série de fenômenos análogos, sonhos, inspirações e intuições que caracterizam o ambiente e o período profético. Convém também notar que as técnicas utilizadas para desencadear o êxtase, assim como a linguagem utilizada, não são diferentes daquelas dos costumes da região e do ambiente cananeu existente ao redor de Israel. Utilizando uma comparação, os contemporâneos de Samuel, por exemplo, nem sempre se demonstraram muito cientes em relação às diferenças entre a prática mágica e a profecia.

Na era clássica, o aspecto visionário estático da atividade profética tende a diminuir sem, porém, desaparecer completamente. Os profetas de Israel não são filósofos envolvidos em pesquisas racionais, mas sim pessoas profundamente comprometidas com a sua missão e eles participam dessa missão com todo seu empenho pessoal. É muito bem compreendido que exista, neste estado de tensão constante, uma certa polarização da atividade intelectual e moral e que ocorram momentos de maior concentração interior que podem fazer o profeta chegar à visão. Um dos momentos particulares da vida do profeta, no qual a visão parece ter uma importância fundamental, é o momento da vocação. O caso de Isaías é o mais conhecido, mas são igualmente característicos os casos de Jeremias e de Ezequiel (Jer 1, Eze 1-3). Mas no caso das cinco visões de Amós, são elas o momento de sua vocação ou já fazem parte de sua mensagem? Aqui, as opiniões dos estudiosos parecem estar divididas, visto que alguns se inclinam a conectar estreitamente a missão profética com as visões, enquanto outros preferem mantê-las distintas.

Parece que a segunda hipótese seja a mais provável, pois, antes de tudo, o profeta não demonstra ligar, em nenhum momento, a sua vocação profética com alguma visão, mas simplesmente fala de "chamada" e de "missão". Em segundo lugar, deve-se notar que não se está na presença de uma visão, mas de um ciclo inteiro em que as cinco visões representam vários momentos intimamente conectados uns aos outros e organizados de forma a representar uma progressão. No entanto, esta não constituiu, de forma alguma, um êxtase pessoal circunscrito a uma experiência individual. Novamente, apenas para se ter uma referência a um conhecido exemplo bíblico mais recente, essa forma de êxtase não foi similar aos arrebatamentos espirituais de que Paulo fala no Cap. 12 da segunda carta aos Coríntios. O que Amós vê está em correlação direta com a vida e com o destino de Israel, na situação histórica em que vive naquele momento. Tratam-se de fatos que estão para acontecer, de realidades que Javé está preparando e implementando na história de seu povo.

3.3.1 A nova palavra

Neste ponto, uma questão fundamental surge naturalmente: qual é a ideia central dessas visões e qual é o seu tema? No que consiste esta nova palavra que Javé está pronunciando sobre o seu povo? Explicando com as palavras do próprio profeta no final da quarta visão, pode-se afirmar: "o fim de Israel está maduro (preparado)"; o povo está prestes a ser destruído e, fato ainda mais perturbador, está a ponto de ser destruído pelo seu próprio Deus!

Considerada nestes termos radicais, a profecia de Amós parece extremamente surpreendente e revolucionária. Certamente, o tema do julgamento e do castigo não está totalmente ausente da tradição religiosa do povo, uma vez que as figuras proféticas precedentes são características da liberdade com que antecipam ameaças e condenações ao povo, mas são sempre sentenças limitadas. O mal deve ser retirado, como afirma a expressão clássica de Deuteronômio (Deut 19:19; 22:22), mas, para que Israel viva. Neste caso, Israel não está na presença de uma punição parcial, mas sim de uma verdadeira aniquilação. Javé não purifica a sua comunidade considerando a possibilidade de um futuro melhor, Ele a destrói!

A profecia do século VIII AC surge, como foi visto, como uma palavra absolutamente nova e inesperada na história religiosa de Israel. Ela se apresenta como o início de uma nova era, de uma nova revelação. O fato chocante na pregação de Amós, o primeiro profeta que se move neste novo contexto, é precisamente o fato de que ele contrasta com os próprios princípios fundamentais da fé tradicional. Como pode Javé, o Deus dos pais, que manifestou o seu poder e a sua misericórdia em favor das gerações passadas, cancelar tudo isso de repente, negar agora suas próprias promessas e aniquilar o seu povo da história?

A essa pergunta Amós não está em condições de responder e os seus oráculos reiteram este tema monotônico: o fim está prestes a chegar.

No entanto, duas observações devem ser feitas aqui. Em primeiro lugar, pode-se notar que este acontecimento não é colocado em correlação com o pecado de Israel. A sentença de Deus certamente é uma sentença de condenação e não é um gesto gratuito de uma divindade caprichosa, mas não possui uma relação automática. Amós não diz que a condenação vem como uma punição para os males cometidos, o que significa que o fim de Israel é algo mais amplo e profundo do que um simples confronto, uma aplicação rigorosa de uma determinada lei consistente com a justiça divina, entendida, sob um certo aspecto, como uma "nova palavra" de Deus. Ela é uma espécie de revelação negativa, trata-se de um outro aspecto do conhecimento de Deus.

A partir dessa palavra fundamental expressada pelas cinco visões, dessa revelação da iminência do julgamento e da condenação, Amós continua sua reflexão sobre a situação de Israel. Isto é, Amós não se limita a pronunciar a sentença de morte que lhe foi revelada, mas se esforça para refletir sobre esse fato, e o primeiro fruto desta reflexão é a identificação do pecado de Israel. Em outras palavras, Amós encontra-se na posição de quem vive no meio de um povo sobre o qual uma sentença de morte foi pronunciada e é a única pessoa a estar ciente disso. Uma vez que ele adquiriu essa certeza, ele passa a ver o ambiente que o rodeia com olhos diferentes. Ele observa fatos e situações as quais ele, muito provavelmente, não havia notado até aquele momento, e então percebe sua gravidade.

A certeza da intervenção de Deus o torna consciente da gravidade do pecado no meio do qual Israel vive e essas falhas tornam-se intoleráveis para ele. Ele compromete-se, assim, a identificar e a denunciar esses fatos para o povo, interpretando-os como motivos para a catástrofe iminente. Ele gradualmente recebeu novas revelações sobre a situação do povo em relação ao seu fim, mas a identificação desses elementos é, em grande parte, o resultado de sua intuição imediata e de algumas observações suas. A revelação fundamental, isto é, a consciência do fim iminente de seu povo, não suprime a inteligência, a reflexão, nem o compromisso do profeta. Longe de ser uma espécie de transmissor mecânico da vontade divina, Amós se apresenta, em vez disso, como uma consciência permanentemente vigilante e atenta, aberta aos fatos e problemas e pronta para entender as ligações entre os fatos e tirar as devidas conclusões. Em muitos oráculos, observa-se precisamente esta alternância entre os dados da revelação: o fim de Israel e a reflexão do homem empenhado na missão profética.

No entanto, uma segunda observação é necessária. O espírito e a inteligência de Amós não estão apenas empenhados em entender o vínculo entre a situação atual e o fim anunciado, pois há um outro problema que o envolve de forma igualmente profunda, que é a natureza do juízo. Será que o fim virá marcado por um cataclisma, por um terremoto como o que perturbou Israel durante sua pregação, ou por algum outro fenômeno natural particularmente grave? Ou será ele um evento de natureza completamente diferente? Amós chega aos poucos à certeza de que o fim de Israel será marcado pela derrota militar e pela queda diante do domínio assírio e acha sua expressão concreta e visível no exílio, na deportação. Também neste caso, é possível encontrar essa reflexão em uma série de oráculos que desenvolvem e aprofundam o tema do fim, em termos de catástrofe militar.

3.3.2 O ciclo das visões

O fim de Israel, no entanto, não é um fato puro que aconteceu na vida do profeta e é aceito como um dado qualquer. Trata-se de uma revelação nova e chocante que exige tempo e meditação para ser aceita, é um fato sobre o qual Amós deve tomar consciência. E o ciclo das visões traça exatamente a jornada profética que foi da descrença à certeza, através da dúvida, da surpresa e de protestos. Nas duas primeiras visões, o fim ainda é problemático, é uma ameaça que cresce e se aproxima de Israel. O profeta assiste, espantado, à formação da catástrofe. A consciência da gravidade do que está acontecendo o empurra para um movimento de intercessão espontâneo e imediato: "Senhor, pare!".

Essa interposição pessoal entre o juízo divino e a realidade do povo expressa um dos temas característicos da tradição profética: o tema da intercessão. O profeta, aquele que foi chamado para transmitir a palavra, não é um mero embaixador, um locutor, um funcionário que executa ordens. Em vez disso, ele é um homem que participa da situação em que ele é colocado, torna-se um participante e vive até o ponto de interpor-se entre Deus e o povo. Também este texto é colocado nesta linha de reflexão, mas aparece imediatamente caracterizado pelo fato de que o argumento ao qual Amós recorre ser completamente incomum.

Os profetas, de fato, apelam para a graça e a misericórdia, marcantemente expressas pela Aliança. Deus "não pode" negar sua obra anterior, pois, negando-a, Ele pode mudar substancialmente suas relações com o povo que foi por Ele eleito. Pelo contrário, ao estabelecer a Aliança com Israel, Ele, de alguma forma, ficou comprometido, vinculado e, se Ele deve agora destruir Israel, ele falhará (segundo a lógica humana) com suas promessas e comprometerá sua honra. Mas, em Amós, esse raciocínio está ausente. A motivação que move a sua intercessão não é o amor de Deus, mas sim a fraqueza de Israel ("pequeno como ele é"). Como uma comunidade fraca e pequena, como a dos filhos de Jacó, pode suportar a prova de um julgamento?

O tema da fraqueza não está ausente, é verdade, na pregação profética, no entanto, aparece em outras situações e em diferentes contextos. Vemos exemplos em Isaías (41:14), que o utiliza para demonstrar a grandeza da misericórdia divina na situação desesperadora do exílio; em Jacó, que diz de si mesmo ser um verme, um nada; e em Salmos (103:14) em que o salmista vê na limitação humana ("Nós somos poeira!") o motivo suficiente para tentar despertar a piedade do Senhor. Ao contrário, a preocupação de Amós parece ser diferente, ou seja, Israel é tão miserável e insignificante que o menor gesto mais vigoroso por parte de Deus será suficiente para aniquilá-lo. Esse povo não é capaz de suportar o encontro com a presença de Deus. Nas duas visões seguintes (a terceira e a quarta), o fim de Israel não é apenas uma probabilidade, ou uma ameaça, mas sim, uma realidade. Ainda se está na esfera da visão, mas o profeta não está mais na presença de eventos ou de fenômenos, agora está anteposto a objetos: a linha de prumo, o cesto de frutas. E, neste caso, estão presentes dois outros elementos característicos da linguagem profética: o diálogo com Deus e o valor simbólico dos objetos.

Ao contrário das duas visões anteriores, onde tudo ocorreu, em certo sentido, na dimensão subjetiva do profeta, que viu e viveu a visão, tem-se aqui um diálogo. Deus questiona o homem, leva-o, com perguntas, até ele identificar o problema central e, quase sem querer, pronunciar a sentença de condenação. É mesmo o próprio Amós que enuncia a realidade do objeto visto: "uma linha de prumo", "uma cesta de frutas". O tema do diálogo entre Deus e o profeta será bastante desenvolvido na profecia posterior, após Jeremias (Jer. 1:14 – 2:13; Zac. 4:2), para enfatizar precisamente o caráter do movimento, da descoberta, da busca da revelação divina. Já os objetos vistos, no entanto, têm um significado particular e são, em si mesmos, uma mensagem. O significado literal do fio de prumo, ou o jogo de palavras a respeito dos frutos maduros, servem para transmitir o sentido do oráculo de um modo muito melhor do que um longo discurso, visto que ele fala um idioma muito mais eloquente e compreensível do que o desenvolvimento de um raciocínio. O fim de Israel está maduro como fruta no outono, e não é possível voltar atrás, porque não é possível reverter o ciclo das estações.

Este elemento também terá grande importância na pregação profética. O trabalho dos sucessores de Amós será entrelaçado com gestos simbólicos, jogos de palavras e atos projetados para atrair a atenção de quem ouve. Basta lembrar os nomes que Isaías dá aos seus filhos, o relacionamento complexo que Oséias tem com a mulher adúltera, e de Jeremias, que quebra o vaso ou que atravessa Jerusalém com um jugo no pescoço.

Após esta pregação "visual" da condenação de Israel, o ciclo das visões se fecha com a último e a mais complexa, que realiza a profecia e implementa o julgamento do fim. As dificuldades de natureza crítica que se observa na exegese não comprometem a compreensão fundamental do texto, pois, seja tratar-se de uma ordem de Javé para o profeta, ordenando-o a implementar o momento da destruição, ou seja o próprio Deus executando-o, o fato central da visão central é claro: não somente o templo se esgota e destrói Israel, mas Deus se preocupa em perseguir os possíveis fugitivos e sobreviventes e destruí-los, afirmando o caráter total e absoluto do fim. O profeta, que nos dois primeiros momentos de revelação, se situava como intercessor e espectador, agora se torna corresponsável pelo fim, ele é um instrumento da condenação, pois ele próprio está envolvido na obra de Deus até o ponto de viver o fim de Israel de maneira ativa.

É importante ressaltar, para uma compreensão correta da visão em si e de todo o ciclo de visões, que não se está aqui na presença de uma simples mensagem, mas da realidade de que a condenação é prevista, preparada e já está implementada. Este não é, portanto, um anúncio sobre o futuro, uma previsão ou a tradução, em termos visionários, dos medos e fantasias do profeta, mas se trata agora da realização dos fatos. O fim já é um fato, Israel já caiu no nada e agora apenas sobrevive por si só. A vida que Israel está vivendo não é nada além de uma forma de sonho irreal, desprovida de consistência. O fato central do oráculo reside nesta objetividade do fato realizado. Deus não vive seu pensamento sozinho, mas chama Amós para testemunhar e ajudar na criação do fim, O profeta não lê o amanhã, vê o dia de hoje de Deus.

Nesta visão, o estilo inconfundível de Amós aparece com todo seu vigor. Ele recorre a expedientes literários extremamente eficazes, que poder-se-iam chamar de jogo de contrastes e de progressão temática. O primeiro elemento é o mais interessante. Não é acidental, por exemplo, que o terremoto atinja as colunas do templo. Estes são um elemento fundamental da construção e provavelmente representam, em Israel, como na arquitetura cananeia, os seres divinos colocados para guardar o santuário. Em suma, estes são os elementos que simbolizam a estabilidade da realidade divina, a garantia visível da ordem. O contraste reside nisso: aquilo que é criado para ser estável, cai, de modo similar ao que ocorre com a eleição de Israel, como mais tarde irá dizer Amós. E o povo morre sob as ruínas de seu templo, da casa que expressa, mais do que qualquer outro lugar, a presença divina. Ele morre vítima da presença de Javé!

O mesmo argumento da limitação e pequenez de Israel, que constitui o núcleo da intercessão nas duas primeiras visões, é encontrado neste ambiente de contrastes. Israel, de fato, não tem consciência de ser pequeno, pois recentemente nunca foi tão poderoso quanto nesse período de sua história, nunca alcançou uma extensão territorial tão vasta e nunca teve uma prosperidade econômica tão grande.

A segunda característica do estilo de Amós, que é a progressão do tema, torna-se evidente quando o texto das visões é lido. Da primeira visão até a última, verifica-se um crescimento de intensidade, um caminho obrigatório para chegar até o termo final que é a realidade do fim. Este procedimento será encontrado em outros ciclos desse mesmo livro ou em oráculos únicos, muitas vezes como um artifício literário para conseguir a atenção do leitor. Neste caso, no entanto, esta progressão obrigatória para um ponto final coloca um problema: qual é a relação entre o ciclo de visões e a vida do profeta?

3.3.3 As visões e a vida do profeta

O problema pode ser dividido em dois aspectos: qual é a relação entre a vida de Amós e suas visões? Qual a natureza dessas visões? Nem o livro, como um todo, nem o ciclo de visões, em particular, nos dão qualquer indicação a respeito disso. Como foi visto, eles expressam o núcleo central da mensagem profética do homem de Tekoa, mas não se pode saber se eles são colocados no início ou durante seu ministério. Foi visto que eles são concatenados um ao outro, como estágios progressivos de um discurso orgânico, mas devem eles ser imaginados seguidos, um após o outro, ou distantes entre si no tempo? Esta segunda hipótese parece muito mais provável e, adotando o parecer de G. van Rad, pode-se definir o itinerário espiritual de Amós, a jornada feita de revelações e pensamentos secundários, que ele seguiu desde o momento da sua vocação até o momento em que ele teve plena garantia do fim inelutável de Israel. No ciclo de visões pode-se, portanto, ler o caminho da revelação e reflexão profética e os estágios desta marcha para a plena conscientização da mensagem a ser anunciada.

Muito mais difícil, no entanto, é apontar os momentos desta jornada interior no contexto da biografia completa do profeta.

Uma interpretação original, mas controversa, vê a fratura da vida de Amós expressa nas visões. Ele pode ter sido um oficial responsável pelos santuários, um "profeta de bênçãos», que a vocação divina e a consequente crise interna transformaram em um "profeta de juízo". As duas primeiras visões pertenceriam à primeira parte de sua atividade profética, e as outras três à segunda parte. No primeiro caso, ele intercede em favor do povo, como pode e deve fazer todo homem de Deus. No segundo caso, vencido pela revelação, ele não pode fazer outra coisa senão transmitir e participar da mensagem de condenação. A mudança de tom e de impostação, como se observa, é evidente na temática das visões, mas os dados biográficos em nossa posse não parecem ser capazes de suportar esta hipótese.

Por outro lado, há quem já tenha pensado em poder ver nas visões individuais momentos de um ano solar. Os gafanhotos estão localizados no final da primavera, a seca ocorre no verão, os frutos maduros estão no tempo do outono e a cerimônia do templo pode ser localizada em uma determinada fase do ano litúrgico, que seria o fim de ano, a renovação do Pacto, etc. O ciclo abrangeria um ano solar, em resumo, e o configuraria em um ano de julgamento. Trata-se de uma hipótese sugestiva, mas, talvez, bem pouco fundamentada.

Em vez disso, pode-se enxergar um padrão mais biográfico na sucessão das visões. Gafanhotos e seca, do ponto de vista agrícola, estariam relacionados ao momento judaico da vida de Amós, e representariam o momento da vocação do pastor-camponês, ao mesmo tempo em que ele toma consciência de que a situação de Israel é muito séria, dominada pela ameaça de destruição.

Durante suas viagens, Amós poderia ter reunido notícias e informações sobre a vida no reino do norte e ter-se sentido incomodado e perturbado por isso. As duas visões seguintes pertenceriam ao período central de sua atividade: o muro em construção é um símbolo da mais intensa atividade de construção em Samaria, da qual ele frequentemente falará em seus oráculos, e a maneira como ele olha isso corresponde muito bem à sua técnica de contraste: constrói-se para o futuro, mas ali realmente se edifica para a destruição! A visão em Betel pode estar situada no final de sua atividade profética e representar seu momento culminante, como parece no episódio narrado no capítulo 7.

A questão fundamental que permanece, no entanto, diz respeito à natureza das visões em si. Tratam-se de revelações verdadeiras havidas em sonhos, em momentos de êxtase, ou de projeções em uma forma visionária de sentimentos, intuições e tomadas de consciência? Na primeira hipótese, elas seriam comparáveis a outras visões bíblicas, como no caso de Daniel ou de Ezequiel, no AT, ou como no caso do Apocalipse, no NT.

Mas há uma outra leitura possível para as visões de Amós, que podem ser tão legítimas e ainda mais pertinentes à sua atividade e estilo proféticos. Deve-se notar, em primeiro lugar, que não há absolutamente nenhum interesse dele nas realidades sobrenaturais. O profeta não é "sequestrado" para o mundo celestial, ele simplesmente vê o que todo homem de seu tempo e seu ambiente pode ver e viu inúmeras vezes: uma planície queimada pelo calor do verão, campos e jardins desolados após a passagem dos gafanhotos, locais de construção com pedreiros, frutas de outono. A própria quinta visão se destaca no conjunto neste ponto de vista, pois, como já foi visto, traz um novo tema, situado dentro de um santuário e a referência ao terremoto é suficientemente explícita para que ela seja vista também como uma experiência concreta.

Portanto, a visão não é, para Amós, uma experiência excessivamente sensível, um transporte ao mundo divino, o conhecimento de mistérios, ou mesmo revelação de realidades externas que transformam dados sensíveis em linguagem. As suas visões são simples observações naturais, só que elevadas ao nível de mensagem. Amós realmente encontrou, na sua vida como pastor-camponês, a experiência e a consternação do homem diante da seca e dos gafanhotos. Ele experimentou a sensação de impotência do homem da terra em face do surgimento de um fato que não se pode dominar ou se opor, perante o qual se é absolutamente impotente, vítima e mero espectador. Ele viu os pedreiros verificarem a estabilidade das paredes e corrigir o erro deles, ele tinha cestas de frutas maduras na mão, percebendo que eles estavam prestes a apodrecer e chegaram ao momento de serem comidas ou jogadas fora. Ele viu os edifícios entrarem em colapso no terremoto e, talvez, o tremor da estrutura do templo nessa circunstância. A transição dessa realidade material para a "visão" é o fato racional, humano e logicamente inexplicável. Como e por que esses objetos simples e esses fatos triviais vão tornar-se, aos seus olhos, um fato espiritual? Isto é o que não se entende recorrendo à simples investigação psicológica. A visão profética de Amós consiste no fato de que uma realidade material, um dado objetivo concreto, torna-se para ele uma parábola da revelação divina.

É necessário reconhecer que, neste caso, não se trata de interpretar fatos à luz da fé, mas de ler a mensagem divina, a Palavra, através de um objeto. Entender que a seca, os gafanhotos, o terremoto podem ser uma prova de fé, um convite para refletir, não são "profecia", mas uma simples leitura espiritual dos acontecimentos, e é o próprio Amós que irá fazê-lo, com muita lucidez, em um dos seus maiores e mais extensos oráculos (ver o Tema 10). Aqui se trata de ler a revelação de uma nova realidade, o fim de Israel, mas essa revelação ocorre através de objetos simples que, de repente, assumem o valor de uma mensagem vinda de Javé.

3.4 Questões relativas ao tema 3

O ciclo das visões, que forma a parte central do livro de Amós e é o núcleo fundamental de sua mensagem profética, é, provavelmente, a parte mais distante da nossa sensibilidade como pessoas "modernas". Entende-se muito bem os oráculos do julgamento, as condenações, as denúncias contra situações e homens, e também nos são acessíveis os enunciados da verdade e dos pensamentos, mas, diante das visões, não se podes deixar de ficar perplexos. Acreditar significa ter ideias claras sobre os problemas da vida e da morte, viver no sentido concreto da realidade cotidiana essa clareza de enunciados. As visões são muito próximas do sonho, e os sonhos se parecem muito com fantasias para poder formar a matriz de uma fé madura e, acima de tudo, ser instrumentos de revelações válidas. Certamente, não excluindo o fato de que Deus possa falar também através de visões, as pessoas de hoje em dia não recebem de forma imediata e com total adesão esta mensagem visionária.

A partir do texto de Amós, e de não poucos outros textos da Escritura, pode-se, em vez disso, levantar uma crítica radical a respeito da nossa sensibilidade moderna de tipo perigosamente racionalista. Na verdade, é indubitável que a fé, se compreendida biblicamente, não se resume e não termina na meditação e na reflexão, mas envolve toda a existência das criaturas. A fé, na medida em que é um encontro autêntico com Deus e com a Sua Palavra, leva e transforma completamente a pessoa, incluindo-se aí a sua imaginação e os seus sentimentos mais profundos.

Nota-se que, nas páginas de Amós, há muito mais do que esta útil correção à sensibilidade religiosa das pessoas do século XXI DC: há uma maneira de entender a profecia a ser descoberta. Observou-se anteriormente o perigo de reduzir-se a profecia a uma denúncia porque, ao fazê-lo, o destaque passa a ser colocado no ser humano, colocando-o no centro do interesse, posição onde, na verdade, devem estar as palavras pronunciadas. A profecia não é o resultado de sentimentos e realidades interiores, mas um eco objetivo da Palavra. As visões de Amós conduzem mais adiante nesta direção, mostrando que a profecia não é um discurso ou uma enunciação de verdades teóricas, mas surge de uma experiência completa. Não é apenas um eco de palavras, mas um reflexo da existência. Mais do que representar o povo, o profeta, como aquele que "fala" em nome de Deus, deve ser visto como um homem que "é um escolhido", de uma certa maneira, e cujas palavras são, em última instância, a expressão de seu modo de ser.

Isso não significa, é claro, que suas palavras sejam o resultado de uma meditação pessoal, de uma busca pessoal realizada nas profundezas do próprio ser. O profeta fala porque a Palavra de Deus ressoou e suas palavras são ecos dessa Palavra. No entanto, é igualmente importante lembrar que a Palavra de Deus não se limita a fazer com que o homem compreenda verdades ou fatos, no nível da compreensão intelectual, mas ela o toca primeiro, em sua própria pessoa. A revelação do Espírito não se limita a iluminar a inteligência, abrir novos horizontes e divulgar verdades ocultas, mas atinge a pessoa em sua personalidade. Nada está mais longe da profecia bíblica do que uma definição divulgada em torno dos anos 50, por um famoso e discutido pregador, padre Lombardi: "microfone de Deus". Esta é totalmente errada, porque nos levaria a acreditar que o profeta poderia ser um mero instrumento passivo nas mãos de Deus, uma espécie de artefato mecânico que o Senhor usa, tendo que usar um homem que fala para que suas palavras alcancem os homens que falam. Longe de ser um dispositivo no qual Javé registrou seu anúncio de condenação, Amós é um homem a quem a Palavra abalou e seu anúncio, sua mensagem, decorre da dilaceração profunda de sua própria existência.

O homem que prega em Betel não é mais o camponês judeu, um fiel e justo praticante israelita, mas é um homem novo, dominado e possuído por uma única ideia, por uma realidade absoluta: a certeza do fim; mas do fim que está esmagando a ele próprio. Todo desafio ou contestação requer, para ser autêntica, uma participação total de quem a implementa. A autenticidade das palavras exige que elas surjam de uma convicção total. Mas a profecia é algo mais do que essa coerência interior. Isso ocorre somente quando o protesto, a denúncia e o desafio são experimentados e assumidos como realidades que envolvem o mensageiro de forma total. O ciclo das visões expressa a mensagem de Amós e resume sua biografia espiritual no sentido de que a primeira vítima da sentença é ele mesmo. Antes de tornar-se uma palavra pronunciada para o povo reunido nos santuários, a condenação foi vivida na carne pelo próprio profeta, como terror, silêncio e desânimo. Portanto, a jornada profética de Amós contém duas lições fundamentais: a profecia é um caminho espiritual que deve ser percorrido; o profeta pode expressar apenas o que viveu e experimentou da Palavra.

O caminho da profecia, o progresso da revelação vai de um "eis aqui o que Javé me fez ver" para um "bater a marreta ...". É o caminho que faz um espectador do julgamento tornar--se um instrumento do mesmo. A profecia não é uma invenção, mas uma transmissão da Palavra que atinge os ouvintes em sua vida, isto é claro para todos os crentes, mas não é mesmo, como parece ser considerado, o desenvolvimento de uma ideia ou intuição, o aprofundamento de um conceito. É uma expansão, a radicalização de uma descoberta. Não é um construir orgânico com base em uma determinada realidade, mas é a abertura de uma crise cada vez mais profunda. Não é um edifício, mas é um abismo em que se precipita.

Quantos momentos da vida cristã moderna, em termos de experiências e pregações comunitárias, de decisões de assembleia, que se destinavam a ser proféticos, não eram, na realidade, mais do que inúteis disputas, tendo esquecido esse aspecto "trágico" da profecia bíblica?

Mas há um segundo elemento que talvez seja ainda mais característico: a mudança nas atitudes do profeta neste assunto de profecia. Em sua primeira fase, ele encontra a Palavra e percebe a novidade, "vê" o que os outros não veem e, assim, nasce nele o sentimento de perda. Amós supera a perda não com a razão, mas com a invocação. Ele não rejeita o que ele vê nem o nega, ele se esforça para detê-lo, para que ele seja revogado, para tentar mover, de alguma forma, a trajetória do julgamento que está prestes a atingir a sua comunidade.

A primeira capacitação, por ordem de tempo, na trajetória da profecia é, portanto, a intercessão. Cada palavra que a ignore ou finja superá-la, não é uma palavra profética e todos os caminhos que presumem passar além não conduzem a profecias, mas apenas a críticas. A vocação autêntica e a missão profética não podem nascer se aqueles que ouviram a Palavra não a acolhem em uma relação de oração, não contendam com ela, tentando detê-la, desviá-la, anulá-la. Nenhum profeta pode dirigir à comunidade dos crentes (e à comunidade humana), uma palavra de autêntica profecia, se não tiver resistido à palavra de julgamento, se não sofreu primeiro em sua carne. Muitas vezes, tem-se a impressão, ouvindo nossas palavras de "profecia", que elas surgem mais do ressentimento do que da inspiração, são ditadas pelo movimento do ânimo e da alma e de opções pessoais ao invés de ser o resultado de uma constrição interior. Elas são assim porque não foram anteriormente vividas em intercessão, não são o resultado de uma luta entre a Palavra e a nossa humanidade, a história.

Somente no limite da intercessão (e uma intercessão vitoriosa, que nos lembra a parábola da figueira estéril), é que o profeta é confrontado com a realidade da condenação. Só então ele está dominado pela Palavra sem mais poder reagir. O julgamento o venceu e o derrubou. Mesmo assim, embora tenha passado o limiar do julgamento irrevogável, a conversa entre Deus e o profeta é prolongada e a oração não é mais uma invocação, mas uma resposta dolorosa à questão divina: "O que você vê, Amós? ...": "... um cesto de frutas ...". A questão posta pelo Senhor pode parecer supérflua. Afinal, por que responder a uma pergunta como essa, que nem sequer é uma questão, mas uma simples afirmação? O fato é que Amós deve assimilar a mensagem de condenação e deve se compenetrar nela. As palavras da profecia são lentamente entrelaçadas na sua consciência, não são o resultado de um entusiasmo rápido. Não se trata de uma aventura mental, é a encarnação dolorosa de uma realidade da qual ele não pode fugir e que não pode ser desperdiçada.

É legítimo perguntar-se até que ponto essa profecia pode ser assimilada e encarnada dessa maneira, pois ela parece ser também um jogo imediato de sensações, improvisações, certamente lúcida e convicta, mas efêmera, resultado de uma súbita intuição, ou uma espécie de clarividência intelectual, em vez de um tecido feito pacientemente de pensamentos. Amós mexe e revira as palavras da condenação na mente, no coração e na boca. Antes de pronunciá-las perante a comunidade da Igreja, ele as dirige a Deus. É precisamente por essa razão que a coleção de seus oráculos, apesar de ser tão curta, menor do que um simples artigo de revista de hoje, pesa infinitamente mais do que muitas palavras cristãs, que desaparecem como uma emoção repentina.

A palavra profética é, portanto, pronunciada no final de uma caminhada de fé e testemunho, não no seu início. Para Amós é a última palavra, o último anseio antes do silêncio. Não se deve enganar sobre o fato que o caminho de Deus começa com a profecia e se prolonga com a pregação e a edificação, pensando que a palavra profética é um estímulo, um fermento da vida que provoca reações e libera energias. Ilude-se quem pensa que ela é o tônico para a realidade cansada e introvertida de nossas comunidades e de nossa própria vida interior, um sopro de ar fresco e novo que renova o nosso ambiente. Isso pode ser um despertar, mas não é a profecia, de maneira alguma. Esta se constitui na palavra além da qual não existe nada, exceto a morte ou a ressurreição. A imagem da profecia nos lembra Jesus de um modo marcante, e não é por acaso que a narrativa evangélica é construída de modo a demonstrar seu caminho para a morte. A profecia não tonifica: ela mata ou faz viver.

TEMA 4
A CONDENAÇÃO

4.1 A condenação – Introdução

O tema do fim de Israel permeia, como já foi visto, todo o livro de Amós. No entanto, ele é expresso em uma série de oráculos específicos. Em alguns casos, o fim vem associado ao pecado do povo e assume as características de uma condenação, de um julgamento, que Deus pronuncia sobre a situação atual de sua comunidade. Em outros casos, no entanto, é simplesmente enunciado como um evento determinado pela simples vontade divina.

O primeiro oráculo desta série, tirado do Cap. 9, consiste em uma sentença de condenação dirigida aos que não ouvem as ameaças do profeta e respondem: "o mal não se aproximará de nós". O conceito fundamental é a ideia do julgamento que avalia a realidade das pessoas como se avalia o trigo, e a sentença de dispersão deriva precisamente da imagem da palha dispersa pelo vento. As imagens, no entanto, não são inteiramente claras porque se confundem a peneira que permite que o grão passe, mantendo as pedras, e a do ventilador a partir do qual a palha cai enquanto o grão permanece.

O texto do Cap. 3 consiste em um oráculo de condenação que anuncia a derrota militar de Israel e a destruição de suas fortalezas. Isto é precedido (versículos 9-10) por um apóstrofo do profeta construído como uma situação de julgamento em um tribunal. Para testemunhar contra o pecado do povo de Israel são chamados os povos pagãos (neste caso, Assíria e Egito), bem de acordo com o conceito de lei israelense sobre a presença de duas testemunhas para dar validade à sentença. A este oráculo está conectado, como um tema geral, também o v. 12, o qual, porém, é independente. Ele se apresenta como um oráculo de Javé anunciado pela expressão clássica: "assim diz Javé ...", em que a destruição é anunciada às classes dominantes que residem em Samaria.

O oráculo seguinte consiste em três versículos (13-15). De acordo com alguns estudiosos, já começa com as últimas palavras do v. 12: "vocês que se encontram no canto de um leito ...", mas, de acordo com outros com: "escute, sejam minhas testemunhas ...". No primeiro caso, de forma análoga ao oráculo dos vv. 9-10, os mesmos nobres de Samaria seriam invocados como testemunhas contra Israel, deitados suavemente em suas camas. Serão as testemunhas involuntárias contra si mesmas. De modo característico, ao v. 13 vem a adição: "Oráculo do Senhor Javé, Deus dos exércitos", que é a mais extensa e complexa fórmula litúrgica de todo o livro.

No final da condenação dos comerciantes (8: 4-7), está o texto do v. 8. Ele retoma em uma forma interrogativa um outro texto de Amós (9:5) no qual geralmente se vê a citação de um fragmento de hino a Deus, o criador. O profeta pode ter fechado seu discurso sobre a condenação dos comerciantes com essa citação que destaca o caráter da onipotência de Javé e, neste caso, no entanto, mais do que o poder de Deus é o caráter necessário e irrevogável de seu julgamento que é sublinhado: assim como o Nilo cresce e diminui de acordo com a lei de suas cheias, assim então vem o julgamento sobre Israel, um fim inexorável.

O tema do "dia" é expresso em três oráculos do cap. 8. No v. 3 é anunciada a reversão da situação de festividade e de alegria que Israel está vivendo e na qual os cânticos se transformarão em lamentações. Este oráculo segue a quarta visão, mas não tem conexão direta com ela, exceto no conceito do fim. O texto não é particularmente claro e seu ritmo poético é incerto, tendo sido, provavelmente, remodelado, como será visto depois.

Os vv. 9-10 contêm um oráculo de forma poética muito regular, sendo apresentado como uma palavra de Javé que abre com uma fórmula característica da linguagem profética posterior: "acontecerá naqueles dias ...". Deus anuncia sua intervenção direta para transformar a situação de alegria e euforia em que Israel vive em tempos de luto e dor

Um terceiro oráculo (vv. 13-14) fecha o capítulo e anuncia o fim dos habitantes de Samaria com um termo característico: "eles cairão para não se levantar novamente". Neste caso, a cidadania é personificada nos seus jovens e nas suas virgens, justamente na situação e idade mais rica em vitalidade e esperanças. Neste caso, a culpa que levará à destruição é a idolatria.

Uma outra série de oráculos desenvolve o tema do lamento fúnebre. Israel está passando por um momento de vigília, está se preparando, sem saber, para chorar sobre si mesmo, como quando uma família chora pelos seus entes queridos. O texto clássico pode ser lido no cap. 5 (vv. 1-2). O profeta entoa um *qinâh*, isto é, um lamento fúnebre, na tradição de seu povo. O motivo do choro é a morte de Israel, personificada por uma menina que falece na flor da idade. O elemento trágico, como no oráculo do Cap. 8, consiste no fato de que quem está para morrer é uma jovem, uma criatura que deveria, na visão humana, desfrutar ainda de uma vida longa e feliz.

Nos vv. 16-17 há um oráculo semelhante, no qual o conceito do funeral é reiterado. Nas praças públicas e nas vinhas serão ouvidas as lamentações dos que choram e dos camponeses convocados para chorar. De acordo com uma reconstrução hipotética do capítulo, estes versículos poderiam estar em seguida à condenação dos nobres israelitas que oprimem seus irmãos mais necessitados, precisamente, os vv. 10-12 desse mesmo capítulo. Se essa reconstrução fosse aceita, a condenação e o tema do lamento fúnebre se refeririam, em particular, às categorias de homens que demostraram, na sua sede de poder e prazer, desprezo quase absoluto pelo direito dos pobres.

Em conexão direta com o tema da lamentação fúnebre, outros dois oráculos expressam o tema do fim de forma ainda mais desesperadora e sombria. O primeiro está no cap. 8 (v. 3). A reviravolta radical da situação, com a transição da felicidade para a dor, é mais impressionante pelo encerramento do dito em que os cadáveres são apresentados como abandonados e insepultos (desprovidos de enterro), jogados em qualquer lugar sem solenidade alguma.

Esse sentimento de absoluta desolação é expresso, ainda mais radicalmente, pelo oráculo do cap. 6. Essa passagem carece de unidade e alguns críticos quiseram ver aqui uma simples coleção de declarações unitárias ou de fragmentos proféticos sem conexão. No v. 8, na verdade, é Javé quem fala em primeira pessoa. No v. 11 se fala sobre isso na terceira pessoa. A interpretação do v. 10 é também bastante controversa, onde se supõe um diálogo entre pessoas diferentes nas ruínas de uma cidade, mas sem se conseguir estabelecer exatamente de quem se trata.

Um último texto (8: 11-12) anuncia o julgamento de uma forma completamente nova, pela qual fala-se de fome e de sede da palavra de Deus que não podem ser satisfeitas. O oráculo começa com a fórmula característica: "Eis que vem dias ...". Também neste caso, se trata da crise que ocorrerá quando Javé visitar seu povo. O oráculo é apresentado como palavra de Javé e, no v. 8, de fato, há a expressão característica "oráculo do Senhor Javé" é inserida e está situada entre dois outros oráculos que começam com a mesma fórmula.

4.2 Detalhes sobre o texto relativo ao Tema 4

Texto	Termo	Observação
PASSADOS POR UMA PENEIRA Cap 9: 9-10	---	---
9 "Porque eis que dou ordens para que a casa de Israel seja dispersa em meio a todos os povos [a], como se fosse sacudida em uma peneira, sem que o menor fragmento caísse no chão. 10 Todos os pecadores [b] do meu povo morrerão à espada, eles que costumavam dizer: "O mal não se aproximará [c] de nós, não será capaz de nos alcançar!"	[a] em meio a todos os povos [b] pecadores [c] se aproximará	[a] Alguns consideram o verso uma adição posterior ao tempo do exílio. [b] Aqueles que, além de estarem em situação de pecado, têm a ilusão de poder evitar o juízo (Conf. 6:1,13) [c] Alguns estudiosos notam que é possível traduzir também para "do qual tu te aproximarás"; porém esta forma exprime melhor a ilusão do povo de que nada acontecerá.
O FIM DE UM IMPÉRIO (cap. 3:9-15)	---	---

continua...

continuação

Texto	Termo	Observação
9 Façam esta proclamação sobre os edifícios da Assíria [d], nos palácios [e] do país do Egito: "Reuni-vos nas montanhas de Samaria [f], observai a grande desordem que reina dentro dela, a opressão em seu interior!	[d] Assíria	[d] Conforme a versão dos LXX, um tanto incompatível com o texto ebr. que traz: "Asdôd", cidade filisteia do sudoeste que fica incoerente do ponto de vista geográfico; a leitura é difícil e o sentido específico fica um pouco prejudicado.
10 Não são capazes de agir com retidão (oráculo de Javé) [g] aqueles que acumulam violência e roubo em seus palácios".	[e] palácios	[e] Deve provavelmente ser suprimido porque o trecho está sobrecarregado; por isso, propõe-se ler: "sobre o país do Egito"
11 Portanto, assim fala Javé, o Senhor: "A adversidade [h] circunda o país agora, seu poder será abatido, seus palácios serão saqueados".	[f] Samaria	[f] Capital fundada por Omri em 870 (II Reis 16:24); mais tarde o nome foi estendido para toda a região;
12 Assim fala Javé: "Como um pastor consegue salvar duas patas ou uma aba de orelha da boca do leão, assim serão os israelitas [i] que vivem em Samaria no canto de um divã, nas camas de damasco [j].	[g] oráculo de Javé:	[g] Parece ser um acréscimo posterior, errado: é o profeta que continua falando, e Deus só fala no verso seguinte.
	[h] adversidade	[h] Literalmente pode-se traduzir: "o inimigo"; ambas as traduções são possíveis.
13 Ouvi e sede minhas testemunhas contra a casa de Jacó [k] (oráculo do Senhor Deus dos exércitos):	[i] israelitas	[i] Alguns autores gostariam de fechar o verso neste ponto e começar o seguinte com: "Oh, você que reside em Samaria ..."; mas o sentido do v. 13 e ss. não torna aconselhável essa divisão.
14 "Quando [l] eu questionar a Israel sobre seus delitos, perguntarei a ele sobre os altares de Betel; os cantos [m] do altar vão quebrar e cairão [n] por terra [o].	[j] camas de damasco	[j] O texto não é claro e a tradução é conjectural
	[k] casa de Jacó	[k] Parece indicar aqui o reino do Norte em um sentido específico. Geralmente indica todas as pessoas
15 Vou golpear as residências de verão e as de inverno, as casas de marfim serão destruídas, as numerosas casas vão desaparecer". Oráculo de Javé	[l] quando	[l] Lit.: "no dia em que eu vou perguntar ...", alusão ao dia de Javé
	[m] cantos	[m] Ângulos realçados do altar (Êxodo 27: 1-2) que constituíam a parte mais sagrada dele. O criminoso que conseguisse pegá-los seria salvo (I Reis 1:50)
	[n] cairão	[n] Talvez uma nova alusão, aqui e no v. seguinte, ao terremoto mencionado no cap. 1:1
	[o] terra	[o] A expressão do último trecho é de difícil tradução, ainda que o sentido esteja claro.

continua...

continuação

Texto	Termo	Observação
O JUÍZO (Cap. 8:8)	---	---
8 "Não é por isso que a terra tremerá [p] e todos os seus habitantes ficarão de luto? Subirá como o Nilo [q], encher-se-á e abaixará como o rio do Egito?"	[p] tremerá	[q] Nova alusão ao terremoto de 1:1.
	[q] Nilo	Com uma pequena correção textual; o ebr. traz "luz", que não faz sentido. Conf. também 9:5.
O DIA DO SENHOR (Cap. 8:9-10)	---	---
9 "Acontecerá naquele dia [r] (oráculo do Senhor Javé) que eu colocarei o Sol ao meio-dia, trarei escuridão para a terra durante o dia 10 Eu transformarei [s] suas solenidades em luto, todas as suas canções em lamento. Eu vou fazer todos os quadris cingirem-se com saco [t], eu vou provocar a calvície acima de cada cabeça; Eu vou fazer um luto como aquele para o filho único [u], e o depois será como um dia amargo	[r] dia	[r] ÈÉ o "dia do Senhor", conf. 5:18 e ss
	[s] transformarei	[s] Profecias análogas em Is. 13:10 e em Joel 2:10
	[t] saco	[t] Cingir-se de saco e cortar todo o cabelo da cabeça são manifestações de luto. Miqueias 1:16 o menciona em um pensamento análogo, assim como se lê também em Is. 3:24.
	[u] filho único	[u] A morte de um filho único subtrai toda esperança de continuidade de uma família; indica o seu fim definitivo (conf. Jer. 6:26; Zac. 12:10).
JUÍZO CONTRA A IDOLATRIA (Cap. 8:13-14)	---	---
13 Naquele dia [v] murcharão também as virgens [w] mais belas e também os jovens [x], de sede [y]; 14 os que juram por Ashima [z], de Samaria, que exclamam: "Viva o seu deus, ó Dã [a]!", "viva sua força, oh, Beer Sheba [b]!" cairão para não mais se levantar! "	[v] dia	[v] É o dia de Javé, conf. 5:18
	[w] vergini;	[w,x] A melhor parte e mais vigorosa do povo.
	[x] giovani	
	[y] sede	[y] Conf. v. 11.
	[z] Ashima	[z] Ídolo da religião local
	[a] Dã	[a] Cidade ao norte, próxima a Damasco
	[b] Beer Sheba	[b] Cidade ao sul de Jerusalém e de Judá; Berseba.

continua...

VEREDAS DA JUSTIÇA
PROFECIAS

continuação

Texto	Termo	Observação
O LAMENTO FÚNEBRE SOBRE ISRAEL (Cap. 5:1-2)	---	---
1 Ouvi esta palavra que pronuncio a respeito de vós, uma lamentação ^c sobre a casa de Israel: 2 "Caiu para não se levantar novamente a virgem ^e Israel; jaz ^e sobre o seu solo, ninguém poderá mais reerguê-la!"	^c lamentação	^c Composição poética de luto cantada publicamente; conf. o conhecido lamento de Davi pela morte de Saul (II Sam. I:19-27) e o livro completo de Lamentações.
	^d virgem	^d Israel morrerá como uma virgem, sem descendência e sem que ninguém cuide dela. A personificação do povo com a imagem de uma mulher será frequente em seguida nos profetas posteriores (Os. 2:4 ss.; Ger. 1:2 ss.; Ez. 16:3 ss.).
	^e jaz	^e O tempo do verbo está a indicar o caráter inevitável do acontecimento.
O JUÍZO VEM (Cap. 5: 16-17)	---	---
16 Por todas as praças ^c acontecerão funerais ^d, nos becos se dirá: "ai, ai!"; O trabalhador da terra ^e será convocado ao luto, as choradeiras serão convidadas para o lamento ^f ". 17 Em todos os vinhedos haverá funeral ^g, porque passarei ^h no meio de ti, diz o Senhor.	^c praças	^c O luto não é um somente um evento privado, mas se torna público devido à situação de catástrofe nacional (conf Is. 15-3)
	^d funerais	^d Lit.: "lamento"; a tríplice ripetição (v. 16b, 16c, 17a) articula-se com a exclamação "ai! ai!", o ritmo do lamento das choradeiras (mulheres carpideiras, Bras.).
	^e trabalhador da terra	^e Seria necessário incluir os lavradores das plantações para os lamentos fúnebres
	^f lamento	^f No texto hebraico os termos são invertidos: "Os lamentos... para as choradeiras".
	^g funerais	^g Notar o contraste entre funeral e vinhedo, este é o lugar da colheita e, portanto, de alegria e perspectiva de vida.
	^h passarei	^h Notar o sentido fundamentalmente negativo adotado aqui para essa "passagem" divina, que faz lembrar a passagem do "destruidor" no Egito, na décima praga (Ex. 12).

continua...

continuação

Texto	Termo	Observação
O SILÊNCIO DO FIM (Cap. 8:3)	---	---
3 Naquele dia os cânticos i do Templo j (ou do palácio) (oráculo do Senhor Javé) serão transformados em lamentação; muitos serão os cadáveres k; eles serão jogados por todos os lugares. Silêncio l.	i cânticos j Templo k cadáveres l silêncio	i Alguns autores propõem a leitura através de uma leve emenda ao texto: "as cantoras...", visto que o termo em hebraico para "cântico" é inusitado. Neste caso, conviria ler: "as cantoras entoarão condolências...". j Não é possível saber se o texto faz referência ao templo ao ao palácio, visot que *békiil* (come *bail* = casa) é utilizado para ambos, indiferentemente. k A descrição lembra a situação de uma epidemia de peste. l Conf. 6:10, acima.
NÃO HÁ MAIS NINGUÉM (Cap. 6:8-11)	–	---
8 O Senhor Javé jurou por si mesmo m, é um oráculo de Javé, o Deus dos Exércitos: "Eu desprezo o orgulho de Jacó n, odeio os seus palácios o: entregarei ao inimigo a cidade e o que ela contém! 9 E se uma dezena p de homens restassem em uma casa, morreriam; 10 "....................q " quem tira os ossos da casa pergunta quem está no interior da casa: "Ainda estás aí?» Ele responderá: "Silêncio! Já não há mais para ninguém r para invocar o nome de Javé!" 11 De fato, sob o comando de Javé, seus golpes demolem o palácio, reduzem a escombros a pequena casa!	m por si mesmo n orgulho de Jacó o palácios p dezena q "......." r ninguém	m forma solene de juramento, conf. 4.6 e 8:7.. n Em 8: 7 é um atributo do próprio Javé; aqui o povo se atribui injustamente como expressão de sua segurança orgulhosa, presunçosa. A TOB traduz: "Eu que desejo ser o orgulho de Jacó, mas odeio..." o Símbolo da segurança, prepotência e do luxo de Israel (conf. 3:11, 1.5). p dezena: Conf. 5:3; aqui o julgamento é mais radical que o dízimo. q As três primeiras palavras do verso são incompreensíveis. A ARA traz: "Se, porém, um parente chegado, o qual os há de queimar, tira...". Porém, não é atestado o costume da cremação de cadáveres em Israel. r Amsler traduz: "Não é o caso de invocar..."

continua...

continuação

Texto	Termo	Observação
FOME E SEDE DA PALAVRA DE DEUS (Cap. 8:11-12)	---	---
12 Eis que vêm dias ˢ (oráculo do Senhor Javé) que eu mandarei a fome ᵗ para o país. Mas não fome de alimento ou sede de água, **12** mas fome e sede de ouvir a palavra de Javé ᵘ. Partirão incertos de um mar a outro, andarão do norte ao leste ᵛ, procurando a Palavra de Javé, mas sem encontrá-la ʷ!	ˢ vêm dias	ˢ Fórmula que se tornará clássica na linguagem profética, cfr. Jer. 31:31.
	ᵗ fome:	ᵗ Pode ser traduzido também para "carestia" (conf: 4:6).
	ᵘ Palavra de Javé	ᵘ aquela sem a qual o ser humano não pode viver (Deut. 8:3), aquele que executa a obra de Deus (Is. 55:11), a lâmpada do homem (Sal. 119:105).
	ᵛ norte ao leste	ᵛ Os países mais prósperos do que Israel estão a norte e a leste
	ʷ sem encontrá-la	ʷ A ausência de Deus é consequência da infidelidade de Israel

4.3 Comentários sobre o texto relativo ao tema 4

O tema do julgamento dá à pregação inteira de Amós uma identidade tão marcante que parece ser a mais monotônica de toda a profecia israelita. A crise em que Israel está prestes a cair, no entanto, é vivida e expressa pelo profeta com uma variedade de imagens verdadeiramente surpreendentes.

Em uma primeira linha de reflexão, o fato da destruição é entendido de forma jurídica: Javé promove um julgamento contra seu povo e o condena. O oráculo que convoca pagãos da Assíria e do Egito, como testemunhas contra o povo de Israel é particularmente eloquente. Fazendo uso, mais uma vez, de sua linguagem paradoxal e, acima de tudo, de sua técnica de contrastes, Amós reduz a um contexto restrito e preciso o mito do poder e do sucesso do qual Israel se alimenta e se orgulha, que consiste somente em violência e roubo de um "capital" que produzirá seus frutos. Serão os próprios povos pagãos que irão desmascarar esse equívoco, povos com os quais Israel se tem confrontado, tanto no terreno político como no espiritual, as duas "superpotências" do século VIII AC, diante das quais o poder de Israel parece realmente ridículo, povos pagãos relegados à margem da história de Deus, mas que o profeta, em vez disso, reconciliou misteriosamente com a vocação divina, como será visto nos oráculos sobre a vocação.

Estas são as testemunhas contrárias, ou melhor os executores da condenação. Não se trata aqui de uma convocação retórica, de uma espécie de ficção literária, uma vez que será a Assíria que realmente irá esmagar o "poder" de Israel e saquear seus palácios.

O curto oráculo que fala da "fuga" dos israelitas possui, também, um certo teor jurídico, ao fazer uma analogia entre o confronto que está por acontecer e o que acontece com o gado devorado por feras. Numa leitura superficial do texto, poder-se-ia supor que o profeta prevê a possibilidade de que o julgamento seja apenas parcial e que alguns possam escapar e que, em resumo, restem alguns sobreviventes do povo comparáveis às pernas da besta devorada. O tema do "restante" que sobrevive ao julgamento divino não é incomum na pregação profética, pois ele será, mais tarde, e de fato, um dos mais característicos na profecia de Isaías, no entanto ele não é encontrado em Amós. Quando esse "restante" se apresenta em sua mente, ele o exclui sem ambiguidade (vv. 6: 9 e 9:1).

Este texto possui, portanto, um significado diferente. Amós refere-se a uma prescrição legal (conforme Ex. 22:12 s.), segundo a qual se exige que o pastor traga evidências da morte do gado não presente na contagem para o proprietário do rebanho. Os sobreviventes da destruição serão, portanto, para o Senhor as peças de apoio para a sentença de morte. Mesmo que alguns israelitas escapassem, eles serviriam apenas para provar, depois, a total aniquilação do povo. De acordo com o tema que será depois desenvolvido em Ezequiel (Cap. 34), Javé é o pastor de seu povo, assim como seu mestre, mas, em Amós, é um pastor que só pode ver seu trágico final.

Neste caso também a condenação é expressa na destruição dos palácios e edifícios em que a classe dominante de Israel vê a estabilidade de suas estruturas e que são, na verdade, o resultado da exploração do miserável.

Ainda é um processo que é obscurecido no Cap. 3, mesmo que não seja especificado quem são as testemunhas chamadas para depor contra Israel, Neste caso, a menção às extremidades do altar é de particular interesse. O significado imediato desta profecia é um anúncio da destruição do santuário, como se lê em outros oráculos análogos. O fim de Betel, o lugar sagrado, o lugar onde Israel encontra as garantias de sua segurança, tem, no entanto, como consequência o abandono do acusado, o culpado, largado à sua própria sorte e, consequentemente, sem capacidade de encontrar asilo. Nem mesmo o último refúgio representado pelo santuário, pelo altar, a forma extrema de recurso a Javé, a última possibilidade ao direito de asilo, é concedido ao povo sob a condenação divina.

O segundo tema que ocupa um lugar relevante nas profecias de condenação é aquele do dia de Javé, que constitui, como será visto mais adiante, um dos elementos da autoconsciência de Israel. Neste caso, talvez mais do que em outros, a inversão de situações causadas pelo julgamento é evidente. O dia, que, na crença popular, cobre as cores da vitória final do triunfo nacionalista e que expressa e resume todas as esperanças é, ao contrário, interpretado pelo profeta como um infortúnio. Javé virá em seu dia e virá triunfante, em uma manifestação de poder, mas Israel será a vítima e não o beneficiário. Quem irá fugir, não serão os inimigos, mas o próprio exército de Israel, que terá que abandonar o campo. É um dia "escuro e sem esplendor" diz o oráculo do Cap. 5:20, é um dia em que o sol se põe ao meio dia e a escuridão cai sobre a terra, diz o oráculo do Cap. 8.

Em torno desse núcleo fundamental, desse conceito peculiar, no entanto, reside uma realidade menos nítida e menos conceitual mas, talvez, mais imediata, que é a ideia de que o "dia" significa dor e não alegria, e que se trate de algo como um dia de luto nacional em lugar de triunfo. Também neste caso a mudança no significado dos termos não se torna menos radical ou absoluta.

Ainda em sua descrição do dia de Javé como dia de luto, Amós inseriu o tema do lamento fúnebre. No entanto, ele encontra sua expressão mais completa na "*qinâh*" que abre o Cap. 5.

Pode-se, legitimamente, assumir que o profeta realizou, neste caso, um desses gestos simbólicos e característicos da pregação profética, apresentando-se à assembleia sob a aparência de um reclamante, com a cabeça coberta de cinzas, símbolo vivo da mensagem que estava por pronunciar. Vestido de luto, convida o povo a se juntar a ele em lamentação. O esquema do *"qinâh"*, do lamento fúnebre, de fato, inclui a resposta do coro à lamentação do condutor, e Israel responde. Para o profeta, essa resposta se associa à sua tristeza e dor, mesmo que isso não ocorra materialmente, ocorre idealmente, mas, sem perceber, pronuncia um lamento sobre si mesmo, e ele participa, em profecia, de seu próprio enterro.

O contraponto também fica evidente neste caso, através do jogo de palavras entre "vinha" e "camponeses". A vinha, que é um símbolo de alegria e benção, um lugar privilegiado da vida, torna-se um lugar de morte. A colheita é substituída pelo funeral. Os camponeses, que os proprietários de terras têm explorado e oprimido, são recrutados para agir como os choradores (carpideiros), assim como o são para o trabalho agrícola, e passam a ser os executores do rito fúnebre.

O que torna este tema do profeta carregado de dramaticidade é que ele contrasta de forma absoluta com a situação atual. Como pode ser aceito um convite para chorar e lamentar em uma situação de euforia e de sucessos, como aquela em que Israel se encontra? Como dar crédito a um convite para um lamento fúnebre em uma situação de euforia nacional? Só pode ser atribuído à mente doente de um visionário perdido, como se vê no episódio de Betel, ou à conexão a uma política de derrotismo nacional, como acontecerá a Jeremias na Jerusalém do século VII AC.

O tema do lamento fúnebre, do choro dolorido nas praças e nos campos é prolongado e se extingue no tema do silêncio da morte. Nestes oráculos, talvez os mais desoladores do livro, Amós expressa toda a perplexidade e a angústia do sobrevivente em uma só palavra: "Silêncio". A visão de cidades fadadas ao extermínio, de casas que se colapsam em chamas e sob o saque do inimigo, dissolve-se no silêncio de um campo em ruínas em que os sobreviventes, atordoados, vagam pelos escombros abandonados, entrando e saindo das portas abertas de casas desertas. Nem mesmo o lamento fúnebre é mais ouvido e os corpos empilhados estão insepultos. Este tema, que se pode chamar de massacre, no entanto, é bastante complexo e contém desdobramentos inesperados. Como costuma fazer, Amós joga com várias figuras. Qual é a realidade que despovoou o país de maneira tão radical? Pode-se pensar no terremoto, um fenômeno que é sempre presente na temática do profeta e símbolo do perigo da situação atual e do colapso inesperado da segurança de Israel. O terremoto é seguido pela praga, epidemia que destrói os sobreviventes e a peste é acompanhada pela fome. Neste caso, são relembradas as formas clássicas do castigo divino, que o próprio Amós evocou no seu grande oráculo dos sinais do Cap. 4. Embora seja legítimo entender essas catástrofes naturais como sendo os inimigos do povo, uma sensação de incerteza e ambiguidade persiste e invade os oráculos do massacre, pois o inimigo poderia ser, de fato, outro, aquele povo sem nome que aparece e se agiganta na apreensão do profeta e que está além das fronteiras de Israel, a Assíria.

Se o tema do silêncio dos escombros é um dos mais significativos, para expressar o estado de abandono total que o povo está prestes a viver, há outro silêncio ainda mais grave e aterrorizante: o silêncio de Deus. Os sobreviventes do cataclisma, os poucos sobreviventes que testemunharam a tragédia que marcou o fim de sua história, parecem recuperar uma vitalidade inesperada neste oráculo, e se lançam com um ímpeto desesperado à busca de uma chance de vida, vagando pelo país e indo até além de suas fronteiras. Trata-se de uma inquietação estéril e inútil, que não encontra satisfação, tornando-a a sede de ouvir uma palavra divina, de uma resposta ao seu questionamento, a qual não vem. Sobre a desolação de sua existência agora estéril reside o silêncio de Javé. No tema do silêncio de Deus, existem outros vários pensamentos caraterísticos na teologia do AT, alguns dos quais já são encontrados na pregação do próprio Amós.

O tema de "procurar" Deus, ou a palavra de Deus, que está no centro da reflexão sobre os santuários, aparece aqui de uma forma ainda mais acentuada. Israel já não faz peregrinação de Betel para Berseba. De festa em festa, de acordo com seu calendário litúrgico, ele abandonou a fase "religiosa" de sua busca e se volta para a pessoa de Deus, mas não encontra senão silêncio. Ele tomou o passo necessário na direção da busca espiritual autêntica, ele sentiu a orientação de seu próprio caminho, mas decidiu-se a fazer essa conversão muito tardiamente e não há mas tempo.

A condenação de Israel encontra sua expressão sintética em uma única palavra que combina todos esses elementos de dor, susto, expectativa silenciosa e inquietação muda: a deportação, o exílio. O tema aparece nos pontos cruciais da pregação de Amós e expressa seu pensamento na forma mais trágica. A maldição contra o sacerdote de Betel consiste no anúncio da deportação e da divisão de suas terras. As mulheres de Samaria serão deportadas "com anéis no nariz" (4:2), as elites sociais do reino "irão para o exílio à frente dos deportados" (6:7), o próprio santuário, o Gilgal, "irá para o exílio» (5:5), todo o povo em uma procissão atrás de seus ídolos «irá para além de Damasco" (5:27). A deportação significa, em primeiro lugar, o fim da independência nacional e o povo, então iludido pelo fato de ser o povo eleito, de poder "dispor de Deus" e de poder considerar seu futuro como se estivesse definitivamente assegurado, perderá essa sua garantia de existência, que é o seu território. Esse povo verá o colapso de sua segurança e das casas construídas com a exploração dos pobres, através das quais acredita poder expressar seu bem-estar e poder econômico. As classes dirigentes militares terão de abandonar o orgulho inútil de suas pequenas vitórias e se resignar a ver a derrota total, a aniquilação do exército pela superpotência assíria. Em suma, a história de Israel vai acabar.

Mas há uma nuance particular que deve ser destacada: a perda da terra significa muito mais do que a alienação de um território em favor dos estrangeiros, significa o fim da bênção relacionada com a posse do país. De fato, toda a história passada de Israel está inextricavelmente ligada à terra de Canaã, pois foi este o país que foi dado por Javé como cumprimento das promessas feitas aos pais, e foi em direção à terra prometida que o caminho de gerações de crentes foi orientado durante décadas, no deserto, e está na conquista milagrosa dessa terra, outrora habitada por povos mais numerosos e poderosos, a manifestação em toda a sua grandeza da assistência e proteção dada por Javé nos dias de batalha. Perder Canaã significa, então, que Israel perde o sinal visível, concreto e histórico da promessa e da misericórdia de Deus. Amós certamente não diz que essa perda equivale a perder contato com o próprio Javé. Uma vez que a deportação é fruto da própria vontade divina, Javé prepara algo além da deportação, mas esta será uma questão de prosseguir numa escuridão total, sem existir mais o sólido terreno das promessas e bênçãos. Portanto, a deportação pode significar, como Amós diz em outros oráculos, o silêncio de Deus, a ausência de sua palavra e, portanto, a morte.

4.4 Questões relativas ao tema 4

4.4.1 Um Deus lógico e racional

O ritmo forte, quase obsessivo, com o qual Amós reafirma em seus oráculos o anúncio da catástrofe, não pode deixar o leitor moderno indiferente, e muito menos o crente moderno. É estranho dizer, no entanto, que ele reage de duas maneiras opostas. Por um lado, sente uma sensação de consternação, e talvez também de escândalo, diante a tanta intransigência. Por outro lado, sofre o fascínio desse inesperado radicalismo teológico.

São surpreendentes os fatos de que Deus expressa sua presença dentro do povo escolhido sob a forma de condenação e de destruição e de que Ele seja uma realidade negativa para Israel. A concepção que o homem moderno tem a respeito de Deus é, de fato, antagônica à de Amós. Ele é um ser misericordioso e compassivo, a quem o homem pode olhar e considerar um pai, um bom velho que olha as coisas de longe, que deixa estar e que perdoa. No limite, pode-se aceitar que Ele recorra a uma espécie de pedagogia punitiva, golpeando os maus pelo pecado cometido, visando, é claro, a sua melhoria. O fato de que sua realidade soberana e sua presença podem se manifestar na crise, na destruição e no silêncio, é absolutamente inconcebível e inaceitável mesmo para o homem que não acredita em Deus. Ele só poderia dizer: "Pessoalmente, não acredito em Deus, mas se eu tivesse que acreditar, certamente não acreditaria em um deus desse tipo! "

Deve-se imediatamente dizer que uma reação deste tipo é determinada, em grande medida, mesmo que não de modo absoluto, pela sensibilidade do homem moderno e deriva do fato de que ele considera o problema da fé sob uma ótica filosófico-racional. A obra de Deus deve ser lógica e razoável, enquanto não é lógico nem razoável que um ser perfeito atinja uma parte da humanidade com a guerra e a fome, especialmente se for aquela parte que ele escolheu como Seu povo. Ao fazê-lo, ele demonstra ser passional e vingativo, até mais do que os próprios homens. Ele pune e atinge criaturas cujos limites e fraquezas ele conhece bem. Estes e outros argumentos, que perturbam nossa consciência hoje, até mesmo como cristãos, não perturbaram a fé de muitas gerações de crentes anteriores à nossa, para as quais Deus era uma realidade presente e viva, gratuita e justa, inquestionável em suas decisões.

Mas há uma segunda motivação, ainda mais profunda, que justifica essa reação às páginas de Amós (e também de outros profetas), que é a consciência de uma certa discrepância entre a mensagem expressa aqui e a revelação de Jesus Cristo. Para um crente, na verdade, a misericórdia de Deus e a Sua bondade não são qualidades racionais como são, de fato, revelação, Deus é misericordioso porque deu seu Filho Jesus Cristo para a salvação da humanidade. E não se pode contestar que os oráculos de julgamento de Amós tenham um tom e uma linguagem muito diferentes de muitas páginas dos Evangelhos. Assim, surge a impressão, muito frequente mesmo em crentes maduros, de que nas páginas do AT é apresentada uma divindade cruel, severa, quase modelada como o ser humano, enquanto o NT transmite a "verdadeira" imagem de Deus, a de um ser misericordioso e amoroso. Por um lado Javé, o Deus dos israelitas, o Deus provisório da revelação antiga, e, por outro lado, o Pai de Jesus Cristo, o Deus da nova revelação.

Tanto uma interpretação como outra, obviamente, introduzem no assunto elementos de sensibilidade humana, teológicos e culturais modernos, absolutamente ausentes no pensamento antigo e, portanto, não ajudam a esclarecê-lo, mas, ao contrário, o obscurecem.

4.4.2 Um gosto de Apocalipse

Por outro lado, é precisamente este radicalismo profético existente no anúncio do julgamento que fascina muitas pessoas, tanto cristãs quanto não cristãs. Esta sucessão de julgamentos inexoráveis e a atmosfera sombria que se sobressai nestas páginas provocam uma emoção e uma atração irresistíveis. De fato, no cristianismo moderno há uma veia subterrânea de espírito apocalíptico que, muitas vezes, se combina com uma espécie de apreensão inquieta a respeito do destino da humanidade, visto como uma marcha inexorável em direção ao abismo. Muitas gerações humanas viveram, como se vive hoje, momentos de tensão e de medo perante a iminência do fim, mas nenhuma delas viveu a experiência de um fim irrevogável, que estivesse lentamente se desenvolvendo subterraneamente devido à sua própria culpa, em um processo impossível de ser interrompido. Da destruição do ambiente natural à explosão demográfica, da poluição ao absurdo potencial destrutivo das armas nucleares capazes de destruir dezenas de vezes toda a vida na Terra, tudo contribui para nos fazer "tocar com as mãos" o nosso fim.

Amós, deve ser dito, não tem propensão para este tipo de calafrios catastróficos e nem tem o sentido trágico da vida. Ele não é, nem um existencialista, nem um pagão grego-romano. Para ele, a vida não é encarada como na filosofia existencialista moderna, uma vida "para a morte", um ser humano colocado na presença do morrer, mas também não é, como nas tragédias antigas, uma submissão humilde e serena à incompreensível vontade de destino. Sua profecia tende a um ponto muito claro, expresso no final do oráculo do Cap. 2, tende à admoestação: "Prepare-se para conhecer seu Deus". Conhecer a Javé não significa mergulhar no abismo do nada nem se inclinar para a inexorável decisão de uma vontade soberana. Significa conhecer a vida e a responsabilidade. Certamente, este encontro acontecerá na marcha para o exílio da nobreza israelita, no silêncio das cidades destruídas, nas ruínas de um povo, mas tudo isso representa apenas a ocasião, a forma histórica, a linguagem na qual sobrevêm um fato novo e inesperado: Javé fala.

Muitas vezes, no entanto, a profecia é vista como preanúncio de tragédias, previsão de eventos catastróficos e presságio do fim, ao invés de educar os irmãos para "ler" a presença de Deus no juízo. O profetizar de hoje é filho de Cassandra e não de Amós. Como a adivinhadora grega lê os trágicos acontecimentos de seu povo, assim, então, tenta-se desvendar o futuro para ler o destino de morte que nos espera, como as explosões nucleares que queimarão o mundo, o envenenamento coletivo em uma humanidade amontoada e enlouquecida na superfície terrestre. Esta profecia é sombria, pessimista, desprovida de luz e inflexível como o é o destino. Enganam-se a eles mesmos como profetas na medida em que preanunciam o fim.

Descobrir a profecia significa outra coisa, significa descobrir o juízo. E para os cristãos, o juízo não é a espada de Damocles que pende sobre a cabeça, a destruição final sempre aguardada e temida. Ela é a presença de Jesus Cristo, passada, presente e futura. O evangelista que provavelmente aprendeu esse pensamento com maior lucidez e que, em certo sentido, expressou na linguagem cristã o tema profético do "dia de Javé" e, consequentemente, o tema do juízo, é João. O julgamento não é para ele uma realidade futura, distante, mas presente na pregação de Jesus de Nazaré. Não é um evento catastrófico, que envolve o céu e a terra, mas sim a resposta da fé do crente a Cristo, sua mensagem e seu significado.

A humanidade de Jesus Cristo, juntamente com as suas palavras, representam, assim, o exemplo e a instância do juízo na história da humanidade. Um fato deve, portanto, ficar claro para um crente hoje: a mensagem da condenação de Amós é impossível de ser repetida para nós, precisamente no que ela tem de mais característico em seu tema específico, que é o anúncio do fim. Pode-se, sim, ler seus oráculos, interpretá-los, colocar-nos na perspectiva de quem os ditou, entender a ótica daqueles que olham a presença de Deus na vida, pode-se pregar neste sentido "sobre" palavras proféticas "sobre os oráculos", mas não se pode pregar "as" palavras proféticas. O anúncio destas palavras a respeito da destruição já não tem sentido nem realidade hoje em dia, a menos que seja filtrada através da figura de Cristo. Tomada em si, ela não tem mais significado. Quem se ilude de poder fazer uso dos oráculos de Amós, enquanto os adapta à situação da comunidade cristã de hoje, atualizando sua forma, cometeria uma infidelidade séria. Propor novamente o núcleo da mensagem de Amós, tal qual originalmente ele o fez, significaria propor o catastrofismo, não profecias. A mensagem de Amós e o seu apelo para que os olhos das pessoas se voltem para o juízo deve ser, hoje, reinterpretada e revivida em termos cristãos, como o anúncio de que Jesus Cristo significa o padrão de juízo ao qual o ser humano é comparado todos os dias.

Profetizar a destruição pode, no máximo, significar predizer o fim. A crise de que Amós falava, no entanto, é diferente do fim, é a quebra das vaidades humanas, a dissipação de esperanças ilusórias, a dissolução dos mitos em que Israel vive, e isso acontece somente à luz da intervenção divina. E não para o fim, mas, sim, para o início da vida.

4.4.3 Uma teologia profética

Há um segundo fato que merece ser notado nos oráculos do julgamento, um fato que não é sem importância para a nossa reflexão hoje. O discurso profético é expresso em uma grande variedade de formas e de imagens, e isto não pode ser atribuído unicamente à excepcional capacidade poética do homem de Tekoa, não pode ser restrito à esfera pessoal. Há uma motivação mais profunda. A profecia surge da certeza da intervenção divina, é certeza da palavra e de seu impacto na vida do povo. Como já foi visto, surge no final de uma longa reflexão, tomando forma pouco a pouco na consciência do próprio profeta (lembremo-nos do ciclo das visões). Quando a sentença é pronunciada, é definitiva. O fim vem, diz Amós, e ninguém será capaz de escapar. Contudo, pode-se enunciar esse julgamento em duas formas diferentes: repetindo-o com insistência obsessiva, como uma ideia fixa, ou pode-se refletir sobre isso, retrabalhar o seu sentido. Este é o caminho da autêntica profecia. O profeta é o homem da ideia fixa, não no sentido de que ele só pensa em uma ideia, mas no sentido de que percebe e avalia a realidade através dessa ideia. Não é uma mania, mas um critério de pensamento e, por isso, não fecha, mas abre o raciocínio e a investigação. A consciência da iminência do julgamento e de seu caráter irrevogável não faz de Amós um robô, que repete seu discurso de maneira infindável, mas convida e solicita a reflexão, estimula e provoca isso. O fim vem, é claro, mas de que forma?

As visões da peste e da fome, do terremoto e da catástrofe militar não são mais do que hipóteses de pesquisa, possíveis soluções a serem dadas ao anúncio. Só gradualmente o campo das hipóteses irá sendo limitado até se atingir a última tese, a mais paradoxal, a mais decisiva: o fim será marcado pela deportação e o instrumento do julgamento será a Assíria. Aqui está, talvez, a extraordinária estatura profética do homem de Tekoa, ao ter conduzido o assunto com investigação paciente e grande esforço de inteligência até as últimas consequências – embora não as mais radicais conhecidas, visto que um cataclisma poderia parecer muito mais radical do que uma derrota militar – , até a enunciação da catástrofe nacional como o dia do encontro com Deus.

Este fato se torna ainda mais surpreendente porque, naquela época, a Assíria estava completamente ausente do cenário político palestino e não havia nada que sugerisse um retorno seu à região. A hipótese do profeta, de acordo com a qual a Assíria seria o instrumento do fim de Israel é, portanto, completamente gratuita e sem apoio em fatos. O que é também surpreendente, no entanto, além dessa lucidez e da confirmação da previsão, é o fato de que, politica e militarmente, em um nível meramente humano, Amós estava correto, como se fosse um político que estava mais atento do que os seus governantes e seus funcionários. Sua hipótese era a mais extrema, a mais paradoxal, mas, na realidade, era a mais lógica. Tudo isso faz o cristão de hoje refletir, especialmente se ele avalia o profetizar atual.

O anúncio do juízo, como foi visto, de Cristo como medida do critério do julgamento, não significa uma repetição cansativa e monótona de um tema ou de um *slogan*, mas uma análise precisa da realidade do mundo. Anunciar o julgamento (juízo) não impede o pensar, mas sim leva a refletir. Identificar as formas e as ocasiões em que o julgamento se expressa e se implementa obriga a uma revisão constante do próprio tema, forçando ou exigindo uma grande quantidade de hipóteses e temas temporários para identificar o ponto central do problema. Isso nos obriga a "fazer teologia". Nesse sentido, pode-se dizer que a teologia é um instrumento técnico da profecia. Sem essa atividade trabalhosa e constante de meditação, a profecia torna-se uma vaidade, um teatro de sombras, uma ilusão religiosa.

TEMA 5
A ELEIÇÃO DE ISRAEL

5.1 A eleição de Israel – Introdução

O tema da eleição de Israel é encarado por Amós em três passagens de seu livro. Uma primeira mais ampla, composta por um ciclo de oito oráculos, dos quais sete são pronunciados contra os povos vizinhos de Israel e o oitavo contra o povo de Deus, a segunda subdividida nos Caps. 1 e 2, e a terceira composta por dois oráculos curtos, contidos no Cap. 3 e no Cap. 9.

A primeira passagem é a mais complexa e é a que levanta o maior número de problemas do ponto de vista da interpretação. Os estudiosos concordam ao considerar que, em sua forma atual, ela é o resultado de elaborações sucessivas. Originalmente, para ser atribuído ao próprio profeta, haveria apenas cinco dos oito oráculos, quatro dirigidos aos povos pagãos, colocados nos quatro pontos cardeais: Damasco (norte), Filisteus (oeste), Amon (leste), Moabe (sul) e, no encerramento, o oráculo contra Israel. Os outros três, contra Tiro, Edom e Judá, seriam de época posterior, juntados mais tarde, para compor o número sete. Assim, estar-se-ia na presença de um ciclo que se assemelha bastante ao das visões: dois pares de oráculos e uma conclusão a respeito de Israel.

Com relação à forma, estes sete oráculos se apresentam todos modelados em um esquema fixo:

a) No início, há a fórmula de introdução: "Assim diz Javé...".
b) Segue a motivação geral da condenação: "pelos pecados de ...".
c) O pecado específico cometido pelo povo em questão é declarado.
d) A sentença de condenação é pronunciada.

Oráculos desse tipo, pronunciados contra os povos inimigos, são encontrados em grande quantidade entre todos os povos do antigo Oriente Médio. De fato, entre o pessoal religioso adepto aos vários santuários, havia profetas e sacerdotes encarregados de pronunciar maldições contra os inimigos potenciais ou já em guerra. A condenação pretendia ser, ao mesmo tempo, uma profecia, uma previsão da própria vitória e da derrota dos outros, assim como uma ação mágica destinada a provocar seja a vitória, seja a derrota. Os nomes das cidades ou dos soberanos inimigos foram, de fato, pronunciados em voz alta e sobre eles a maldição foi lançada em nome da divindade nacional. Mas, quase sempre, um gesto mágico foi adicionado a este anúncio: quebrar um objeto, um fragmento, um vaso, uma estatueta sobre a qual o nome do inimigo estava escrito e o que ele representava. Era uma espécie de "mal-olhado" político-nacional, em suma. Não faltam nem mesmo exemplos bíblicos de ações deste tipo, sendo o mais famoso o caso de Balaão, contratado por Balaque para maldizer a Israel (Núm 22-17) e, em um momento mais próximo de Amós, a consulta aos profetas feita por Acabe e Josafá, antes da guerra contra os sírios (I Re 22).

A atitude de Amós é, naturalmente, muito diferente daquela dos profetas pagãos. Neste caso, ele não tem nenhuma ação mágica e a sentença não é pronunciada como uma função propiciatória para obter a vitória, mas como um julgamento em nome de Deus. Mas sendo este um hábito comum, conhecido por seus concidadãos, a novidade tornou-se mais evidente. Talvez estes pronunciamentos fossem feitos por Amós em um lugar público, durante uma cerimônia nacional, uma comemoração das vitórias militares relatadas recentemente ou em frente a um santuário. É impossível estabelecer isto com certeza, mas não é improvável.

O oráculo que abre o Cap. 3, muito mais curto e constituído por apenas dois versículos, não é muito claro. Ele abre com uma fórmula comum a outros textos do livro (por exemplo, capítulos 4 e 5) e que pode ser atribuído ao próprio profeta: "ouçam esta palavra ...". A partir deste convite, no entanto, passa-se a uma expressão que tem Deus por assunto: "vós, a quem Eu fiz sair do Egito ...". No v. 2, em vez disso, está o oráculo propriamente dito, construído de forma clara e de acordo com o esquema poético clássico, no qual o julgamento é preanunciado.

O oráculo do cap. 9 é formado por duas partes, construídas como questões retóricas que implicitamente já contêm sua resposta. A primeira, escrita na segunda pessoa do plural, lembra a Israel de sua vocação: "sois, por acaso, diferentes ...". E a segunda, apresentada como uma palavra do próprio Javé, é escrito na primeira pessoa do singular: "Eu não tenho ...". Estas duas partes estão ligadas entre si pela expressão esquemática "oráculo de Javé". Neste caso, é a primeira parte que coloca o problema e que, na verdade, tem o tom mais fortemente polêmico, enquanto a segunda se limita a reafirmar o conceito, de forma diferente e atenuada.

5.2 Detalhes sobre o texto relativo ao Tema 5

Texto	Termo	Observação
OS ORÁCULOS CONTRA AS NAÇÕES (Cap. 1:3 – 2:16)	---	---
Damasco **1** 3 Assim disse ᵃ o Senhor: "Por causa das inumeráveis ᵇ culpas de Damasco, não modificarei a minha decisão: porque esmagaram Gileade com martelete de ferro	ᵃ disse	ᵃ Pode-se traduzir também como: "assim diz..."
	ᵇ inumeráveis	ᵇ Lit.: "Por três culpas... ou melhor, por quatro ...". O termo "culpa" (transgressão, golpe) indica o ato de rebelião de um subordinado contra seu superior, geralmente usado pelos profetas para definir a rebeldia de Israel (Cap. 3:14; Cap. 4:4; Oséias 8: 1).
4 Vou lançar fogo contra a casa de Hazael ᶜ para que devore os palácios de Ben-Hadad	ᶜ Hazael, Ben-Hadad:	ᶜ Soberanos de Damasco do século VIII AC.
5 eu vou quebrar as defesas ᵈ de Damasco, exterminarei de Biq'at Awen quem ocupa o vosso trono ᶠ, de Bet Eden quem segura o cetro; e o povo dos arameus irá para o exílio!", disse o Senhor.	ᵈ defesas	ᵈ Lit.: ferrolhos, trancas
	ᵉ Biq´at Awen	ᵉ Lit.: "vale da iniquidade", provavelmente um nome simbólico, como Bet Eden (casa de prazer), para fazer referência a Damasco.
	ᶠ ocupa o vosso trono	ᶠ Pode-se traduzir também: "quem vos habita".

continua...

continuação

Texto	Termo	Observação
Filisteus **6** Assim disse o Senhor: "Por causa das inumeráveis culpas de Gaza⁹, não modificarei a minha decisão: porque eles deportaram grupos inteiros, para entregar a Edom, **7** Eu vou lançar fogo contra as muralhas de Gaza, para que devorem os seus palácios. **8** Eu exterminarei de Ashdod aqueles que reinam, e de Ashkelon quem detém o cetro. Vou dirigir a minha mão ʰ contra Ekron, para que o restante dos filisteus morra!", disse o Senhor. **Tiro** **9** Assim disse o Senhor: "Por causa dos incontáveis pecados de Tiro ⁱ eu não modificarei a minha decisão: porque eles entregaram a Edom grupos completos de deportados, alheios ao pacto fraterno ʲ. **10** Eu lançarei fogo contra os muros de Tiro, para que ele devore os seus palácios!	⁹ Gaza	⁹ A mais importante das cinco cidades pertencentes à confederação filistéia; além daquelas mencionados aqui, adicionar Gath (ver 6:2). Os filisteus não são acusados de terem entrado em guerra, como era o costume (I Sam 30: 1-3, II Reis 5:2), mas sim de fazê-lo sistematicamente só para fazer escravos. Os edomitas negociavam muitos escravos com o Egito; lembrar de José, em Gen. 37:36.
	ʰ dirigir a minha mão	ʰ Intervir diretamente para executar um projeto, para punir (Sal. 81:15), ou salvar (Is. 1:25).
	ⁱ Tiro	ⁱ Mantinha relações comerciais com Israel sob o reinado de Davi (II Samuel 5:11) e Salomão (II Reis 5) e relações políticas sob Acabe, com o casamento com Izabel (I Reis 16:31). A culpa é idêntica àquela de Gaza: caça de pessoas e tráfico de escravos.
	ʲ pacto fraterno	ʲ Não havia um pacto específico, mas sim relações tradicionais de amizade e confiança entre os dois povos
	ᵏ Edom	ᵏ As tribos edomitas penetraram no sul de Canaã pelo deserto, antes da chegada das doze tribos de Israel, e eram da mesma cepa racial: no relato de Gênesis, Jacó e Esaú são apresentados como irmãos (Gn 36: 1). Após serem subjugados ao tempo de Davi, os edomitas se rebelaram diversas vezes (I Reis 11, 14 e ss, II Reis 8:20 e ss.).
	ˡ terra	ˡ Tradução baseada na versão dos LXX. O hebraico traz: "ele matou toda a sua piedade". O pecado de Edom é manter hostilidades e sentimentos de ódio por Israel, seu irmão racial

continua...

Texto	Termo	Observação
Edom **11** Assim diz o Senhor: "Por causa das inumeráveis culpas de Edom ᵏ, não modificarei a minha decisão: desde que ele perseguiu seu irmão com a espada, espalhou suas entranhas ˡ por terra, porque sua raiva não tem restrição, sua cólera se evidencia sem interrupção, **12** vou lançar fogo contra Teman ᵐ para que ele devore os palácios de Bosra!	ᵐ Teman, Bosra	ᵐ Cidade / região edomita
Amon **13** Assim disse o Senhor: "Por causa das inumeráveis culpas dos amonitas ⁿ, não voltarei atrás na minha decisão: já que abriram o ventre das mulheres grávidas de Galaad para expandir seu território,	ⁿ amonitas	ⁿ Os amonitas eram tribos semi-nômades do sul de Gileade, subjugados na época de Davi, mas em constante movimento para invadir as terras agrícolas de Israel. O pecado é, aqui, o total desprezo pela vida humana, que chega ao ponto de matar fetos no ventre de suas mães.
14 Eu atearei fogo aos muros de Rabba o, para que devorem os seus palácios: como o alarido no dia da batalha, como o redemoinho no dia da tempestade!	ᵒ Rabba:	ᵒ Capital do território de Amon.
15 Então Milkon ᵖ irá para o exílio, ele junto com seus príncipes!", disse o Senhor.	ᵖ Milkom	ᵖ Nome do deus nacional de Amon, conf. as versões dos LXX e Vulg. O hebraico traz: "o rei deles".

continuação

Texto	Termo	Observação
Moabe **2** **1** Assim disse o Senhor: "Por causa das inumeráveis culpas de Moabe ᑫ eu não modificarei a minha decisão: porque queimaram os ossos do rei de Edom; **2** Eu lançarei fogo contra Moabe, para devorar os palácios de Keriot ʳ. Então Moabe perecerá sob o estrondo da batalha, no grito de guerra, no trombetear do chifre.	ᑫ Moabe	ᑫ Estabelecidos nas margens ocidentais do Mar Morto, os moabitas entraram em confronto com Israel (Juízes 3:12-14), ao norte, e com os edomitas ao sul. Com a morte de Acabe (853 aC), o rei Mesha rebelou-se e resistiu vitoriosamente às forças de Israel e de Judá (II Reis 3: 4 ss.). A incineração do cadáver equivale a destruir todos os vestígios da pessoa e violar o repouso do falecido, ao qual toda criatura tem o direito, mesmo que seja um inimigo.
3 Eu destruirei do meio de ti todos os líderes e, com eles, destroçarei todos os seus príncipes!" disse o Senhor	ʳ Keriot	ʳ Cidade de Moabe, conf. acima (v. 14); condenação análoga à de Amon
Judá **4** Assim disse o Senhor: "Por causa das inumeráveis culpas de Judá, não modificarei a minha decisão: porque rejeitaram o ensino ˢ do Senhor e não guardaram os Seus mandamentos (seus deuses falsos, que seus ancestrais já seguiram, os tiraram do caminho), **5** Eu vou lançar fogo contra Judá, para que devore os palácios de Jerusalém!" **Israele** **6** Assim disse o Senhor: "Por causa das inumeráveis culpas de Israel, não modificarei a minha decisão: porque eles vendem ᵗ os que têm razão por dinheiro, [e] os pobres por causa de um par de calçados;	ˢ ensino ᵗ vendem	ˢ O desprezo à lei e a idolatria são expressos em termos muito gerais, ao contrário do que aconteceu nas condenações anteriores. A linguagem é aquela de documentos posteriores como do Deuteronômio (Cf. Deuteronômio 4: 2; 6:14; 8:19; Isaías 5:24; Ezeq 44:10). ᵗ Dado o contexto claramente processual, é melhor traduzir assim do que usar o termo genérico "o justo". O pecado de Israel é, acima de tudo, a injustiça dos juízes que escravizam um homem por valores insignificantes como um par de sapatos. De acordo com a lei, essa sentença só poderia ser aplicada àqueles que, tendo cometido um roubo grave, não pudessem devolvê-la (Êx 22: 1-3).

continua...

VEREDAS DA JUSTIÇA
PROFECIAS

continuação

Texto	Termo	Observação
8 Em mantos tomados como penhor ʷ estendem-se diante de qualquer altar; bebem o vinho dos multados no templo do deus deles! 9 E eu, que por amor deles, havia exterminado os amorreus ˣ, cuja estatura era semelhante à dos cedros, cuja resistência era semelhante à dos carvalhos! No entanto, destruíram seus frutos por cima e suas raízes por baixo. 10 E eu, que vos fiz subir da terra do Egito ʸ, vos conduzi pelo deserto por quarenta anos para vos fazer ocupar a terra dos amorreus!	ᵘ¹ grão...	ᵘ¹A frase é pouco clara no texto. Pode-se traduzir como: "encontrarm qualquer culpa nos humildes, por menor que seja".
	ᵘ² impedem	ᵘ² Lit.: "desviam o caminho do miserável". A parte pobre e fraca do povo vê seus direitos pisoteados. Em vez disso, a lei exigia que os direitos dos fracos fossem protegidos com especial cuidado (Êxodo 22:21 e ss, 23:10 e ss).
	ᵛ donzela	ᵛ O termo "donzela" pode indicar um escravo da família ou uma prostituta designada para o culto das divindades cananéias. No primeiro caso, é um pecado contra a lei (Êx 21: 7-11, Lev 18:17), no segundo é idolatria (Oséias 4:11).
	ʷ penhor	ʷ O credor só poderia exigir o manto da capa durante o dia (Êxodo 22:25 e ss.), mas deveria devolvê-lo à noite. É um sacrilégio usar essas vestes penhoradas para exibir-se nos santuários.
	ˣ amorreus	ˣ Um dos povos de Canaã (Gen 48:22, Josué 3:10); aqui está representando todas as populações cananeias. A grande estatura dos amorreus é um dado da tradição antiga (Números 13:32). A expressão "frutos ... e raízes" é proverbial e indica a totalidade de uma realidade.
	ʸ Egito	ʸ A saída do Egito é o evento fundamental sobre o qual toda a fé de Israel é fundada como povo de Deus. Amós é o único profeta que menciona os 40 anos no deserto. Note-se que é somente Deus quem age em tudo e que o nome de Moisés não é mencionado.

continua...

continuação

Texto	Termo	Observação
11 E eu, que designei alguns de teus filhos como profetas, alguns dos teus jovens como nazireus ᶻ! (Não é assim, oh israelitas?) **12** Mas aos nazireus, vós destes vinho para beber, para os profetas que proibistes ᵃ profetizar! **13** Portanto, eis que estou prestes a abrir ᵇ o chão debaixo de ti, como o abre uma carroça cheia de feixes: **14** então toda maneira de escapar desaparecerá do ágil, ao forte, sua força não mais servirá, o valente não poderá mais salvar sua própria pele ᶜ, **15** o arqueiro não conseguirá mais, o ágil não poderá mais escapar com suas próprias pernas, o cocheiro não poderá salvar a sua própria vida. **16** Até o mais bravo entre os valorosos deverá fugir nu naquele dia!" Oráculo do Senhor	ᶻ nazireus ᵃ proibistes ᵇ abrir ᶜ a pele	 ᵃ Lit.: "Vós destes uma ordem dizendo: Não profetize!". A repreensão aos profetas em Israel é, frequentemente, aquela de rejeitar o que Javé lhe dá (Isaías 6:10; Jer 17:23); recorde-se também das palavras de Jesus (Mt 21:33 ss). ᵇ Tradução hipotética. Outros traduzem "rangido" ou "tremor" (agitação), "balançar" (oscilar). Pode conter uma alusão ao terremoto que corta a terra ou à crise do julgamento divino. Outros tornam o verbo "prender-se ao chão", "atolar-se" e significam que Israel está imobilizado em seu pecado, é aprisionado a ponto de não poder mais se mover ᶜ Literalmente: "a vida dele". As imagens são de um exército em marcha, do qual as várias armas estão descritas: soldados de infantaria, cavaleiros, arqueiros etc. Assim será Israel no dia em que Javé manifestar sua presença e soberania.
A ELEIÇÃO DE ISRAEL (Cap. 9:7; 3:1-2)	---	---
9 **7** Por acaso sois diferentes para mim dos habitantes da Núbia ᵈ, israelitas? (Oráculo do Senhor) Não é verdade que eu não tenha feito Israel sair da terra do Egito, mas também os filisteus ᵉ de Kaftor ᶠ e os arameus ᵉ de Qîr ᶠ? **3** **1** Ouvi esta palavra que Deus falou contra vós, ó israelitas ᵍ, contra toda a família que eu fiz subir do Egito: **2** "Somente a vós Eu elegi ʰ dentre todas as famílias da terra; mas por isso vou exigir de vós a prestação de contas por todas as vossas iniquidades!"	ᵈ Nubia ᵉ filisteus e arameus ᶠ Kaftor e Qîr ᵍ israelitas ʰ elegi	ᵈ (Conf. Is. 11; 1 1) representa o lugar geograficamente mais distante de Israel. ᵉ naquela época, eram os tradicionais inimigos de Israel ᶠ Respectivamente Creta e, muito provavelmente, uma região vizinha a Elam; ᵍ Aqui o significado parece não se restringir ao reino do norte, mas todo o povo ʰ Em outras traduções: "conheci". Da raiz *jd* que abrange um conjunto amplo de significados, como, por exemplo, o conhecimento intelectual ou um relacionamento familiar. Poder-se-ia traduzir para: "Somente convosco Eu tive comunhão...". Aqui, porém, a relação com a eleição e com o pacto ressalta a responsabilidade especial de Israel com o seu Senhor (conf. 9:7).

5.3 Comentários sobre o texto relativo ao tema 1

5.3.1 A teologia da eleição

O tema da eleição divina caracterizou a fé de Israel desde suas origens e, de fato, constitui uma das suas pedras angulares. Qual é esse "dogma" fundamental? Com a certeza de que Javé elegeu a comunidade judaica como seu povo, escolhendo-o entre os outros povos da terra, Ele mostrou essa escolha, intervindo diretamente em assuntos humanos através de decisões e ações. O Senhor libertou o seu povo do Egito, levou-o pelo deserto, instalou-o na terra de Canaã, deu-lhe profetas, juízes e, depois, reis para governá-lo.

Apenas o fato da eleição caracteriza de maneira tão singular a vida e a fé do antigo Israel, uma fé que pode ser definida com o adjetivo "histórico" e oposto ao "mítico" das populações circundantes: acreditar em Deus não significa acreditar apenas na sua existência, como uma espécie de presença constante na vida da comunidade e da natureza, mas sim saber como reconhecer suas "obras" na história da humanidade. E suas obras são fatos, eventos e ações.

Foi afirmado que a eleição é um "dogma" fundamental, mas, na realidade, esse termo é impróprio porque não se constitui em uma doutrina, um princípio abstrato. Pode-se entender por comparação: tomando como referência a fé cristã, a eleição não deve ser colocada no mesmo plano do "dogma" da Trindade, por exemplo, o qual é um aspecto fundamental da realidade cristã, mas ao nível do conceito. Para Israel, a eleição é uma realidade profundamente sentida e vivida em todas as áreas: do culto à política, do direito à educação. Um crente israelense pensa, vive, sente a eleição como parte integrante, não só de sua vida religiosa, mas de sua existência como pessoa. Amós, portanto, encontra essa realidade presente e operando nas profundezas da consciência de seus contemporâneos, mas precisamente nesta "teologia da eleição", que determinou e constituiu o fundamento da piedade de Israel, ele vê um trágico mal-entendido, na verdade um fator primário para o pecado, a origem desses equívocos e as estruturas corruptas que estão conduzindo o povo à catástrofe. O que poderia e deveria ter sido um fermento de vida e reflexão tornou-se um fator de cegueira, e a teologia, que deveria levar à vida e ao testemunho é, ao contrário, a que o levará à morte. Como ocorreu uma reviravolta espiritual tão trágica? Amós coloca sua crítica em duas direções

5.3.2 A eleição, um privilégio?

Assim parece pensar Israel. O fato de ter sido eleito coloca o povo em uma situação particular, coloca-os em um nível diferente daquele em que vivem outros povos. Não só isso, mas parece, ao nível do inconsciente, conduzir a um raciocínio deste tipo: o plano em que está o povo de Javé e o plano em que estão todos os outros povos são diferentes em relação à ação do próprio Javé, sua avaliação e sua obra. Deus age de duas maneiras diferentes, de acordo com a comunidade de seus eleitos ou de outros povos. Tendo assim estabelecido o problema, é quase impossível não dar mais um passo e afirmar que aqueles que não são eleitos são seres "não eleitos", povos de segunda classe, criaturas pertencentes a um nível humano inferior, que, de modo algum, podem ser juntadas ao nível superior dos eleitos.

É essa presunção que é atingida e radicalmente desafiada no oráculo do Cap. 9. A eleição não é uma expressão de segregação, não qualifica os eleitos em relação ao não eleito, mas unicamente em relação a Deus e, portanto, quem é eleito, no âmbito dessa eleição precisa, pode e deve, ser sempre referido a Deus e terá com Ele um relacionamento diferente, estruturado historicamente em formas próprias. Como se pode, de fato, definir a relação entre Deus e o homem, se não nas categorias de eleição? Será, segundo Amós, um tipo diferente de eleição. Para evitar qualquer mal--entendido sobre a natureza desta relação de Deus com os povos pagãos, Amós usa o verbo clássico da teologia da eleição: "fiz sair ..." que evoca para Israel a libertação da escravidão do Egito.

Os arameus e os filisteus "feitos sair" do seu lugar de origem, não significa apenas que, historicamente, eles vieram dessas terras e se estabeleceram mais tarde na faixa síro-palestina, assim como fizeram as tribos israelitas. Isto significa que a sua história, sua realidade, seu caráter como comunidade nacional é fruto da presença ativa de Javé. Foi Ele quem presidiu seu nascimento e provocou a sua passagem do nada para a existência; Ele os fez surgir ao nível da história, poder-se-ia dizer.

Se a eleição é um sinal de amor e atenção, se ela expressa um movimento de dedicação, um gesto de preocupação afetuosa, os povos em questão estão sendo tratados do mesmo modo que Israel, objetos da solicitude de Deus.

O caráter paradoxal desta intervenção de Javé em favor dos povos acima mencionados é, no entanto, realçado por um fato: são povos distantes, sem relação com a realidade de Israel, por duas razões:

a) Pela situação geográfica acima de tudo. Nubia indica uma população absolutamente fora da órbita de interesse e do conhecimento de Israel, relegada para as fronteiras do mundo civil e, portanto, para os limites da palavra e da presença de Javé, o qual, em vez disso, tem em Sião seu centro ("é de Sião que Javé fala", diz o oráculo de abertura do livro).

b) Pela situação histórica, em segundo lugar. Os filisteus e os amorreus não são povos do deserto, vinculados por afinidades raciais ou espirituais a Israel (como os quenitas ou os ismaelitas), mas são seus inimigos tradicionais, povos com quem nunca houve acordo, ou pior, são aqueles que exerceram um domínio hegemônico na terra de Canaã. Mencioná-los significa mencionar a opressão, a exploração, a tirania pagã sobre a comunidade de Javé.

O fato de Ele ter, em vez disso, em relação a essas comunidades humanas estranhas à história do Pacto, sentimentos que podem ser expressos com os termos da teologia da eleição, indica que Israel não é uma realidade em si, como se fosse a parte única da história da eleição, mas é, simplesmente, um dos muitos lugares de relacionamento entre a humanidade e Deus, talvez um lugar privilegiado, mas que deve ser inserido no contexto muito mais amplo do amor de Deus pelo ser humano.

Esta crítica a respeito de uma supervalorização da eleição, ou, mais precisamente, da deturpação egoísta, possessiva e unilateral da eleição divina, é encontrada em outros oráculos do livro de Amós. Há, por exemplo, a denúncia de uma falsa representação realizada pela mentalidade israelense sobre a expressão típica de sua fé: Javé é definido como "o orgulho de Jacó". Entendido ao pé da letra, isto significaria que Deus é a realidade que dá ao povo o seu motivo de orgulho, Deus representa a própria substância do povo, uma vez que o elegeu. Colocado em sentido oposto, significa que Deus é o objeto do qual Israel se vangloria, isto é, tenta garantir sua realidade, baseia seu prestígio, e que é um povo que encontra em Deus sua razão de ser ou que instrumentaliza e explora sua eleição (compare-se os textos de 6:8 e 8:7).

Semelhantemente, uma outra falsa representação de significados pode ser encontrada no caso de outra expressão: "primícia (primeiro fruto) dos povos", que foi referida de maneira irônica por Amós em 6:1. Israel é teologicamente "primicia" no sentido de que é o povo amado por Javé primeiramente, aquele em que a dimensão do amor de Deus apareceu na realidade da história. No sentido compreendido pelos contemporâneos de Amós, significa que Israel é o "primeiro" entre os povos, está no topo da comunidade humana e que está garantido pela sua eleição.

5.3.3 Eleição e responsabilidade

A segunda linha em que a controvérsia de Amós se move é expressa pelo oráculo do Cap. 3, que destaca o conceito de responsabilidade ligada à eleição. Na verdade, Israel tende a transformar sua eleição em um direito, considerando-o não só um privilégio que lhe confere uma espécie de superioridade sobre o pagão, mas também como um mérito seu. Ao unir-se a Israel, Javé comprometeu-se com ele de forma definitiva e "pertence", em certo sentido, a Israel. Na verdade, no seu modo de ver, Javé é "devido" a Israel

Amós surge e se levanta contra essa afirmação, reivindicando, ao contrário, a responsabilidade de Israel. A sua eleição não lhe confere privilégios, mas impõe responsabilidades específicas às quais não pode escapar.

No entanto, o oráculo parece contrariar o que foi dito anteriormente. Israel é, de fato, definido como o único povo em que a eleição foi concretizada: "somente a vós eu elegi (ou conheci)...". O que essa expressão significa? Simplesmente que Javé está na origem da eleição, mas também é o último termo dela. É um trabalho feito por Ele, mas que tem em vista o Seu serviço e não se constitui em garantia de perdão, recomendação, segurança ou mesmo aprovação de qualquer atitude subsequente. Deus elege, sim, mas não no sentido de que ele faz uma assinatura em um papel em branco, ignorando ou aprovando tudo o que nele for escrito, ou seja, tudo que acontecerá depois.

Pelo contrário, a eleição é a base da responsabilidade, e precisamente porque Javé elegeu Israel agora é capaz e totalmente autorizado a solicitar o ajuste de contas. O julgamento e a condenação por parte de Deus encontram seu fundamento não em seu desapego, mas precisamente na sua proximidade, não em seu desinteresse, mas em seu amor por esse povo. Precisamente porque é o único povo que se qualificou como comunidade, como objeto da eleição de amor de Deus (conceitos expressos pelo verbo "conhecer"), a comunidade de Israel é responsável por sua atitude e suas ações.

Também deve notar-se que Amós não dissolve a eleição de Israel em uma espécie de benevolência divina genérica, que poderia ser aplicada indiscriminadamente a todos os povos. O Senhor realmente trabalhou em favor do povo da promessa, interveio com atos específicos, libertou-o e salvou-o no Egito e em Canaã. O profeta enumera esses momentos na história da salvação de acordo com o esquema clássico do Credo israelita, para destacar claramente o fato de que Israel continua a ser o povo de Javé e que não pode escapar de uma avaliação crítica de suas ações, assim como não pode escapar da sua vocação.

5.3.4 O senhorio sobre a história

Os dois temas desenvolvidos por Amós nos oráculos acima mencionados, a saber, a eleição como graça e como responsabilidade, são encontrados juntos e desenvolvidos no ciclo dos Caps. 1 e 2, uma das páginas clássicas da teologia da eleição, e das mais características do estilo de Amós. Pode-se imaginar por verossimilhança que o profeta pronunciou estes oráculos no contexto de um dos santuários reais, apresentando-se como um profeta nacional. Formalmente, de fato, seu discurso pode ser rastreado às práticas religiosas dos profetas oficiais, os quais já foram mencionados e, ao ouvir suas palavras, as "maldições" contra os povos inimigos nos quatro pontos cardeais, a assembleia só pode ter respondido "amém", "assim seja", tanto que já estava agora condicionada pela sua visão nacionalista e egoísta da eleição divina.

Com sua surpreendente técnica de progressão, que já se tem encontrado na redação a respeito das visões, Amós gradualmente leva seus ouvintes ao ponto culminante do discurso, que é a maldição contra o próprio Israel. Neste ponto, ocorre o salto qualitativo, a fratura do discurso, pois, como um *boomerang*, o julgamento jogado contra os povos vizinhos de repente volta e salta sobre aqueles que o pronunciaram. Ao concordar com a condenação de outros, o povo de Israel não vê a condenação de si mesmo.

Aqui, no entanto, é avaliada a diferença absoluta que separa Amós dos profetas profissionais, dos funcionários dos santuários. Ele não amaldiçoa Filisteus e Moabitas, mas os chama a julgamento, pronuncia uma sentença de condenação sobre sua história, que aparece sem ênfase, precisamente porque não vem de um exemplo de nacionalismo institucionalizado, mas deriva de uma realidade absoluta, que é a palavra de Javé.

Com esta série de oráculos, a teologia israelita dá um passo fundamental em direção ao entendimento, que se pode chamar de "evangélico", de revelação. Amós não fala em nome de um deus nacional, o Deus de Israel, como o poderia ter feito Elias, o campeão da resistência judaica, algumas décadas antes dele no famoso encontro polêmico com os sacerdotes de Baal, no Carmelo. Aqui, Javé é o senhor da história dos povos, aquele que, nem mesmo com a eleição, isto é, com a sua graça, ficou vinculado a Israel, e que convocou todos os povos à existência e à vida, as comunidades nacionais, as formas humanas de sociedade e de convivência. Foi Ele que entrelaçou com todos uma relação não diferente daquela que começou com o "seu" povo.

Portanto, a relação que existe entre Javé e a comunidade dos homens não difere daquela que existe entre Ele e Israel. Como no oráculo do Cap. 9, o termo que estabeleceu essa ligação foi o termo clássico da eleição: "fazer sair". Então, em nosso texto, a ligação é estabelecida através do termo do julgamento: "malfeitos" (faltas). Essas faltas do povo, suas culpas, serão denunciadas e assinaladas em toda uma série de outros oráculos, mas já estão identificadas claramente: injustiça social, violência no campo econômico, equívocos de religião. No caso dos povos vizinhos, os malfeitos relatados fazem parte do contexto das guerras de extermínio travadas nas últimas décadas antes da pacificação feita por Jeroboão II.

O fato que atinge os ouvintes de Amós, e não poderia deixar de atingir, é a falta de uma motivação explícita para essa condenação. Deus se dirige a todos esses homens sem distinção, a seus filhos israelitas e aos filisteus, qualificando a condenação apenas com o possessivo "minha". O fato de ser Javé quem fala é suficiente para torná-la legítima, mas como ela é justificada? O profeta não faz referência a uma lei escrita que teria sido violada, nem pelos crentes nem pelos pagãos. As leis escritas certamente já existiam em Israel de Amós e poderiam fornecer uma referência suficiente. Ao ouvir as censuras e culpas, cada um imediatamente estabelece essas referências, mesmo que, ao menos, referindo-se ao sétimo mandamento: não matar. Amós não faz isso porque os homens com quem ele fala não teriam reconhecido essa referência à Lei escrita como válida, provavelmente não só por causa disso, mas porque ele pretende levar seus ouvintes a aprofundar o conceito de eleição, indo além da Lei escrita, dos mandamentos, para o espírito da Aliança da qual era a expressão. De fato, o que realmente une profundamente Israel aos filisteus não é revelação, o conhecimento da realidade divina, nem mesmo as intervenções de libertação no Egito, no Mar Vermelho ou nos juízes, mas somente a vontade amorosa de Deus para com seu povo. É o olhar de compaixão e vida que Deus colocou sobre uns e outros no início de sua história de povos associados.

Se este é o ponto de referência para todo o discurso de Amós, outra interpretação torna-se improvável, talvez mais difusa que a anterior. O profeta pode ter pronunciado suas condenações em dois níveis, uma dirigida para Israel e referindo-se ao Pacto, e outra para os pagãos, referindo-se à lei natural. Os primeiros violaram, com seus pecados sociais, as normas fundamentais da comunidade de Javé, e os segundos violaram as normas da humanidade. Em suma, haveria uma espécie de terreno geral, comum a todos os homens, em que certas leis são válidas, as do respeito, da liberdade, do valor do homem e um terreno específico e privilegiado, em que a lei de Deus está em vigor, mais precisamente a revelação do amor divino. A eleição seria assim uma espécie de caso especial dentro de uma categoria geral, um amor específico, apontado no contexto de um amor geral. Isso não parece ser, como foi visto, o pensamento do profeta ao aplicar as categorias da graça, isto é da eleição, e do julgamento indiferentemente ao povo de Deus e aos pagãos.

5.4 Questões relativas ao tema 5

5.4.1 Igreja e sociedade

Um problema parece ser fundamental para a atual geração de crentes: o da relação entre a Igreja e o mundo, ou, como se diz nos termos atuais, entre a Igreja e a sociedade. As gerações cristãs do passado não parecem ter advertido para esse problema tão urgentemente porque, vivendo em uma civilização cristã tipo ocidental, viam o mundo apenas como um possível campo de expansão, ou seja, a sociedade dos homens brancos deve colonizar e civilizar as populações selvagens e a Igreja deve evangelizá-los. Este não é o lugar para examinar as ligações e fatos que marcaram, nos séculos XIX e XX, a ocorrência dessas duas ações da "civilização branca" no mundo, pois muitos já o fizeram. O que é importante destacar aqui é o fato de que, apenas gradualmente, a Igreja cristã tomou consciência de pertencer, estar presa à sociedade cristã, por um lado, e do fim da "era cristã", por outro.

A atenção da Igreja Cristã a estes fatos não foi resultado de uma reflexão de ordem teológica, mas sim a realidade dos fatos, a qual caracterizou o século passado da nossa história. Antes de tudo, vem a observação de que a fé ou a religiosidade dos chamados povos cristãos estava em uma crise acentuada sob a influência de fatores culturais e sociais e que as pessoas estavam se tornando cada vez menos interessadas quanto ao problema espiritual. Em segundo lugar, vem a presença e difusão da ideologia socialista e das análises de cunho marxista, que propuseram uma nova estrutura para a sociedade e, finalmente, a presença inesperada e significativa das populações "pagãs" no forum da humanidade.

O cristianismo teve que tomar consciência do fato de que, agora, não existe mais, senão apenas nominalmente, uma sociedade cristã, e a Igreja assume cada vez mais as características de uma realidade minoritária inserida em um contexto estranho a ela. Daí surge um outro problema: como se deve ver esse contexto político e social, o mundo, a sociedade humana e conviver nele? Que relação existe entre isso e a comunidade dos crentes?

Pode o mundo ser reduzido, de acordo com o ponto de vista evangelístico e individualista do século VIII DC, ainda presente hoje em muitos círculos evangélicos atuais, como uma massa de pessoas perdidas a ser evangelizada, como um mar de perdição do qual é urgente e importante tentar extrair os crentes? Pode isto ser visto, de acordo com a linha clássica da teologia católica, como uma realidade a ser redimida e salva com o ensino da Igreja como função salvífica, uma massa a ser fermentada com a presença da "sociedade perfeita" da Igreja? Deve o mundo ser visto, como afirmam alguns círculos cristãos modernos, como uma realidade invocada implicitamente pela palavra de Deus e da qual a Igreja não seria senão uma parte?

A vocação, ou eleição, para usar o termo do profeta, significa, de acordo com alguns, que Deus chama os homens para separar-se do mundo e da sociedade para se inserir no povo de Deus, a Igreja. De acordo com outros, simplesmente significa que Deus falou com toda a humanidade e a vocação não é senão a situação de chamada em que ela se encontra. Para alguns, a Igreja é diferente do mundo, constitui uma realidade em si mesma, que pode ser examinada e avaliada, um corpo constituído, algo concreto e humano, que é diferente da sociedade. Para outros, a Igreja não se distingue da humanidade, exceto pelo fato de ter percebido a vocação e de acreditar nela, mas é totalmente indissociável do seu contexto humano.

O conceito de eleição, como foi visto, é duplo em Amós e parece ser capaz de justificar essas duas interpretações. Israel é o povo de Deus, tanto que pode ser dito ser ele o "único" objeto da eleição. Neste sentido, existe uma forte contraposição entre a comunidade dos crentes e o mundo. Em outro sentido, porém, o conceito de eleição é estendido a todos os povos, de modo que Israel está colocado no mesmo nível que os filisteus e arameus e, por extensão, que os demais povos. Neste sentido, pode-se falar de uma identidade entre a comunidade dos crentes e o mundo no que diz respeito à sua relação com Deus.

Na realidade, a eleição parece dever ser entendida como uma relação particular que Deus estabelece com uma comunidade e a qualifica na medida em que essa relação existe, porém no contexto de uma situação de graça. Se for possível expressar este conceito através de uma parábola, talvez se possa dizer que a relação entre Deus e os homens é análoga à de pai e filhos no contexto familiar. O amor paternal é, em linhas gerais, idêntico, embora a relação estabelecida entre o pai e cada criança seja diferente. O povo de Deus é "um" dos povos, apesar de sua eleição característica. Não o é quantitativamente, no sentido de que Deus ama mais a Israel do que aos filisteus, mas qualitativamente, no sentido de que Ele ama seu povo em um relacionamento particular, cujo significado deve ser buscado fora do próprio povo. Deus o ama, de fato, em função dos outros.

Será possível estender essa imagem à comunidade cristã em seu relacionamento com o mundo? Este tema permanece extremamente atual e importante. Certamente, a vocação da Igreja deve ser buscada nesta linha profética e não em uma linha histórico-política. Em outras palavras, é necessário questionar imediatamente o que é a vocação direcionada à comunidade de crentes e como ela pode ser chamada de Povo de Deus. Em que sentido a vocação específica não exclui os outros, mas existe em função dos outros? Em que sentido pode-se dizer que a Igreja pode tomar consciência de sua eleição, sem que isso assuma os contornos de orgulho e suficiência? Talvez, paradoxalmente, se possa dizer que a Igreja é diferente do mundo, é outra comunidade, na medida em que não reflete sobre esta sua diversidade e não se esforça para garanti-la. Sempre que tenta traçar as fronteiras da fé para si, a Igreja faz uma teologia alienante da eleição, uma teologia que não mais estimula, apenas garante a posse, que não ajuda a andar, mas preserva, que adormece ao invés de criticar, como aconteceu com a Teologia da eleição dos sacerdotes da época de Amós.

5.4.2 O problema da história

Ao problema da eleição se vincula, indiretamente, o problema da história e da presença de Deus nos eventos históricos da humanidade. Também neste caso, este outro é um problema que assumiu particular relevância nas últimas décadas e pode ser associado, em alguns aspectos, ao interesse historiográfico da civilização moderna. Será a vontade de Deus uma espécie de linha contínua que dirige os acontecimentos no sentido desejado por Ele, de tal forma que o que acontece no mundo ou nas comunidades humanas pode ser, de alguma forma, rastreado à sua vontade? E, se Deus dirige a história, os personagens que emergem no plano da história podem ser vistos como seus instrumentos? Não raramente se fala, nos círculos cristãos, de "ler a história "e "interpretar a história", mas também neste caso surge a questão: em nome de quem e com que tipo de unidade de medida pode-se avaliar os eventos históricos e discernir a mão de Deus neles? Em que sentido, neste caso também, a meditação sobre a pessoa de Cristo e seu trabalho pode ser um critério de avaliação?

5.4.3 O estado de Israel

É no contexto de uma reflexão sobre a eleição que o problema do povo de Israel pode ser posto e talvez, resolvido na realidade do mundo moderno. A guerra de junho de 1967 realmente reiterou à consciência cristã a séria questão sobre a natureza do Estado de Israel como uma realidade política, por um lado, e religiosa, por outro. Os crentes, mesmo neste campo, sofreram frequentemente, ou quase sempre, as condições políticas, sociais e culturais do seu meio ambiente e ficaram em duas posições opostas, igualmente esquemáticas e absolutas: Israel, dizem alguns, é um Estado entre outros e como outros, e deve, portanto, ser avaliado da mesma forma que todas as nações. Outros replicam que Israel é o povo escolhido, é objeto da eleição eterna de Deus, mistério de Sua graça e, portanto, deve ser avaliado em termos espirituais.

Também não é este livro o lugar para enfrentar este problema, mas é claro que a lição profética de Amós é o único critério válido para a leitura da crise política e espiritual de Israel na complexidade de sua situação atual: comunidade religiosa, nação política e diáspora disseminada no mundo .

Qual o significado que a referência à fé dos pais, para a eleição divina, tem para esses homens? Uma possessão orgulhosa a ser defendida, um título de mérito, um privilégio ou, ao contrário, uma vocação? Ser chamado por Deus significa, talvez, ser colocado em um *status* particular entre outros povos ou, ao contrário, ser chamado a um compromisso de serviço para eles?

Uma última observação, mais direta, a respeito da eleição poderia ser colocada, comparando-se esta à salvação proposta por Jesus Cristo. Ser salvo é passar a ser um privilegiado ou passar a ter um compomisso, uma responsabilidade perante aqueles que ainda não conhecem a Deus, que não foram salvos?

TEMA 6
O ÁLIBI DA RELIGIÃO

6.1 O álibi da religião – Introdução

A crítica de Amós contra a falsa consciência de eleição visa primeiramente o campo da piedade e do culto, uma vez que é mesmo neste aspecto que Israel expressa sua teologia do povo escolhido com maior riqueza e segurança. É daqui que vamos partir.

Este tema é explicitamente tratado e desenvolvido em quatro trechos do livro:

- Cap. 4, vv. 4-5;
- Cap. 5, vv. 4-6 e 14-15;
- Cap. 5, vv. 21-27;
- Cap. 8, vv. 13-14.

A localização original do primeiro oráculo (Cap. 4, vv. 4-5) é difícil de estabelecer. Nos versículos que precedem (Cap. 4: 1-3), um oráculo é dirigido contra as mulheres da aristocracia de Samaria. Nos versículos que se seguem, lê-se uma composição em cinco versículos sobre a incredulidade de Israel diante dos sinais de Javé. Alguns estudiosos tendem a ligar os dois assuntos, mas é mais provável que se deva considerá-los como trechos e assuntos independentes entre si.

Do primeiro verso: "venham a Betel", parece ser necessário deduzir que o profeta esteja falando nessa localidade. Como Jeremias, mais tarde, no templo de Jerusalém (Jer. 7), Amós se colocou na porta do santuário ou em um tribunal interno e teria se voltado para o público ali presente.

A estrutura poética do oráculo é muito clara e rítmica, de acordo com um padrão preciso, e não existem incertezas textuais. Em vez disso, essas incertezas se apresentam no segundo trecho, que se encontra no Cap. 5 (Cap. 5, vv. 4-6 e 14-15), o qual é de uma natureza diferente, o mais remanejado e mais complexo de toda a coleção.

Os vv. 1-3 deste capítulo contêm um lamento a respeito de Israel, bastante independente do nosso problema, que está centrado nos vv. 4-6 e trata do tema da busca de Javé em vez da ida para os santuários. O versículo seguinte (7) contém uma palavra contra a injustiça, nos vv. 8-9 se lê um fragmento de um hino a Deus, e o tema da injustiça dos poderosos reaparece nos vv. 10-12, que são seguidos pelo v. 13, o qual contém o referido dito sobre o homem sábio. Apenas no v. 14 reaparece o tema original da busca de Javé. Reconectando, portanto (como todos os estudiosos concordam em propor) os vv. 14-15 aos vv. 4-6, obtém-se uma composição homogênea e construída sobre um tema bem característico, que é a busca de Deus.

O v. 4 começa com a fórmula clássica ("assim fala Javé"), o qual faz continua a própria palavra de Deus na primeira pessoa do singular. Os vv. 4,14,15 não se constituem na palavra de Javé, pois falam d'Ele na terceira pessoa e, portanto, se deve considerar como um comentário do profeta sobre a sentença divina que precede, isto é, o desenvolvimento do mesmo tema geral.

O terceiro trecho, no final do Cap. 5 (Cap. 5, vv. 21-27), embora não exiba a fórmula clássica inicial do oráculo ("assim disse..."), é apresentado como uma palavra de Javé ao povo. Mais do que um oráculo, trata-se de um breve discurso, um primeiro rascunho simples daquela forma que será a mais típica no futuro da pregação profética, que é o sermão, a homilia (ver o livro de Jeremias).

Todos os elementos do discurso já estão presentes, a saber, a culpa pela atitude de culto de Israel (vv. 21-22), a exortação para mudar essa atitude, engajando-se na busca pela justiça (vv. 23-24), uma questão retórica sobre o culto de Israel feito no deserto (versículos 25-26), sendo tudo encerrado por uma breve sentença de condenação que anuncia o exílio (v.27).

O quarto trecho (Cap. 8, vv. 13-14) também aparece como um oráculo de Javé, embora não venha introduzido através da fórmula

clássica, mas com uma fórmula semelhante, destinada a tornar-se, depois, bastante empregada no idioma profético: "naquele dia...".
Os vv.precedentes (8: 11-12) têm como tema o dia de Javé e sua vinda. Há menção de fome e sede de ouvir a palavra, e neste oráculo, fala-se de murchar-se (secar) de sede. Muito provavelmente os dois textos foram justapostos devido a essa pura coincidência de termos. O mesmo fenômeno ocorreu, como já foi visto, na associação do episódio de Betel com a terceira visão.

Como em outros casos, o profeta menciona no oráculo as próprias palavras de seus interlocutores, neste caso, são as exclamações litúrgicas pronunciadas nos santuários para honrar as divindades pagãs.

6.2 Detalhes sobre o texto relativo ao Tema 6

Texto	Termo	Observação
CONTRO IL CULTO DEI SANTUARI (cap. 4:4-5)	---	---
4 "Vão também para Betel ª e pequem ᵇ em Gilgal ᶜ, e multipliquem os vossos pecados; Ofereçam também os seus sacrifícios ᵈ desde a manhã e, no terceiro dia, os seus dízimos ᵉ;	ª Betel	ª Lit.: "a casa de Deus", sede de um santuário muito antigo, que se liga ao patriarca Jacó (Gen. 28:19). Jeroboão I o construiu para fazer concorrência a Jerusalém (I Re 12:26-33). É neste loca que ocorre o confronto entre Amós e os sacerdotes (conf. 7:10).
5 Queimem também o fermento ᶠ como uma ação de graça, proclamem ofertas ᵍ voluntárias e anunciem isso ao máximo, pois isto vocês apreciam, ó israelitas! Oráculo do Senhor Javé	ᵇ pequem	ᵇ O mesmo termo ocorre em 1:3 ss. e indica as culpas dos povos pagãos.
	ᶜ Gilgal	ᶜ Cinta de pedras que circunda um santuário. Nome próprio de um célebre santuário de Jericó (Jos. 4:1; I Sam. 11:14) e, talvez, de um outro, localizado ao norte de Betel e associado a estes (Os. 4:15; II Re 2:1).

continua...

continuação

Texto	Termo	Observação
	ᵈ sacrifícios	ᵈ Ofertas de animais seguidas de um pacto sagrado (I Sam. 1:1).
	ᵉ dízimos	ᵉ Ofertas de acordo com o voto de Jacó (Gen. 28:22).
	ᶠ fermento	ᶠ Oferta de pão fermentado e queimado sobre o altar.
	ᵍ ofertas	ᵍ Doações livres distribuídas também aos sacerdotes (Es. 35:29).
JAVÉ E OS SANTUÁRIOS (Cap. 5:4-6)	---	---
4 De fato, Javé disse à casa de Israel: "Busquem-me e vocês viverão ʰ! 5 Não procurem Betel ᵃ, não se dirijam para Gilgal, não vão para Be´er Shebaⁱ. Gilgal certamente irá para o exílio, Betel será reduzida a nada ʲ! 6 Procurem por Javé, se vocês quiserem viver, senão cairá sobre a casa de José ᵏ algo como um fogo ˡ, devorando tudo, sem que ninguém em Betel consiga apagar!	ʰ viverão	ʰ Conf. a promessa de vida em Lev. 18:5, depois retomada em outros livros dos profetas (Is. 55:3; Ez. 18:9, 23, 32).
	ᵃ Betel...	ᵃ ver acima, 4:4
	ⁱ Be'er Sheba	ⁱʲ Alguns traduzem: "será reduzido a um lugar de infâmia", ressaltando uma possível associação entre Bet'el (casa de Deus) e bet'aven (casa de nada, ou de infâmia). Conf. Os. 4:15.
	ʲ nada	
	ᵏ casa de José	ᵏ Todo o Israel, ou seja: Efraim e Manassés
	ˡ fogo	ˡ Como imagem de destruição, é encontrado também em 1:4, 10, 14
EXORTAÇÃO A RESTABELECER A JUSTIÇA (cap. 5:14-15)	---	---
14 Busquem o bem ᵐ, não o mal se vocês querem viver e se vocês quiserem que Javé, o Deus dos exércitos, esteja com vocês, como vocês afirmam. 15 Odeiem o mal, amem o bem, restaurem o direito à porta ⁿ e então, talvez º, Javé, o Deus dos exércitos, tenha misericórdia do remanescente ᵖ de José!	ᵐ bem	ᵐ Não é um conceito abstrato, mas indicativo daquilo que corresponde ao Pacto (conf. Deut. 30:15).
	ⁿ direito à porta	ⁿ Ver 5:10.
	º talvez	º Introduz a ideia de uma possibilidade de perdão, conf. 9:8.
	ᵖ remanescente	ᵖ Termo técnico usado para indicar os que conseguem escapar em meio a uma batalha (conf. 1:8); resíduo.

continua...

VEREDAS DA JUSTIÇA
PROFECIAS

continuação

Texto	Termo	Observação
CULTO E COMPROMISSO (Cap. 5:21-27)	---	---
21 "Eu desprezo, rejeito suas festas Eu não consigo �q me agradar com as suas solenidades. 22 Por isso, quando vocês me fazem subir seus holocaustos. "........" ʳ Eu não posso aceitar suas ofertas, nem posso olhar para seus ricos ˢ sacrifícios, 23 Afastem de mim seus cânticos, tão numerosos ᵗ; Não consigo mais ouvir o som das suas harpas! 24 Em vez disso, que o direito corra como a água, e que a justiça flua como um ribeiro perpétuo! 25 Que tipo de sacrifícios e ofertas vocês me ofereceram ᵘ durante os quarenta anos no deserto, ó casa de Israel? 26 Vocês carregaram em procissão Sakkût ᵛ, seu soberano, e Keiwân ʷ, seu ídolo ˣ, deuses que vocês criaram para vocês mesmos?	�q consigo	q Rev. e ARA trazem: "Eu não tenho prazer";
	ʳ (.......)	ʳ Falta um verso, como se conclui do pensamento incompleto.
	ˢ ricos	ˢ Lit.: "de animais engordados".
	ᵗ numerosos	ᵗ Lit.: "a quantidade de suas músicas".
	ᵘ ofereceram	ᵘ Assim traduzida a frase revela seu verdadeiro significado: não é que no deserto, naquela época, nenhum sacrifício tenha sido oferecido a Deus; é que não havia as riquezas, a pompa litúrgica e o desperdício que então o acompanhavam no tempo do profeta Amós.
	ᵛ Sakkût	ᵛ A tradução ARA difere significativamente da Rev., que soa: "No entanto vocês vão tirar dos ombros a tenda do seu rei e o pedestal de suas imagens, a estrela de seus deuses, que vocês fabricaram". O texto é difícil para alusões que nem sempre são claras; o fato de estar em prosa levantou dúvidas sobre sua autoria. O primeiro termo é *Sikkût*, o qual, quando vocalizado como *Sakkût* se torna o nome de uma divindade astral babilônica; quando vocalizado *sukkal* significa "tenda". O segundo termo difíil é *melek*, "rei", "soberano", que pode ser traduzido em "*Moloc*", divindade cananéia; então os LXX traduziram assim: "a tenda de Moloc".
	ʷ Keiwân	ʷ O terceiro termo controverso é Keiwân; derivado do acádico *kajjawanu* (outra forma é *kajjamanu*), que indica Saturno, uma divindade assíria. O Hebr. tem: "*kajjûn*" que significa "pedestal".

continua...

continuação

Texto	Termo	Observação
27 Por isso Eu deportarei vocês para além de Damasco^y!", diz Javé, cujo nome é Deus dos exércitos.	^x ídolo	^x Também pode ser interpretado como "Astro"; anotação feita no texto para esclarecer o caráter das divindades em questão, que não era mais entendido por todos no tempo de Amós.
	^y Damasco	^y A sentença é explicitamente anunciada aqui: exílio sob o domínio da Assíria
JULGAMENTO CONTRA A IDOLATRIA (cap. 8: 13- 1 4)	---	---
13 Naquele dia murcharão de sede até mesmo as mais belas virgens e até os jovens; **14** aqueles que juram por Ashima ^z de Samaria, que exclamam: "Viva seu deus, Dan ^a, viva a sua força ^b, ó Be´er Sheba! estes vão cair para não se levantarem de novo!	^z Ashima	^z II Reis 17:30 atesta em Hamat uma divindade com este nome: Ashim-Bet'el, que aparece no papiro de Elefantina. A palavra é foneticamente idêntica a "pecado"; alguns estudiosos traduzem: "pelo pecado de Samaria", conf. a Rev.
	^a Dan	^a Santuário no norte do país, conf. I Reis 12:30.
	^b forza	^b Em hebr., *dérek*, normalmente, significa "caminho", "jornada", mas o significado de "força" é atestado em ugarítico. É provavelmente um nome arcaico para indicar uma divindade adorada naquele santuário (a força de Be'er Sheba).

6.3 Comentários sobre o texto relativo ao tema 6

6.3.1 Israel e os seus cultos

Os três primeiros trechos agora vistos, apesar da diversidade de sua argumentação, soam como uma condenação radical da atividade cultual de Israel. A adoração que os sacerdotes e os fiéis dedicam a Deus nos santuários tradicionais, longe de ser um ato de fé, constitui-se, naquele contexto, em uma culpa que atrai a condenação de Javé. Mas, no que consiste essa culpa?

Uma primeira motivação poderia ser representada pelo caráter cismático (de divisão) do culto de Betel em relação ao santuário de Jerusalém. O lugar escolhido por Deus para sua residência é Sião, a montanha onde Salomão construiu o templo, onde a tradição de culto da Aliança é preservada. Os santuários de Israel, o reino do norte, foram construídos num sentido de oposição a Jerusalém, e são o fruto da política cismática da casa de Jeroboão. Eles tiveram uma origem político-militar e não espiritual, embora se mantenham inseridos nas tradições sagradas da era patriarcal. O que é feito em Betel é, portanto, uma heresia em relação à ortodoxia do culto em Jerusalém. O mesmo oráculo de abertura do livro parece confirmar esta tese, quando ele declara: "é de Sião que Javé ruge...", o lugar em que Javé revela sua vontade. Um argumento desse tipo talvez não esteja totalmente ausente na polêmica de Amós, mas não parece ser um motivo fundamental.

A crítica de Amós poderia ser dirigida também contra as formas do culto israelense. Em seus oráculos, o zelo excepcional mostrado pelos fiéis na celebração do culto é constantemente destacado, mas em um sentido negativo. No Cap. 4 o profeta parece encontrar uma certa satisfação ao enumerar todos os diferentes aspectos da prática litúrgica do culto e sublinhar intencionalmente o cuidado meticuloso com que as regras, os períodos fixos e as formas são observados.

Tudo isso poderia fazer pensar em uma "ostentação de piedade", em uma atitude hipócrita por parte de pessoas que dão valor absoluto às regras e formas e, assim, escondem o vazio religioso da prática. Não se pode, a priori, negar que este aspecto de crítica espiritual esteja presente nas palavras do profeta, uma vez que cada religiosidade é sempre acompanhada de um certo farisaísmo e sempre inclui uma certa ostentação. Mas reduzir e limitar o problema a essa dimensão seria tomar um caminho errado. Ao se fazer uma avaliação do fenômeno da piedade cultual, parece-nos ser dirigidos, até inconscientemente, por uma crítica do evangelho contra os fariseus. De fato, as palavras de Cristo transmitidas pelos Evangelhos (lembrando do Sermão do Monte ou das acusações de Mateus 23) contra aqueles que ostentam uma fé que não possuem, ou que reduzem os mandamentos divinos à mera observação externa de rituais e práticas de culto enquanto, interiormente, são completamente desprovidos de um vida religiosa autêntica, chamam muito a atenção do crente de hoje.

Esse não parece ser o caso da vida religiosa de Israel no tempo de Amós. Os crentes que baniram suas festas, por exemplo, não o fizeram para mostrar sua religiosidade, mas para testemunhar à comunidade reunida seu compromisso como crentes. Não parece haver hipocrisia, mas um excesso de zelo, uma participação total da vida na celebração das obras de Deus. Portanto, o profeta não parece querer afetar o caráter cismático do culto realizado em Betel ou atacar a hipocrisia dos fiéis, mesmo que esses elementos possam acompanhar suas críticas, em um segundo plano. O que dizer, então?

A expressão de Amós é mais radical, ela não se limita aos aspectos formais, mas vai à substância, atinge os ritos, as liturgias, o próprio culto em sua realidade objetiva, que ele condena em nome de uma nova e necessária visão da fé, em nome de uma nova religião, que não é feita de externalidades, mas de conteúdos, e que é vivida em compromisso e caridade. Esta interpretação possui uma longa história por trás, como já mencionado antes ao se examinar o episódio de Betel, no qual há os profetas, personalidades livres de esquemas religiosos tradicionais, que se levantam contra o mecanicismo de rituais e cerimônias, homens livres que libertaram a consciência das pessoas, primeiro, e da humanidade, depois, dos esquemas do ritual e que foram os primeiros a ter a brilhante intuição de que Deus não recebe e não ama as pessoas através de sacrifícios, mas através da vida.

Uma controvérsia deste tipo não é encontrada, no entanto, na pregação profética. A força crítica que vem juntamente com a mensagem dos profetas não é de natureza anticultual ou antirritualista, mas sim antiidolatria. Ela não afeta o culto, como expressão de piedade, mas sim a fé. O equívoco que Amós tenta dissipar parece ser o mal-entendido da religião como expressão de fé. A fé é a descoberta da presença e da obra de Deus na vida da comunidade, a aceitação de sua palavra e a impostação (ou ajuste) da própria vida das pessoas de acordo com essa palavra. Esta realidade profunda da vida deve ser expressa concretamente ao longo da existência, pois, se a fé existe, não pode permanecer escondida no coração do crente individual como um sentimento novo e lindo, mas que permaneça totalmente privado.

Quais são, então, as formas e as palavras que a fé deve assumir para se expressar?

Como todos os povos antigos, Israel está convencido de que a forma privilegiada de demonstrar a própria fé é, de fato, o culto. No entanto, o culto significa religião, isto é, orações, sacrifícios, sacerdotes, templos, liturgias, calendários, etc. Significa fazer certas coisas de uma certa maneira, mantendo uma aderência rígida ao que está prescrito.

Será que, ao fazer isso, Israel realmente precisa de Javé? Será que toda essa riqueza de linguagem religiosa e de expressões religiosas realmente serve para aprofundar e amadurecer a fé, esclarecer e nutrir a comunhão com Deus e é, em resumo, algo que é feito para Ele? Ou será, ao contrário, uma invenção rica, convencida e apaixonada de formas destinadas a satisfazer somente ao homem?

Amós não hesita, uma vez que uma visão equivocada de eleição, isto é, um conceito falso e errado de fé, leva a uma falsa expressão religiosa e a prova está na própria piedade israelita ali praticada. Há três pontos principais neste aspecto:

- As pessoas participam da vida de culto com paixão porque, ao fazê-lo, elas se iludem quanto a buscar e agradar a Deus.
- Um verdadeiro culto implica numa vida renovada e a fé implica em novos relacionamentos. Mas eles existem em Israel?
- Não é a riqueza do culto que garante a autenticidade da fé.

6.3.2 Buscar a Deus ou a si mesmo?

O zelo de Israel em sua expressão cultual não deixa margem a dúvidas, pois a riqueza dos termos usados pelo profeta mostra isso inequivocamente.

Mas convém tentar saber o que tudo isso realmente expressa. E com uma clara convicção, Amós responde: trata-se de um trágico mal-entendido. Toda a vida religiosa de Israel não é expressão de fé, mas sim de incredulidade. Ele desenvolve esta tese com habilidades oratórias e de escrita excepcionais, jogando com uma série de justaposições de termos e de perguntas, que se sobrepõem e se alternam, quase como se mantivesse em mãos um prisma do qual ele mostrasse uma ou outra face e demonstrasse como a luz e a visão humana pode ser distorcida de acordo com o ângulo de visão.

O primeiro jogo de palavras ocorre sobre o termo "buscar". Este verbo, diz Amsler, é um termo técnico do idioma dos santuários e indica a consulta dos sacerdotes através das formas mais ou menos mágicas do destino ou através da resposta da lei. Como tal, evoca o pensamento do santuário, é realmente uma questão de subir ao lugar sagrado para conhecer a vontade de Deus (este tema é encontrado em Deut 12: 5, em Sal 24: 6, e também em Sof 1:6).

Formalmente, portanto, o apelo do profeta e seu convite para buscar o Senhor está na mais pura tradição de Israel e todo crente que o ouve já sabe desde o início, ou pelo menos pensa que sabe, aquilo que o profeta quer dizer. Pode-se imaginar, sem um grande risco de entrar em uma estória falsa, Amós de pé, no limiar de um dos santuários, dirigindo a sua mensagem para a multidão de peregrinos. Suas palavras são as palavras de todos os sacerdotes naquele lugar, que se tornaram rotineiras como a invocação feita no início de um culto cristão atual.

Neste ponto, no entanto, ocorre uma mudança inesperada de perspectivas, pois a busca de Javé é contraposta à busca pelos santuários e as duas buscas são postas de modo excludente. Não se pode encontrar Deus procurando por ele em Betel e aqueles que vão a Gilgal não "procuram por Deus". Nesses lugares sagrados, a maldição divina está prestes a cair e eles estão prestes a serem destruídos, aniquilados.

Qual é o sentido, então, de um convite para procurar Javé se está previsto que os lugares que ele escolheu para sua busca serão destruídos? Como é possível convidar alguém para entrar em uma casa e depois fechar a porta no seu rosto?

Em analogia a este jogo de palavras sobre "buscar" é que está um outro jogo de palavras a respeito de outro termo clássico da linguagem religiosa israelense: "viver". Como se pode esquecer o texto do Deuteronômio que resume toda a pregação daquele período: "para ensinar-te que o homem não vive somente do pão, mas vive de tudo o que a boca do Senhor ordenou»? É o texto em que Jesus reassume a resposta a ser dada à tentação do egoísmo. A palavra de Deus é que se constitui em vida, e a comunhão com Javé é o fundamento de toda existência. "Se você quiser viver...", diz Amós. Como Israel poderia não querer viver? Como poderia querer algo além de viver com (e para) Javé? Qual é a vida que verdadeiramente se pretende viver: uma aceitação livre e humilde da determinação divina de sua existência, ou uma posse orgulhosa e autossuficiente de seu próprio destino? Que vida expressam as classes dominantes, as forças armadas e os proprietários de terras? Que realidade humana está escondida por trás desse termo, aparentemente carregado de valores espirituais, senão a autonomia de uma comunidade que vive unicamente para si mesma?

Igualmente inesperada é a combinação de termos característicos como: "ir a Betel" e "pecado" encontrada no Cap. 4:4. O convite para visitar os santuários é outro termo técnico da língua dos sacerdotes, é um apelo dirigido a todos por ocasião das peregrinações, como uma convocação oficial. No entanto, como é possível a alguém, ao responder a este convite e ao cumprir o seu próprio dever religioso, cometer um pecado e encontrar-se distante de Javé?

No entanto, esta linguagem paradoxal de Amós atinge seu clímax, no oráculo do Cap. 5 (v. 21), onde ele apresenta a tese de que Javé se recusa a prestar atenção nas cerimônias em sua homenagem. O próprio Isaías, que abordará este tema de uma forma mais ampla e estilisticamente mais bem desenvolvida, não poderá superar o impacto violento dessas poucas expressões de Amós sobre Javé que "despreza, não pode se agradar e nem sequer olhar" a vida de culto do seu povo.

Todo esse discurso multifacetado e em constante movimento dialético, é sintetizado no contraste entre o adjetivo "vossas" e o pronome "Eu" que aparecem nesse v. 21. Tanto o oráculo de 4: 4-5 quanto o de 5: 21-27 são marcados pelo uso constante do "vosso". As festas, cerimônias, dízimos e sacrifícios oferecidos por Israel a Deus não lhe pertencem, não o interessam, não o preocupam, são coisas de outros, do povo. Mas quem prescreveu estas cerimônias, senão o próprio Javé? Não são os textos sagrados e a tradição dos santuários um imenso repertório de atos litúrgicos, de regulamentos meticulosos e de prescrições? Se Ele mesmo os estabeleceu, como pode agora Javé afirmar que não são coisas dEle, mas são apenas atos humanos que interessam apenas à comunidade israelita?

A resposta vem do pronome "Me" no v. 22, que é o objeto da busca por Israel. Javé é o objeto único e absoluto da busca do povo de Israel, e buscar por Ele não significa procurar ritos, significa, no máximo, expressar-se através de ritos, na proporção em que a natureza humana o requeira.

Aqui, Israel substituiu o próprio objeto de sua busca, colocou a "sua" vida litúrgica e religiosa, a "sua expressão de fé", e, essencialmente, ele próprio, no lugar de Javé.

6.3.3 Fé e justiça

O segundo aspecto do problema da religião israelense se constitui na relação entre adoração (culto) e vida, entre as "cerimônias" e a "justiça". A busca por Javé, que constitui o próprio objeto da fé, é a busca do "bem". Na linguagem do AT, falar de "bem" não significa falar de uma realidade abstrata, de uma ideia ou de uma teoria, mas significa falar da vontade de Deus tal como foi revelada na Aliança. Nenhum profeta fala nunca a respeito do "bem" em si, mas somente do que Deus fez e do que Ele queria para o bem de seu povo. Estar no "bem", portanto, significa estar onde Deus realmente quer que se esteja, cumprindo Sua vontade. É a realização dessa santidade que deve constituir a característica do povo escolhido (conceito aqui reforçado pelos textos de Lev. 1:45; 20:26 e Deut. 28:9). Mas o "bem" tem dois aspectos complementares: é fé, na medida em que regula a relação entre as pessoas e Deus, e é justiça, na medida em que define o relacionamento dos crentes com o próximo.

Precisamente este segundo aspecto do problema do "bem" é aquele que mais interessa a Amós. A busca de Javé, que deve ser a busca de sua presença, se torna um álibi para Israel, porque o que as pessoas anseiam é apenas o cumprimento de seu instinto religioso. Mas este álibi leva à trágica consequência da falsificação dos relacionamentos dentro da comunidade. Javé pede aos seus crentes um compromisso concreto, uma obediência visível, e não um passeio de santuário a santuário. Precisamente, essa religião é uma fonte de mal-entendidos, pois leva as pessoas ao caminho da exterioridade ao invés de ao caminho de obediência concreta. A fé corrompida de Israel produziu uma piedade corrompida e uma ética corrompida.

Esta religião desprovida de objetivo e que resulta vazia é a causa da doença espiritual do povo. Israel, de fato, divide claramente a prática religiosa da vida social, as coisas sagradas das profanas e não há conexão entre os dois campos, sendo cada um independente do outro. Não são os frequentadores mais assíduos, os mais vistos nas cerimônias de Betel, talvez, os negociantes, os proprietários de terras, os militares e os líderes da vida da nação, isto é, as elites do povo, exatamente aqueles que estão perpetrando, através de sua corrupção, de sua opressão e de seus erros, a morte de Israel?

Amós afirma – e assim repetirão todos os demais profetas após ele – que não existe um contexto religioso referido direta e necessariamente a Javé e um campo de realidades éticas em que o homem é mais, ou menos, livre para comportar-se como desejar, pois o Pacto requer obediência completa, no sagrado e no profano, no culto e na vida social, no rito e na economia. Não é possível existir uma piedade corretamente definida, associada a uma ética defasada ou, vice-versa, uma ética, uma vida, um sistema de relacionamentos e comportamentos corretamente orientados, associados a uma piedade e a uma "religiosidade" errônea.

6.3.4 O deserto

Não é a riqueza das manifestações de culto que garantem a autenticidade da fé. Este é o terceiro tema desenvolvido de modo sem paralelo por Amós no oráculo do Cap. 5, com uma alusão ao período experimentado por Israel no deserto. O contraste é extremamente eloquente e fala por si mesmo, visto que, de um lado, está a pequena tribo nômade dos filhos de Jacó com a pobreza de suas expressões litúrgicas, com a sobriedade de suas manifestações de fé (lembremo-nos do que a tradição narra a respeito do culto dos patriarcas), e, por outro, os santuários modernos, construídos sob a influência do tipo dos templos dos cananeus, com clérigos fixos, cerimônias pródigas e grandes sacrifícios. O profeta não contesta o fato de que sacrifícios tenham sido feitos no deserto e de que ofertas foram feitas a Javé. Ele apenas mede a distância que separa os dois tipos de culto.

Um pequeno problema marginal, mas não sem interesse, é representado pelo difícil v. 26, do qual se tem várias traduções possíveis.

Mas as interpretações podem ser reduzidas a três. A primeira é a adotada pela tradução dos Setenta, que vê aqui uma condenação do culto de Moloch, uma condenação da idolatria que o povo já teria cometido durante o período no deserto. Nesse sentido, o texto foi lido pela comunidade primitiva (ver o discurso de Estevão, em Atos 7:26). Este pensamento não é estranho à tradição, pois seria suficiente lembrar o bezerro de ouro, mas essa não parece ser a leitura mais exata. Na verdade, Amós não argumenta contra a adoração antiga, mas contra o culto daqueles dias, e não denuncia o fato de que os sacrifícios idólatras foram oferecidos.

A segunda leitura possível é a da tradução ARA (Almeida), segundo a qual Amós argumenta contra o culto oferecido às divindades astrais. Este tema também não é pouco frequente no AT, lembrando-se da controvérsia de Oséias contra a idolatria de cultos, a traição da aliança de amor e a prostituição.

Estes não são deuses, mas meros artefatos feitos pelas mãos do homem e criação de sua mente e sua vontade. Eles não reinam como senhores, mas são criações do homem. Este versículo pode ter sido acrescentado posteriormente por leitores posteriores à época de Amós como referência a divindades astrais, os quais já não conheciam esses cultos e não saberiam do que se tratava.

A existência de tais cultos na época de Jeroboão II parece improvável, uma vez que foram introduzidos após a queda do reino e sob a influência dos povos assírios deportados para a região da Samaria (conforme o texto de II Reis 17: 29-31).

A terceira interpretação lê, neste versículo, uma alusão a um ritual de culto do santuário, em particular uma procissão na qual o povo carrega os símbolos do senhorio de Javé: a sua copa e o pedestal, símbolos do seu trono. Pode-se aqui lembrar que, mesmo o bezerro de ouro em Betel, não devia ser considerado como um deus, mas apenas como o pedestal do trono de Javé. Neste caso, significa que o profeta desejaria assinalar que o culto de Betel mantém sua referência externa ao senhorio de Deus com ritos que lembram e destacam seu poder, mas que estes são meras formalidades. Neles existem símbolos, mas não há a substância da fé.

Ao evocar o período do deserto, Amós pretende, portanto, fazer algo a mais do que simplesmente recordar um tempo distante, mais do que fazer uma simples referência cronológica, uma volta com arrependimento do homem moderno para a simplicidade e inocência de ontem, já perdida. É, na verdade, uma referência de natureza eminentemente teológica que caracteriza a sua fé, e não é um gesto isolado. Para a grande maioria da comunidade israelita de seu tempo, os 40 anos passados pelos pais nas estepes do Sinai, o período do deserto, assume as características de um tempo único e particular, uma espécie de época gloriosa da fé.

De fato, naquele período de sua história, Israel tinha vivido com a consciência de depender inteiramente de Javé, sendo guiado amorosamente e alimentado por ele, sem ter nada a lhe oferecer senão a pura obediência de uma fé sincera.

Foi um tempo feliz e genuíno, durante o qual as relações entre Javé e seu povo foram estabelecidas sobre uma base de autenticidade absoluta. Nesta idealização do deserto, o componente espiritual, embora presente de forma decisiva, não era, claro, exclusivo, uma vez que alguns elementos de reflexão sociopolíticos também estavam presentes de forma significativa.

A transformação da antiga sociedade patriarcal e rural para uma sociedade de tipo um pouco mais urbana e moderna, que se iniciou sob a monarquia de Davi e se acelerou ao longo do século, não deixou de colocar em crise os velhos hábitos e as tradições mais estáveis.

Os próprios usos sociais e litúrgicos sofreram profundas transformações sob a influência do ambiente em que Israel estava imerso. Com grande frequência e, deve-se dizer, com grande liberdade, Israel se baseou no patrimônio cultural e religioso dos povos cananeus para buscar expressar sua fé antiga dentro de uma situação nova. Se, de um lado, isso significasse um movimento enriquecedor, também significaria, do outro, uma contaminação de suas crenças. Apenas como referência, a batalha liderada por Elias na Samaria de Acabe foi, sob o aspecto social, uma batalha de retaguarda, uma defesa intransigente da antiga fé israelita associada à defesa das instituições jurídicas e civis da sociedade israelita arcaica . Essa sua batalha era, sem dúvida, uma batalha religiosa, mas fortemente condicionada pela problemática social do contexto.

Elias, porém, não estava sozinho. Ao redor dele, que era o homem do deserto, reuniu-se a parte fiel do povo, aquela que viu em sua batalha a batalha da própria fé em Javé. Ele se destaca como uma figura proeminente no contexto de um verdadeiro "partido de Javé", uma corrente decididamente crítica em relação à evolução da realidade nacional causada pela política real.

Esta linha de resistência a um só tempo espiritual e social prossegue nos ambientes em que Eliseu é o expoente, entre aqueles "discípulos dos profetas" em que se considera necessário ver as classes sociais mais pobres e marginalizadas da sociedade israelense da época, alcançar o nível dos "recabitas" do tempo de Jeremias (Jer. 35), aqueles que fizeram da vida nômade uma verdadeira profissão de fé espiritual e que, voluntariamente, se excluíram da sociedade e desprezaram suas vantagens, em nome de uma tradição de fidelidade espiritual e expressão de um verdadeiro protesto social.

Também não se deve esquecer, no contexto mais especificamente profético, a grande figura de Oséias, contemporâneo de Amós, que irá desenvolver com particular atenção esta "teologia do deserto".

É neste contexto que a crítica do próprio Amós se move. O deserto é o momento distante no qual Israel já viveu sua fé sem expressá-la, no entanto, com a riqueza e o luxo das liturgias atuais. Sem ter santuários e sacerdotes, Israel expressou sua comunhão com Javé com pobreza de meios, mas com uma autenticidade de alma. É para esse momento que é necessário voltar, para redescobrir a autêntica dimensão da fé.

Como pensamento paralelo, não se pode deixar de notar que a Reforma Protestante, em sua revisão crítica, seguiu um procedimento não muito diferente. De um certo modo, o seu constante apelo ao período apostólico, à comunidade antiga, à época anterior à decadência da Igreja, se constituiu em um apelo de tipo conservador, como aquele dos profetas. Tratou-se de uma recusa à tradição, e a tradição também é, sempre, um sinal de modernidade, porque significa invenção, adaptação e atualização.

Para Amós, o culto de Israel a Javé é, portanto, um culto falso porque é formal, acredita ter que se destacar nos detalhes e na riqueza de rituais e formas pomposas, liturgias e cerimônias pródigas, coloca a beleza do ritual no lugar da seriedade da fé. É falso porque tem por objeto não Deus, mas o próprio Israel. É um amor de si mesmo, uma expressão de satisfação própria, em vez da própria disponibilidade. É falso porque não conduz à vida, mas falsifica a vida e leva à passividade. A verdadeira adoração de Deus é aquela que faz a vida cotidiana ser fecunda, que conduz à justiça, à atitude concreta, ativa e nova na abordagem dos relacionamentos. Pode-se resumir tudo isto afirmando-se que o culto de Betel não sensibiliza as consciências, ele as adormece.

O pecado de Israel reside precisamente neste erro de avaliação: o culto acaba substituindo não só a justiça, a vida, a ética, mas o próprio Deus. Paradoxalmente, ele passa a se constituir no álibi que Israel usa para escapar da palavra de Javé, da exigência de fidelidade que o Senhor lhe propõe novamente.

Apenas como uma referência a outro texto bíblico, pode-se lembrar que a crítica violenta e radical de Amós pode ser aqui confrontada com a denúncia igualmente radical da própria piedade e justiça do fariseu Saulo de Tarso. Assim como o profeta, o apóstolo sabe muito bem que a linha de demarcação passa entre fé em Deus e fé religiosa, não entre esse ou aquele rito, essa ou aquela forma de expressão, circuncisão ou incircuncisão, mas entre uma "justiça" que vem de Deus e uma justiça que é fruto da própria humanidade.

6.4 Questões relativas ao tema 6

6.4.1 Religião e vida

A batalha conduzida por Amós e pelos demais profetas contra a religião encontra não só o consentimento, mas recebe a adesão de parte significativa dos crentes de hoje, por uma série de razões teológicas e culturais sobre as quais é necessário refletir por um momento.

Pode-se começar com estas últimas. O contraste entre religião e vida prática é tradicional na linguagem da humanidade. Mas enquanto, até agora, vem sendo dado um valor relevante à religião e um significado irrelevante, para não dizer negativo, à vida prática, testemunha-se, hoje, a inversão das avaliações, ou seja, positivo é o que é concreto, a vida, a moral, o compromisso, enquanto negativo é o religioso, ou, pelo menos, irrelevante.

O que determina esta avaliação é, acima de tudo, a abordagem fundamentalmente racionalista de nossa sociedade atual, que relega os fenômenos religiosos para o nível das formas simples ou infantis da existência. Na verdade, são pessoas mais sugestionáveis do que outras e que prestam um pouco mais de atenção aos fenômenos religiosos, deixando-se influenciar mais pelos sentimentos. Uma pessoa mais madura, por outro lado, avalia, em geral, os fatos e as circunstâncias de forma mais racional e não pode, portanto, conceder qualquer crédito a assuntos que sejam pouco lógicos e cheios de pontos obscuros como os assuntos religiosos.

Um segundo elemento é constituído por uma consideração sobre o contexto. A sociedade atual considera a vida humana como uma marcha progressiva que segue uma linha de desenvolvimento necessária e inexorável. A ideia de progresso, embora revista atualmente, é um dos pontos cardeais de toda a abordagem da civilização moderna. A religião não serve para progredir, não traz qualquer elemento novo ao desenvolvimento das economias ou à marcha da humanidade e é, portanto, destinada a desaparecer.

Um terceiro elemento deriva, em vez disso, da análise da sociedade contemporânea, quando conduzida pelo marxismo, ou "pensamento de esquerda". Neste caso, a religião não é apenas vista como um elemento inútil, um vestido fora de moda, mas é um verdadeiro inimigo a ser combatido por ter uma função precisa de conservadorismo social. Sob este prisma, a religião está a serviço das classes dominantes e elas a utilizam para continuar a exercer uma ação exploradora e dominante sobre as classes oprimidas.

Para todas essas considerações de ordens diferentes, o homem moderno se refere implícita e explicitamente à sua avaliação do fenômeno religioso. É lícito questionar até que ponto nossa adesão imediata aos oráculos de Amós contra o pecado religioso de Israel também é determinada por essas instâncias e assuntos seculares e culturais.

6.4.2 Religião e superstição

Existe uma segunda instância de tipo espiritual que determina o nosso julgamento e está enraizada na sensibilidade dos evangélicos de hoje em dia, diretamente relacionado com sua situação minoritária, que é a crítica do que chamam "superstição" católica romana.

Os evangelistas do século XIX estavam claramente conscientes do fato de que eles estavam vivendo e pregando para um povo cristianizado durante séculos, para o qual a religião se transformou em superstição e, portanto, havia perdido a pureza do Evangelho. O cristianismo com o qual estavam lidando era descaracterizado e o seu martelar constante contra o culto aos santos e às relíquias e a sua incessante denúncia da corrupção clerical decorre da consciência claramente reformada de que o caminho da fé evangélica passa pela purificação das crenças. Deve-se também notar que esta denúncia do fenômeno religioso católico contrasta abertamente com a prática de amplas camadas do cristianismo antigo e medieval, que, ao contrário, considerou que era possível cristianizar de alguma forma os não poucos rituais e cerimônias pagãs, iludindo-se, assim, de conseguir favorecer a difusão do cristianismo. As missões entre os bárbaros dos primeiros séculos e as muitas páginas da evangelização do Novo Mundo pelas ordens religiosas, evidenciam bastante bem essa linha de pensamento.

Este problema, é bom dizer, não está superado nem mesmo hoje em nossa sociedade, onde a religião é muitas vezes reduzida a um mero instrumento político, sendo uma das evidências disso a postura e o tipo de participação de pessoas religiosas na política. A profecia, para uma comunidade cristã inserida nesse contexto específico, significa a denúncia de qualquer instrumentalização da religião. Esta denúncia deve ser realizada em todos os níveis. No nível espiritual, é necessário reivindicar para todos os crentes (evangélicos e católicos) o direito e o dever de alcançar uma fé madura e responsável, conscientes de suas próprias responsabilidades, mas também de seus valores. Uma fé deste tipo só pode ser alcançada através da reflexão, da leitura e meditação bíblica, da crítica fraterna (lembrar do "admoestai-vos uns aos outros, em amor") e do debate respeitoso. A superstição em suas várias formas, o ritualismo e a exterioridade só podem ser empecilhos ao renascimento e à manifestação da fé madura.

No nível eclesiológico, toda forma de união político-religiosa, toda submissão da religião ao poder e toda instrumentalização da Igreja deve ser claramente denunciada e evitada. A situação em que se encontram diversos países oferece os exemplos mais claros da trágica persistência deste estado de coisas, como a interferência do poder das igrejas na vida nacional, das pressões clericais sobre a escola e a vida cultural, como se fossem um Estado entre os Estados.

No nível teológico, enfim, o princípio de que a fé nasce apenas da conversão do homem, do arrependimento e de sua renovação total deve ser claramente reafirmado. Uma teologia responsável não nasce e não persiste se não estiver lutando para dissipar qualquer equívoco religioso. A fé sempre implica em uma ruptura, uma escolha entre o religioso e a revelação. Não só isso: é necessário ser extremamente vigilante sobre todas as formas de "teologia natural", sobre cada tentativa de se alcançar Deus a partir de instâncias humanas, mas é preciso identificar as formas de uma autêntica conversão para a qual a palavra de Deus nos chama hoje.

6.4.3 Fé e religião

A crítica de Amós, no entanto, como já foi visto, é muito mais radical. Ela certamente inclui todos esses elementos, mas vai além, não se restringindo apenas à crítica da superstição e da degeneração do sentimento religioso, ou da exploração das formas religiosas. Ela é uma crítica real da própria religião. Na forma religiosa, que lhe é característica, a Igreja corre o risco de tentar transformar a revelação divina em um patrimônio a ser administrado conforme a sua própria vontade. A comunidade religiosa, sem excluir a cristã, na medida em que vive e desenvolve sua própria religiosidade, tende a apoderar-se de Deus e a instrumentalizá-Lo. Portanto, a fé não é apenas diferente da religião, mas é uma atitude contrária a ela, o que significa confiar em Deus e reconhecer a liberdade e o senhorio que Lhe pertencem, submetendo-se a ele. Nenhum teólogo cristão destacou este conceito mais claramente do que Karl Barth em seu comentário sobre a Carta aos Romanos, no N.T.

A fé não é, portanto, superstição e nem mesmo religiosidade humana purificada ou retocada, mas é uma submissão humilde a Deus. Ela não é a possessão egoísta da revelação, isso é muito claro para nós, pelo menos na teoria. Mas então o que é a fé? É um compromisso concreto, é uma atitude prática, é serviço com testemunho. O apóstolo Paulo diz muito claramente em sua carta aos Romanos (12): "o único culto lógico que você pode oferecer a Deus é oferecer-lhe a sua vida como um sacrifício". Não só as procissões, as absurdas devoções e os fanatismos histéricos não têm nada a ver com a fé em Jesus Cristo, mas também os cultos, cerimônias, liturgias, edifícios, etc. Ao dizer isso, pode-se sentir a linha de pensamento de Amós. Não são poucos aqueles que se sentiram um pouco como o profeta em Betel ao denunciar o caráter equivocado e paganista, isto é, infiel, de cerimônias das quais participavam, ou às quais convidavam os irmãos a não participarem.

No entanto, estas instâncias são, muitas vezes, mais anti religiosas do que proféticas. Amós, como foi assinalado, não se opôs aos sacerdotes (ou seja, aos religiosos), não colocou em lugar alternativo a palavra concreta e o compromisso vivido, que é a profecia e o rito, a cerimônia. Ele denunciou a tendência à idolatria alienante inerente à religião israelita, a colocação de Deus em uma caixa dentro do esquema mental humano.

Se a profecia deve ser, como foi afirmado, cristológica, deve tirar as suas instâncias a partir de Jesus, assim como as suas orientações. Deve ser, como se nota nas palavras do profeta, não somente denúncia, mas também superação do religioso. Com Jesus Cristo, o ritual religioso, o sacerdócio e o templo foram superados. Com ele, o sentido de cada ato sagrado foi vivido, a plenitude de cada lugar sagrado e a função de cada pessoa sagrada corresponde ao sumo sacerdote, a sua morte é o último sacrifício e o seu corpo é o único templo de Deus. Isso significa que a religião desapareceu como uma sombra do âmbito da comunidade de crentes. Quem retorna à religião após ele, retorna às sombras do passado. A comunidade cristã está sujeita à tentação de "refazer" a religião que Ele superou e sente o fascínio do religioso, mas, ao fazer isto, volta atrás.

Por outro lado, no entanto, a comunidade, especialmente a do nosso tempo, vive a tentação de destruir as sombras da religião com suas profecias e de libertar-se do passado religioso, que sempre renasce, denunciando-o. Ou seja, é tentada a vencer e a superar com suas forças a tentação do religioso que renasce exatamente dentro dela, esquecendo-se de que as sombras da religião não são exorcizadas com a laicidade, que o sagrado não se domina com o ateísmo ou o profano, mas somente com a fé.

Jesus Cristo pôs fim à relação religiosa com Deus, mas não por isso a fez profana. Ele a fez diferente, enquadrando-a na justificação divina. Ele pôs fim às sagradas liturgias no templo e nas cerimônias, mas criou uma nova forma de relacionamento humano. Em outras palavras, no contexto da fé cristã existe uma expressão de vida e atitude prática que não é apenas história, ação e compromisso. A meditação comum sobre a mensagem evangélica, por exemplo, não é liturgia. Falar em liturgia da palavra é uma contradição, assim como o seria falar sobre uma liturgia do Espírito Santo. Mas essa meditação também não é ação histórica, solidariedade humana, concretude de fatos. É uma ação e um feito sem o qual a fé não é mais considerada como tal. O compromisso histórico não pode substituir o diálogo com a Palavra de Deus. E o que dizer a respeito da oração, da comunhão de vida e de preocupação com todos os homens marginalizados pela história, os doentes, os moribundos e os sofredores? Esta questão está aberta à nossa geração de crentes.

TEMA 7
A FALSA SEGURANÇA

7.1 A falsa segurança – Introdução

Para Israel, a consciência da própria eleição como realidade absoluta não se manifesta apenas na esfera da vida religiosa e das cerimônias sacras. Ela encontra expressões semelhantes, e talvez ainda mais visíveis, em outra esfera da vida nacional, que é a militar-política.

Os textos que mencionam diretamente este problema que nos diz respeito são em número de três.

O primeiro (Cap. 6: 13-14) é um oráculo pertencente de forma estilística a uma categoria particular do livro de Amós. Ele é aberto com uma fórmula estereotipada e esquemática: "ai daqueles que ...", fórmula esta que se encontra em outros pontos do escrito (Caps. 5: 7 e 6: 1 etc.) e introduz um discurso de crítica e de condenação dirigido especificamente a certas categorias de pessoas. Neste caso, ele parece dirigido contra os expoentes políticos da nação. A primeira parte do oráculo é característica devido a um outro fato, pois o profeta retoma os discursos feitos nesses ambientes com a citação textual de frases e conceitos atuais. A segunda parte do oráculo é uma sentença de condenação à deportação, como frequentemente são encontradas no livro. Esta sentença é dirigida contra Israel em sua totalidade e não mais contra uma classe específica.

O segundo texto está contido no Cap. 5 (v. 3). Ele dá seguimento ao lamento fúnebre acima mencionado sobre Israel (v. 1-2). O oráculo que nos interessa reconecta diretamente com o lamento quando começa com a expressão: "na verdade, então ele disse ...", e especifica a razão pela qual se deve entoar este lamento: Israel está prestes a ser dizimado em batalha. Os termos que se repetem no oráculo são expressões técnicas da linguagem militar e fazem alusão às formações do exército de Javé em batalha. Exatamente no aspecto em que Israel reuniu os sucessos mais notáveis é que o seu futuro estará, agora, em jogo.

O terceiro oráculo, que é o mais longo contido no Cap 5, é também o mais significativo e característico. Ele precede, no texto atual, o oráculo contra as festas religiosas do santuário, como já mencionado, mas aparece de forma independente delas. A frase também é parte da série "Ai daqueles que ...", como o oráculo de 6:13, e parece referir-se à mesma categoria de pessoas: os líderes militares de Israel. O tema que está no centro do discurso está entre os mais importantes e discutidos da fé israelita da época: o dia de Javé. O povo parece viver à espera daquele dia visto como a manifestação final do poder e presença de Deus, e adormecer na ilusão de uma vitória geral de Israel sobre todos os seus inimigos.

Formalmente, o oráculo é configurado como um diálogo em que o profeta retoma os argumentos e conceitos das pessoas sobre esta questão, criticando-os.

7.2 Detalhes sobre o texto relativo ao Tema 7

Texto	Termo	Observação
FALSA ALEGRIA E FALSA SEGURANÇA (Cap. 6:13-14)	---	---
13 Ó, vocês que se alegram com uma coisa de nada[a], vocês que afirmam que retomaram Qarnajim [b] com a sua força: 14 eis que eu levanto contra ti, ó casa de Israel (oráculo do Senhor, Deus de Israel), um povo que vai arrasar vocês, desde o Portão de Hamat [c] até o riacho Arabá [d]!	[a] coisa de nada	[a] Do hebr. *lô'dābār* (lit. "não coisa") expressão foneticamente idêntica a *lô'd'bār*, localidade da Transjordânia setentrional reconquistada por Israel na época do ministério de Amós em Betel (II Re 14:25). O jogo de palavras que o profeta adota indica a pouca importância dessa vitória, uma coisa de nada.
	[b] Qarnajim	[b] Localidade da Transjordânia (Carnaim).
	[c] Hamat	[c] Um passo estreito do sul da Síria, através do qual o rio Oronte flui para o norte.

continua...

VEREDAS DA JUSTIÇA
PROFECIAS

continuação

Texto	Termo	Observação
	ᵈ Arabá:	ᵈ Continuação, em direção ao sul, da depressão do Mar Morto até o Golfo de Aqaba. O riacho é, provavelmente, um dos afluentes mais ao sul do Mar Morto.
A DIZIMAÇÃO (cap. 5:3)	---	---
3 De fato, assim disse o Senhor Javé: "Para Israel. A cidade que poderia recrutar um milhar ᵉ de homens permanecerá com uma centena; aquela que poderia recrutar uma centena permanecerá com uma dezena!"	ᵉ milhar	ᵉ Termo técnico da organização militar de Israel (Conf. I Sam. 23:23)
O DIA DE JAVÉ Cap. 5: 18-20	---	---
18 Ai daqueles ᶠ que esperam no dia de Javé ᵍ: O que vocês pensam que será para vocês no dia de Javé? Escuridão e não luz ʰ! 19 Como se uma pessoa escapasse de um leão para tropeçar em um urso, ou como se, quando ela volta para casa e se encosta na parede, uma serpente a mordesse. 20 Pois o dia de Javé certamente será um dia sombrio, não luminoso, escuro e sem esplendor!	ᶠ ai daqueles	ᶠ Fórmula que introduz oráculos de condenação (cfr. 5:7; 6:1).
	ᵍ dia de Javé	ᵍ Um dos maiores temas da esperança popular no tempo de Amós (conf. também Joel 2:1 ss.; Sof. 1:15. A última frase responde à pergunta, mas antecipa o v. 20 e, por isso, é geralmente considerada uma inserção de texto posterior.
	ʰ luz	ʰ Em geral é traduzido como uma pergunta: "Por acaso não será..."; o contexto, no entanto, inibe esta alternativa, visto que o v. 18 mostra que o povo esperava por um dia luminoso e, assim, uma resposta negativa à pergunta não pode ser considerada como garantida.

7.3 Comentários sobre o texto relativo ao tema 3

7.3.1 A guerra santa

A consciência de sua própria eleição que caracteriza o Israel de Jeroboão II encontra sua expressão fundamental no campo político-militar da vida nacional. Este será precisamente um dos pontos centrais da controvérsia trazida por Amós. Deve-se lembrar imediatamente que ele não se dirige aos líderes militares nem aos líderes da vida política nacional, como se fosse um homem moderno. De fato, ele não é um pacifista, um não-violento, ou um espiritualista ofendido pela horrível realidade de corrupção no ambiente de gestão pública. Também não é a revelação evangélica, mais recente, que motiva seu discurso. Em vez disso, ele se refere à mais antiga tradição israelita para propor uma nova obediência. Ele não condena a guerra de Jeroboão em nome de instâncias morais, mas critica a abordagem que essas campanhas estão recebendo por parte dos israelitas, critica o espírito que anima as pessoas e o mal-entendido que está escondido sob a aparência de declarações de fé e de piedade.

Para entender o significado dessa controvérsia, deve-se referir, ainda que brevemente, à concepção israelita da guerra santa. Todos os leitores do A.T. se viram profundamente embaraçados diante de não poucas páginas dos livros mais antigos, como Êxodo, Números e Josué, nos quais foram transmitidos os contos sobre os combates mantidos pelas tribos israelitas, antes ou durante a sua entrada em Canaã. Estes são contos de guerra em que a luta do povo de Deus contra as populações pagãs é exaltada. Mas o que é mais impressionante e nos deixa perplexos é o fato de que essas lutas são sempre referidas a uma ordem do próprio Javé. Em outras palavras, esses combates não podem simplesmente ser reduzidos ao tamanho de aventuras militares do povo de Israel, aos aspectos primitivos de sua vida e de sua fé, ou, pior ainda, a algum mal entendido a respeito da vontade divina.

Os textos se referem explicitamente à ordem pronunciada por Javé para lutar contra as populações pagãs e exterminá-las.

Esses combates são, de fato, caracterizados por alguns trechos muito problemáticos, tais como: os despojos devem ser destruídos", "os prisioneiros devem ser levados para a morte", "é preciso aplicar uma lei específica, que é definida como lei de interdição". Precisamente esses elementos fazem parte dessa antiga concepção israelense sobre a guerra de conquista e nos obrigam a falar, neste caso, de uma guerra santa ou, mais precisamente, das "guerras de Javé". As lutas conduzidas pelas tribos do povo escolhido não são guerras privadas nem iniciativas pessoais de um ou de outro líder, mas são um verdadeiro rito religioso que os crentes realizam em obediência à própria palavra de Deus. É Deus quem conduz a Sua guerra e a Sua conquista do território de Canaã e é Ele quem afirma seu senhorio sobre as populações vizinhas. A iniciativa da luta é dEle e cabe a Ele vencer, o ataque é dEle e a Ele deve ser dado todo o mérito e louvor.

Israel não é mais que um instrumento ao serviço do poder conquistador de Javé e é um instrumento tanto mais fiel no sentido de submeter-se plenamente às ordens que lhe são dadas. Pode-se aqui recordar o caso de Saul, que não respeita o ritual da batalha e oferece sacrifício ou que viola a lei de interdição contra os amalequitas por oportunismo político. Pode-se lembrar também do caso de Gideão, que vence as batalhas quase sem nenhum golpe, bem como do caso de Moisés orando durante a batalha e de Josué diante da queda dos muros de Jericó. Em todas essas histórias de natureza militar, o protagonista da guerra, em primeira pessoa, é o próprio Javé e então os seus crentes são apenas executores, aos quais não cabe, de modo algum, o mérito da vitória.

Parece que a mesma definição de Javé como "Javé dos exércitos" deve ser reconectada, mais que à definição de Deus, àquele que reina sobre os exércitos celestiais (anjos, astros e estrelas), à imagem de Javé como o "poderoso na batalha", àquele que lidera guerras contra inimigos que impedem seu plano. Muitas vezes, de fato, ele intervém diretamente em combates com sinais milagrosos: trovões, queda de pedregulhos, escuridão, confusão e doenças no campo adversário (I Sam 7:10; Ex, 14:20; Jos, 10:11, 24:7; Juiz 5:4 s.). O caráter específico das "guerras de Javé" parece, portanto, ser constituído por esses eventos milagrosos com os quais ele acompanha os exércitos de seu povo, reivindicando a vitória para si mesmo. As lutas bíblicas são, portanto, dominadas por essa dimensão sobrenatural. Os inimigos caem, de repente, mais por um terror interior do que pela derrota militar e estão aterrorizados mais pela misteriosa presença de Deus que pelas armas israelitas.

7.3.2 O dia de Javé

É à luz desta teologia da guerra santa que se pode entender um pouco mais a polêmica de Amós em toda a sua violência subversiva. Em primeiro lugar, ela atinge um dos pontos fundamentais: "o dia de Javé", que é uma expressão característica da fé e da espiritualidade de Israel e que é lida com certa frequência em toda a literatura profética (Is 13:6-9; 34:8; Jer 46:10; Ez 7:19; 30:3; Joel 1:15; 2:1-11; 3:4; Zac 14:1, Sofon 1:7-8.) Sua origem e significado têm sido objeto de debates e pesquisas que se podem concentrar em três hipóteses de explicação. A primeira considera que o dia de Jahvé tem sua origem nos mitos da criação originária das religiões orientais. Ela recordaria, essencialmente, a vitória de Deus, que dominou as forças do mal e do caos e o seu "dia" seria, portanto, o momento em que Ele suprime os seus inimigos, os quais poderiam ser de natureza histórica, isto é, os povos da terra.

Uma segunda hipótese quer, em vez disso, reconectar este termo com a festa do ano novo, a grande festa em que a origem do mundo é revivida na forma de culto e adoração e quando a soberania de Deus é proclamada sobre o seu povo. Neste caso, o "dia" é uma afirmação de senhorio como a que se manifesta no culto.

A terceira hipótese, que conecta o "dia do Senhor" à tradição da guerra santa, é mais recente. É, sem dúvida, a que torna os problemas mais verdadeiros. O "dia" faz lembrar os dias antigos, quando Deus interveio diretamente nas situações críticas em favor de seu povo. É um momento de vitória e de glória que marcou a derrota dos inimigos. Aqui, a expressão "está perto do dia de Javé ...", tão frequente na literatura profética (veja os textos citados acima), provavelmente é uma antiga fórmula ritual com a qual os homens foram chamados para empunhar as armas, ou um grito de guerra para encorajar os combatentes e assustar seus inimigos, como nos casos da tomada de Jericó e das guerras de Gideão. Os profetas, leais à tradição antiga, sempre falam do "dia" neste sentido, mas, para eles, o evento diz respeito ao futuro. No futuro próximo de Israel, haverá um novo "dia", uma batalha como aquelas do passado, acompanhada de acontecimentos milagrosos, tais como céus tormentosos, estrelas caindo, terremotos e exércitos a caminho, sendo seguidos pela desolação dos territórios conquistados. Haverá no futuro um grande e definitivo "dia" em que Deus irá intervir como no passado para revolver os destinos da história israelense. Qual é, porém, o significado dessa esperança no nível popular, na mente e na consciência das pessoas comuns? A partir das palavras de Amós, entende-se que esta linguagem de uma fé antiga agora não expressa senão a segurança orgulhosa de uma comunidade que aguarda seu triunfo.

O dia de Javé não pode falhar e virá, como foi anunciado, para significar o triunfo da comunidade israelense, sua vitória definitiva sobre os inimigos tradicionais. Será o dia do grande massacre em que os exércitos do povo santo entrarão em conflito com os homens dos reinos vizinhos e irão aniquilá-los, com a ajuda de Deus. Javé está, de alguma forma, vinculado, pelo seu passado e pela eleição que fez, a uma grande intervenção. Os dias do passado tornam essa sua futura intervenção inevitável e Ele é apenas o instrumento tão natural e necessário para resolver o problema do orgulhoso nacionalismo de Israel.

Essa expectativa é agora revertida por Amós, de acordo com sua técnica usual. Ele não coloca em dúvida a vinda do "dia de Javé", nem propõe ao povo que interprete essa manifestação da presença de Deus de uma maneira diferente, para espiritualizar, de alguma forma, a manifestação de sua vinda, mas ele transfere o povo para o centro da expectativa e o torna o objeto da vitória de Deus. O "dia" que vem será um dia de trevas, isso é de derrota, mas não para os inimigos, mas sim para o próprio Israel. Será uma manifestação terrível da presença de

Deus, não para aterrorizar os outros povos e sim o Seu próprio povo. Haverá uma grande derrota militar seguida da consternação das populações aterrorizadas, mas será o fim do exército santo, quando Javé se voltará contra os seus e fará do "seu dia" o dia do julgamento (juízo).

Assim, a guerra santa, a memória mais gloriosa da tradição de Israel, o fato que vinha expressando até então a peculiaridade de sua fé, é revirada ao avesso e não é mais o dia da vitória, mas da derrota, não do triunfo, mas do fim, justamente nos campos de batalha, onde os pais haviam experimentado, no tempo de Gideão e de Josué, o poder vitorioso de Javé.

O Israel de Jeroboão experimentará a sua morte, verá suas tropas dizimadas e não vitoriosas como as de Gideão, e a intervenção milagrosa de Deus ocorrerá, sim, mas como sinal de destruição. O dia de Javé, que, no passado, significou o dia da grande perseguição se transformará em um momento supremo de derrota e de fuga.

Aquela eleição, a consciência de ser o povo santo que se constitui como uma casa, uma garantia, um refúgio no qual o povo de Israel se abriga, será o lugar da sua condenação e ali Deus o irá recolher para a morte. A motivação para a sentença está precisamente na eleição, como já foi visto anteriormente e o dia de Javé não é, portanto, uma derrota militar qualquer, uma perda temporária, um momento de retirada como aqueles que existiram no passado nos dias dos reis das dinastias de Omri ou Jeú, mas é o dia em que Deus se volta contra os seus e em que o encontro entre Ele e seu povo certamente ocorre, mas não para o bem deste povo e sim para a sua condenação e morte.

7.3.3 A vaidade das conquistas

À luz desta consciência de julgamento, mesmo as conquistas militares sobre as quais a atual classe dominante de Israel conta grande vantagem passam a ser vistas sob uma luz muito diferente. Israel certamente havia recuperado as suas antigas fronteiras ao norte e ao leste e recompôs sua antiga unidade territorial. Mas o que essas declarações militares significam na economia do próprio povo de Deus? Nada, diz o profeta.

Em primeiro lugar, porque esses foram resultados absolutamente modestos, que apenas a orgulhosa presunção de casta militar pode considerar como grandes vitórias. Com ironia zombadora, Amós usa um de seus jogos de palavras característicos para dissolver esta bolha de sabão de uma propaganda habilmente conduzida: "Lo'dabar" e "Quarnajim", que querem dizer "coisa de nada"! Os resultados não são apenas modestos em si mesmos, no âmbito de uma política nacional razoável, eles são insignificantes no próprio contexto da situação real de Israel. Diante da sua iminente condenação, do seu colapso definitivo, tal como apareceu claramente no ciclo das visões, que significado pode ter a conquista de um modesto posto avançado nas fronteiras do norte, a ocupação de uma faixa de terra semideserta no país de Moabe? Para tornar estas campanhas militares completamente ilusórias e vazias, há também um segundo fato: o inimigo que irá enfrentar amanhã na planície sírio-palestinesa não poderá ser contido por meios tradicionais. Há um salto qualitativo na história militar de Israel entre seu passado recente e seu futuro, pois até então, enfrentou potências limitadas, como a Síria e Moabe, mas agora terá que se confrontar com o poder assírio, que vem da Mesopotâmia, e o desequilíbrio entre as forças será verdadeiramente fatal para Israel, bem como para todos os seus atuais amigos e inimigos da região.

TEMA 8

A CRISE DO PODER

8.1 A crise do poder – Introdução

O segundo tema em que a controvérsia de Amós está centrada é a situação econômica e social do reino de Israel. A sociedade palestina do século VIII AC é caracterizada, como foi visto, por um fenômeno de assentamento sociológico profundo, uma verdadeira revolução que tem suas origens nos séculos anteriores e que, basicamente, pode ser rastreada até à transição de uma economia de pequena agricultura, ainda parcialmente próxima ao pastoreio, a uma economia em propriedades mais extensos, como latifúndios. Um fenômeno que, levando-se em devida conta a situação antiga e suas características peculiares, poder-se-ia qualificar hoje como pré-capitalista, no contexto de uma sociedade feudal.

A extensão das atividades industriais e comerciais, o desenvolvimento das construções, o estabelecimento de uma casta militar e burocrática e outros fatores levaram à formação de uma classe social privilegiada, isto é, de uma elite cultural e econômica que gravita em torno da Corte e, no âmbito das cidades da região. As relações sociais tradicionais foram profundamente modificadas, até mesmo revolvidas, uma vez que a antiga sociedade patriarcal dos dias de Josué ou dos juízes definhou definitivamente, dissolveu-se, dando lugar a esta nova sociedade, que passou a ser somente uma caricatura daquela antiga e se viu destituída agora de suas bases religiosas e sem a menor referência àquelas que foram durante séculos as normas da vida israelense.

A crítica de Amós contra as novas classes dominantes, tão violenta e cáustica quanto aquela dirigida contra a religiosidade do povo e a consciência orgulhosa de eleição, é expressa em uma série de oráculos dispersos nos Caps. 5 e 8 do livro.

O primeiro é um par construído muito regularmente, um exemplo clássico da poesia judaica. Faz parte da coleção das frases dispersas do Cap. 6, mas não tem ligação com o contexto, ainda que desenvolva uma problemática semelhante. Do ponto de vista do estilo, ele pertence mais ao gênero de sabedoria mais do que ao gênero profético, similar ao documento notável existente na coleção de frases do Cap. 3 (vv. 2-8). No nosso entender atual, é uma breve parábola em uma forma poética que ilustra uma situação a ser considerada absurda, ou seja, arar o mar, cavalgar sobre as montanhas; uma "parábola de loucura", como definiu muito sucintamente Amsler.

O Cap. 5, onde se lê o segundo oráculo, o qual aborda a questão da justiça, apresenta-se num contexto mais complexo.

Após esse segundo oráculo, sobre Betel e Ghilgal (versículos 4-6), completado com os vv. 14-15, lê-se uma maldição que começa com a fórmula clássica: "ai daqueles que ...", mas que não é seguido por um texto de condenação nem pela indicação de quem "aqueles" sejam. Os vv. seguintes (8-9), de fato, tocam um tema bastante diferente, que é a glória de Javé na criação. Mas no v. 10 retoma o tema de "ai de vós ..." que se estende até o v. 12. Depois de uma nova interrupção, devido ao oráculo sobre "procurar o bem e não o mal", encontra-se nos vv. 16-17 a condenação.

Mesmo reconstruído desta forma, o tom é pouco uniforme, pois se passa da segunda pessoa do plural para a terceira pessoa: "vós ... aqueles que...", e se chega ao final do conjunto com uma segunda pessoa do singular: "passarei no meio de ti ...". Será este momento o dia do julgamento em que Israel será "visitado" por Javé? Assim parece, mas o oráculo é dirigido às classes dominantes, aos proprietários de terras, aos líderes militares, e não a todas as pessoas. Até mesmo a ordem entre as acusações e condenações não é muito coerente, visto que nos vv. 7, 10 se acusa e no v. 11 já é pronunciada a condenação. No entanto, no v. 12 se retoma uma nova acusação, a qual é seguida pela sentença do v. 16.

No entanto, mesmo com essas anomalias, todo o texto é claro e trata da condenação dos ricos proprietários israelitas que exploram seus empregados usando o apoio que lhes proporciona uma justiça atrelada ao poder e à corrupção.

O oráculo do Cap. 8 se apresenta como uma ampla reprimenda dirigida a uma categoria de pessoas muito bem identificada e precisa, que são os comerciantes. Ele contém um "Ouçam vós que ...", e, então, o profeta começa a tecer sua teia de aranha, que vai crescendo em tamanho e em intensidade, progride e a seguir se interrompe abruptamente com o enunciado da condenação. A intervenção de Javé é, no entanto, silenciosa, como se fosse para tornar este final mais dramático seguido por um "Jamais me esquecerei de suas ações..." que, em sua generalidade, lembra do "circuncidado (preparado) para se encontrar com seu Deus" do Cap. 4:12. Amós recorre nesta reprimenda a outro de seus artifícios literários, identificando-se com o interlocutor até o ponto de retomar suas próprias palavras.

O v. 8 lembra em forma interrogativa um fragmento do hino a Deus, o criador, que se encontra em 9:5. Também neste caso, trata-se do uso das palavras litúrgicas pronunciadas pelos israelitas, mas em um sentido diferente.

O mesmo tema pode ser lido no grande oráculo do cap. 2, que também termina com a condenação de Israel.

8.2 Detalhes sobre o texto relativo ao Tema 8

Texto	Termo	Observação
UMA SOCIEDADE ABSURDA (Cap. 6:12)	---	---
12 Pode-se fazer os cavalos galopar sobre as rochas? Ou arar o mar ᵃ com os bois? No entanto, vocês transformam o direito ᵇ em veneno, Os frutos da justiça ᶜ em absinto ᵈ!	ᵃ mar	ᵃ O hebr. possui: "por acaso se ara com os bois?" A frase é, no entanto, sem muito sentido, não em si mesma, mas porque não tem ligação com a precedente; as versões apresentadas no início desta obra derivam de uma leve modificação no texto
	ᵇ direito	ᵇ *milpàt*: é a atuação concreta da vontade divina
	ᶜ justiça	ᶜ *sédeq*: é a justa impostação do relacionamento entre Deus e a humanidade e entre os seres humanos
	ᵈ absinto	ᵈ folha de uso medicinal, amarga e eventualmente tóxica (losna; alosna)

continua...

continuação

Texto	Termo	Observação
A JUSTIÇA CORRUPTA (Cap. 5:7, 10-12, 16-17)		
7 "Ai daqueles ᵉ que transformam o direito em absinto ᶠ, que pisoteiam ᵍ a justiça!" 10 E odeiam aqueles que defendem o direito na porta ʰ, rejeitam aqueles que testemunham ⁱ com retidão. 11 Portanto, uma vez que vocês se enraivecem contra os pobres e recolhem tributo sobre o seu trigo, vocês não habitarão ʲ nas casas de pedras esculpidas ᵏ e não beberão ʲ do vinho das videiras selecionadas que vocês plantaram. 12 De fato, eu conheço a quantidade de suas culpas, a enormidade de seus pecados: intimidam aqueles que têm razão ˡ, são gananciosos por subornos e rejeitam ˡ os pobres da porta ᵐ. 16 Portanto assim diz o Senhor Deus dos exércitos, o Senhor: Para todas as praças do funeral, nos becos vocês dirão: "ai, ai"; o fazendeiro será convocado para o luto, os chorões serão convidados para lamentar. 17 Em todas as vinhas haverá funerais, porque eu passarei em meio a ti! diz o Senhor.	ᵉ ai daqueles... ᶠ absinto ᵍ pisoteiam ʰ na porta: ⁱ testemunham ʲ não habitarão... não beberão ᵏ pedras esculpidas ˡ que têm razão ˡ rejeitam	ᵉ Está faltando no texto, mas é inserido por quase todos os autores em paralelismo com 5:18 e 6: 1. ᶠ símbolo da morte (Jr 9:15; Pv 5: 4). ᵍ Lit.: "jogar no chão", significa atropelar. ʰ O tribunal, composto por todos os cidadãos, reuniu-se no espaço do portão das muralhas da cidade, cf. Rute 4: 1 ss. ⁱ Lit.: "falam", o contexto forense dá ao verbo *dhr* um sentido técnico de testemunho. ᵏ as pedras cuidadosamente quadradas, luxo que só os ricos podiam pagar; também expressa sentimento de segurança para o futuro (ver Isaías 9: 9). ˡ A sentença está em conformidade com a lei da retaliação: o ganancioso será despojado. ᵐ Lit.: o direito »; em nosso contexto é preferível a versão atual.
LEGGI ECONOMICHE (cap. 8:4-8)	---	---

continua...

VEREDAS DA JUSTIÇA
PROFECIAS

continuação

Texto	Termo	Observação
4 Escutem isto, vocês que se enraivecem com os pobres, que reduzem os humildes da terra ao silêncio, **5** Que dizem: "Quando vai passar, finalmente, a lua nova [n], para que possamos vender os nossos cereais, quando é que vai passar o sábado, para que possamos abrir os nossos sacos de trigo?	[n] lua nova de peso	[n] Frequentemente mencionada em referência ao sábado (veja II Reis 4:23, Isaías 1:13); no entanto, ignoramos as relações que podem existir entre as duas festividades. O texto parece assumir que são duas solenidades semelhantes.
Reduzir a medida de volume [o], diminuir as medidas de peso [o] e trapacear com balanças adulteradas **6** a fim de poder comprar os miseráveis por dinheiro, os pobres por um par de sapatos [p]?	[o] medida de volume...	[o] O hebr. tem os termos específicos: *efah* e *shéqel* (siclo); para o primeiro conf. Lev. 19:36 e Miq. 06:10; para o segundo Lev. 27:25 e Ez. 4:10.
Assim, podemos vender até o refugo dos grãos! **7** Javé jurou pelo [q] orgulho de Jacó: "Eu nunca vou esquecer nenhuma de suas ações!" **8** Então, não é por isso que a terra irá tremer? E não irão todos os seus habitantes levar o luto? Certamente, vai se erguer como o Nilo, vai encher e se abaixará como o rio do Egito.	[p] sapatos	[p] Veja a mesma acusação em 2: 6b.
	[q] jurou pelo...	[q] O homem jura por algo maior do que ele mesmo (Mt 5: 34-35), Deus é a garantia de suas promessas e de sua palavra (ver 4: 2: "por sua santidade"; 6: 8: "Por si mesmo"),
EXPLORAÇÃO E PROFANAÇÃO **(cap. 2:6-8)**	---	---

continua...

continuação

Texto	Termo	Observação
6 Por causa das inumeráveis culpas de Israel, não modificarei a minha decisão: porque vocês vendem aqueles que têm razão por dinheiro, 7 [e] os pobres por causa de um par de calçados ᵖ; eles buscam a partícula de pó sobre a cabeça dos humildes, impedem que os pobres tenham acesso aos meios legais. Pai e filho vão até a menina e assim profanam meu santo nome. 8 Em vestes conseguidas como penhor se estendem na frente de qualquer altar; bebem o vinho dos que tiveram que pagar multas no templo dos seus deuses!	ᵖ calçados	ᵖ ver acima

8.3 Comentários sobre o texto relativo ao tema 8

8.3.1 O direito e a justiça

As noções de "direito" ("lei") e "justiça" pertencem aos temas fundamentais da teologia do A.T. No entanto, deve ser esclarecido desde já que eles têm um significado muito mais amplo nesse contexto do que aquele que assumem na nossa linguagem e situação moderna. Estes termos não devem fazer pensar apenas em um tribunal e um processo penal que termina com uma condenação ou absolvição, mas em uma realidade muito mais ampla. Ao falar-se em justiça, deve-se pensar em toda a vida do homem em todos os seus aspectos, religiosos, morais, sociais e econômicos. O Dicionário Bíblico expressa-se muito brevemente a este respeito:

> "A Bíblia não conhece um conceito geral de justiça, universalmente válido, para medir as ações dos homens e, talvez, as de Deus. Cada pessoa tem sua visão particular de justiça em relação a outras pessoas, de acordo com sua

> *situação especial. Uma vez que esta situação é estabelecida pela Aliança, a justiça significa praticamente a fidelidade à Aliança e, portanto, tem um sentido quase exclusivamente religioso na Bíblia e essa é a justiça dos homens em relação a Deus e entre eles"* (tradução livre feita pelo autor).

Se for possível tornar os conceitos um pouco mais precisos, poder-se-ia dizer que a "Justiça" é uma noção mais geral que expressa uma ordem justa nos relacionamentos e na realidade da vida. Um homem é justo não porque possui alguma qualidade intrínseca, uma virtude comparável à inteligência, à riqueza ou à compaixão, mas porque ele sabe se colocar na sua função correta, ele permanece no lugar certo e define sua existência de acordo com uma norma de autenticidade que deriva do saber como se conectar com Deus e com os seus irmãos.

No centro da justiça encontra-se o conceito de "Aliança" (Pacto), que não é o conceito de um equilíbrio exato entre direitos e deveres. Este saber situar-se dentro da Aliança indica precisamente que é um pensamento de relação entre pessoas e não de possessão individual.

O conceito de "Lei" nos leva de volta a um campo de pensamento mais específico, pois ele indica as normas concretas que regulam as relações de justiça dentro do povo de Deus. A lei é composta pelas leis transmitidas de geração a geração e mantidas sob a custódia dos sacerdotes, aquelas leis que vieram até nós em grande parte através dos livros do Pentateuco, nos quais se vê em que termos concretos Israel viveu a sua vida comunitária.

O que deve ficar claro para aqueles que abordam esses assuntos do A.T. é o fato de que eles são pensamentos dinâmicos e não estáticos. A justiça deve garantir a vida, permitir que o homem se exprima, deve proteger e tutelar a sua existência, não apenas sob o aspecto físico, mas também e, sobretudo, moral. O mal, a injustiça, a culpa são as realidades que destroem e limitam a vida e quebram as relações humanas, corrompem as relações entre as pessoas e deterioram a estrutura da comunidade. O ato de injustiça abre uma lacuna no tecido da fraternidade e da solidariedade humana e fraterna que constitui o lugar da vida da comunidade. Estabelecer a justiça, ou restaurá-la, não significa, simplesmente, dar a cada um o que é seu, aos que estão certos aquilo que eles merecem, aos que estão errados o castigo que ele merece. Fazer justiça significa reconstituir aquilo que o pecado destruiu, refazer a rede de relacionamentos quebrados e colocar de volta ao seu lugar o que foi subvertido. Fazer justiça significa dar a Deus o lugar que lhe pertence na história de fé do povo e reconhecer o direito dos pobres, das viúvas, dos órfãos, de todas as pessoas que se encontram na condição objetiva de uma pessoa indefesa, à mercê dos mais fortes, ou em uma situação de insegurança. Significa, enfim, devolver a cada um o lugar legítimo no contexto da fraternidade e, portanto, devolver a sua própria humanidade, aquilo que lhes pertence como filhos de Deus.

É compreensível, portanto, que Amós denuncie com violência extrema no oráculo do Cap. 6 a perversão da justiça. Não se trata apenas de seu desaparecimento, mas de sua deterioração e inversão para o lado oposto, uma vez que, aí, a justiça se torna um instrumento da morte, como veneno, ou como um tipo de direito que se transforma em realidade amarga e causa sofrimento. Aquilo que deveria trazer vida e dar às pessoas a sua própria dignidade, em vez disso as matam. Assim, os instrumentos que Javé queria usar para conectar sua comunidade, como uma unidade de relações solidárias, tornam-se instrumentos de destruição, que não se constitui apenas numa questão de corrupção, de uma deterioração da situação, mas sim da subversão total das relações dentro da Aliança, como uma espécie de loucura assassina.

8.3.2 A desintegração da comunidade

Esta desintegração da comunidade da Aliança ocorre, de acordo com Amós, em diferentes níveis, os quais ele se esforça para identificar esquematicamente aos olhos de seus ouvintes.

Em primeiro lugar, há o nível estritamente jurídico, o mais evidente de todos, na medida em que está situado no lugar reservado para o estabelecimento da justiça, ou, pelo menos, em um dos lugares principais, que é o tribunal.

O que acontece "à porta" das vilas e das cidades israelitas? A corrupção dos juízes por aqueles que detêm o poder econômico, a negação aos pobres de seus direitos, o silenciamento de testemunhas contrárias a quem tem o poder. As vozes daqueles que representam Israel em sua autenticidade como povo eleito são silenciadas, a corrupção compra e vende as sentenças e ninguém está mais em condição de obter o que é necessário para sobreviver. A sociedade israelense, portanto, se afunda sob o peso da opressão na lama da corrupção.

A figura que aparece por trás dessas admoestações proféticas é o juiz popular, o ancião da comunidade que praticamente tem absolutamente o exercício da justiça. De fato, os processos criminais e judiciais estão longe de ser estruturados com as garantias e os procedimentos previstos pela legislação moderna. Naquele momento não há possibilidade de recorrer a uma instância superior e o recurso à justiça do soberano parece ser um caso muito excepcional (conforme II Samuel 14:1 ss.; I Reis 3:16 ss). A sombra de Naboth, o pequeno proprietário judeu, o crente ligado à tradição de seus pais, assassinado após uma sentença sumária e corrupta por causa das pressões do poder real, salta em toda sua realidade trágica e emblemática juntamente com as palavras de Amós.

Em um segundo nível, o problema se coloca em termos verdadeiros e reais de exploração. Os antigos e os novos proprietários de terras estendem seu império econômico sem perceber e sem enxergar os pobres e miseráveis, que se reduzem à mendicância e ao implorar. A atenção desloca-se, assim, do tribunal para a casa do rico, do processo judicial ao setor econômico e a cobrança de tributos e de dízimos sobre os produtos da terra se transformam em plantio de vinhas e construção de casas. Mas qual é o alicerce da expansão das construções em Samaria e das novas culturas que permitem o renascimento da economia israelense se não a destruição do tecido social da própria comunidade?

Amós concretiza de forma extremamente eloquente esta situação de exploração e aniquilação do ser humano, citando o instituto da escravidão. As normas que regulam a escravidão, na lei israelense, são extremamente precisas e severas, uma vez que, essencialmente, visam impedir que um israelita seja reduzido à condição de escravo de outro israelita, porque, nesse caso, essa relação de fraternidade e igualdade seria anulada diante de Javé, que se constitui no princípio básico da própria vida do povo. Aqui se testemunha a dissolução total de todos esses remorsos e todas as barreiras, mesmo que temporárias ou indicativas, são varridas e destruídas. O ser humano tornou-se mercadoria, e apenas mercadoria.

Neste aspecto, a denúncia de Amós parece ser dirigida essencialmente contra a prática de exigir a escravidão de um homem em caso de inadimplência da dívida. Também neste caso, o fator econômico surge como um fator determinante, mas surge com uma brutalidade tal que levanta a indignação do profeta. Os inocentes, os miseráveis, aqueles que não são responsáveis de qualquer maneira pela situação em que eles se encontram, os filhos do devedor, ou seja, pessoas vendidas por um valor absurdamente ridículo, como o de um par de sapatos! A redução do ser humano a um objeto encontra aqui a expressão mais tragicamente simbólica: por um lado, um par de sandálias velhas, por outro, uma família aniquilada em sua dignidade.

O terceiro nível no qual, de acordo com Amós, essa desintegração da relação humana se manifesta é mais propriamente econômica, através do oráculo de 8:5, onde ele evoca a figura do comerciante. Depois do juiz vendido e corrupto e do implacável proprietário de terras, é o negociante e o empresário que ganham evidência. Sua atividade é concretamente ilustrada na série de imagens que falam por si: adulteram as balanças, diminuem as unidades de medida, falsificam o peso e vendem produtos adulterados. E os homens dominados por esta febre de lucro são reduzidos à sua expressão mais elementar e mesquinha: ganhar dinheiro. Os homens que vivem apenas por si mesmos se tornam abismos sem fundo, nos quais os sentimentos, restrições, leis, a correção formal e a própria aparência de religião se dissipam.

A grande preocupação da classe mercantil de Samaria é, de fato, o retorno ao período de trabalho após as festividades. O sábado, o dia de Deus, que lembra o descanso após a criação e representa o momento de desapego do homem em relação ao seu trabalho, a margem de liberdade que torna o homem um ser à imagem de Deus e de Seu trabalho como uma expressão de sua humanidade, tudo isso representa um desperdício de tempo inútil, um obstáculo ao dinamismo do transporte de bens e da economia de mercado.

Amós resume esta situação no oráculo do Cap. 3 com três termos: "desordem", "opressão" e "violência". A desintegração da justiça não significa apenas que o relacionamento entre os israelitas está comprometido, mas que está realmente destruído. Assim, não se trata apenas de uma crise nas formas e nas estruturas, ou uma simples falta de legalidade, uma vez que o aumento da violação dos direitos dos pobres e o aumento da exploração econômica pelas classes dominantes constitui a corrupção no íntimo do ser humano e, portanto, da sociedade israelense.

Sob os olhos aterrorizados do profeta, as relações de classe são formadas com a relativa dominação das classes que detêm poder sobre aqueles cujo poder foi perdido. E isso significa descer ao longo da pirâmide social da corrupção e da violência expressa, precisamente, em termos tanto de uma situação efetivamente desintegrada, quanto de uma violação pessoal dos relacionamentos humanos. Os que estão no poder querem humilhar, pisar, quebrar e tornar outras pessoas aniquiladas, irmãos transformados em objetos desprovidos de vida e de "alma", para usar um termo clássico da Escritura, isto é, de sua dignidade de ser humano.

8.3.3 Motivação da polêmica

A violência da polêmica de Amós contra as classes dominantes da nação israelense não necessita ser sublinhada. Os termos aos quais ele recorre na sua admoestação certamente não são inferiores, concretamente, às expressões mais radicais de nossa linguagem moderna de contestação , mas é necessário questionar clara e imediatamente em nome de quais instâncias ele aborda esta mensagem de condenação junto à sociedade de seu tempo. Uma primeira motivação, que deve ser considerada inteiramente legítima e possível, é aquilo que se pode definir como "moralismo conservador". O problema não diz respeito somente a Amós, mas a todos os profetas. Como foi visto no capítulo 6 deste livro ao se tratar do problema da relação entre profetas e a adoração, se os profetas devem ser vistos como personalidades morais excepcionais, em relação à sua atitude, empenhados na difusão de uma religiosidade fundada na moralidade, isto é, apoiada na vida mais do que nos rituais, então se entende muito bem a sua posição contra a injustiça social. Diante dos pecados da sociedade do seu tempo, eles não podem deixar de reagir e de elevar a voz para denunciar essas violações das leis mais básicas da justiça. Em suma, eles seriam os primeiros de uma longa fila de almas eleitas e livres que lutaram contra as distorções da sociedade humana, pagando, muitas vezes, pessoalmente por isto.

Além disso, essa batalha polêmica deve situar-se em um contexto preciso, que é o da resistência apaixonada e desesperada das estruturas tradicionais contra a evolução da sociedade israelense após o advento da monarquia. Israel deve permanecer fiel às antigas tradições de culto, deve resistir ao processo de assimilação cultural e religiosa do qual está arriscada a ser uma vítima em Canaã. A teologia do deserto, já aludida anteriormente, se constituiria na frente espiritual em que a polêmica profética deve ser colocada, ao atacar uma matriz integrada pelo luxo, corrupção e pela idolatria.

Ainda dentro desta primeira motivação, convém notar que os profetas não são meros fanáticos, mas homens que assimilaram plenamente a civilização de seu tempo. Para demonstrar isto, seria suficiente mostrar um estudo sobre personalidades como Isaías e Jeremias, tão intimamente ligados cultural e politicamente aos círculos governantes da cidade de Jerusalém e cujas obras revelam um domínio excepcional dos meios culturais. Considerações semelhantes, no entanto, se aplicam ao próprio Amós, uma vez que a imagem que surge, como já visto, dos poucos dados em nossa posse, não é a de um agricultor reacionário que ataca uma sociedade moderna em nome de demandas nacionalistas. Encontra-se nele o uso frequente de termos cultos, ele se expressa com sabedoria e extrema riqueza de imagens e construções que não podem ser consideradas como resultado de uma simples "veia poética". Portanto, não é em nome de um conservadorismo social ingênuo e primitivo que Amós denuncia a corrupção da sociedade à qual Javé o enviou para pregar.

Uma segunda motivação é aquela que se pode definir como revolucionária. O motivo do protesto do agricultor de Tekoa seriam as condições de vida e a situação de exploração em que as classes ricas do reino do norte aprisionam as classes mais humildes da população. Os temas de violência, exploração e opressão também estariam, portanto, no centro da sua controvérsia. O profeta torna-se o justiceiro da miséria, aquele que levanta a voz para denunciar as condições desumanas em que o homem simples vive, o contestador da ordem estabelecida em nome de uma igualdade de direitos e de uma estabilidade social, em nome de uma sociedade diferente e de uma distribuição mais equitativa da riqueza.

Uma colocação da profecia israelita nestes termos parece ser muito problemática. Sem dúvida, está presente na palavra de Amós uma acusação com uma forte carga de violência e de indignação, que não parece distante das contestações que são ouvidas em tempos modernos e não há dúvida, também, de que essa denúncia nasce de uma profunda consciência ética e social. Deve-se lembrar, no entanto, de que o clima geral da comunidade israelense não legitima essa interpretação, ou, pelo menos, se junte à forma em que as pessoas modernas poderiam viver. O Deuteronômio, bastante posterior ao tempo de Amós, fala sobre os pobres do país (15:11) e se preocupa em defender seus direitos em uma linha de pensamento mais personalista e privada do que a de Amós. Portanto, não é possível enquadrar e reduzir a queixa social expressada pelos oráculos de Amós em categorias de protesto social, denúncia política ou de luta de classes.

É necessário retornar ao conceito de justiça como expressão da vida na Aliança. O que Amós denuncia não é uma injustiça ou exploração sociológica, é a violação da relação de fraternidade que deve existir entre irmãos, feita por homens que se dizem inseridos na comunidade de fé de Israel. O critério ao qual ele faz referência constantemente não é o de um humanismo genérico, um direito natural inerente à natureza humana, nem um vago conceito de justiça e igualdade, mas é a revelação divina, são as normas da lei reveladas por Javé no Sinai. O escândalo que ele denuncia não é a opressão de um ser humano por outro ser humano, a exploração de uma classe por outra, mas sim o fato de que dois seres humanos ligados por uma fé comum, por uma referência comum à Aliança tenham estabelecido entre si relações de exploração, relacionamentos que são espiritualmente aberrações impossíveis dentro do povo de Deus.

Não é o restabelecimento ou criação de uma ordem social igualitária que interessa ao profeta, é o restabelecimento das relações de fraternidade consagradas na lei antiga. Não é uma superação das fases da atual contradição social e nem mesmo um retorno à sociedade patriarcal, mas é o restabelecimento de uma impostação de vida e de relações que caracterizaram Israel como uma comunidade de Javé.

TEMA 9
A CRISE DAS ELITES

9.1 A crise das elites – Introdução

O tema da desintegração das estruturas jurídicas do povo está associado, em Amós, com o tema da corrupção ético-moral das classes dominantes, visto que, ao lado do orgulho vazio dos militares e da ganância dos comerciantes, está uma dimensão de irresponsabilidade e de estranheza, que se manifesta na vida agora folgada e luxuosa dos filhos de Israel.

O tema se repete em dois grandes oráculos, nos Cap. 4 e 6 .

O primeiro desses textos consiste em uma violenta admoestação contra aquelas que são chamadas de "vacas de Basan", geralmente identificadas com as senhoras nobres da aristocracia de Samaria. A maldição introduzida pela fórmula "vêm dias ...", que sempre qualifica o tempo do julgamento, preanuncia a sua deportação. A frase é sublinhada pela expressão particularmente solene e agravante do juramento: "O Senhor Javé jurou por sua santidade".

O oráculo do cap. 6 é um dos maiores do conjunto. Ele abre com a fórmula característica: "ai daqueles que ..." também presentes no Cap. 5 (7, 18) e atinge as classes dominantes da política israelita em um sentido amplo.

O texto consiste em duas partes. Uma primeira contém uma descrição viva e caricatural das elites de banquetes e de seus discursos, cheios de inconsciência arrogante e o segundo é representado pela sentença breve e esquemática de condenação que anuncia a deportação do povo de Israel.

9.2 Detalhes sobre o texto relativo ao Tema 9

Texto	Termo	Observação
NOBREZA DECADENTE (Cap. 4:1-3)	---	---
1 Ouçam esta palavra, ó vacas [a] de Basã [b], que têm [c] a sua moradia no Monte de Samaria, vocês que oprimem o humilde [d], maltratam os pobres [d], e depois dizem ao seus maridos [e]: "Tragam algo para beber".	[a] vacas	[a] A expressão é claramente vulgar e depreciativa
	[b] Basã	[b] Território da Transjordânia conhecido por seus ricos pastos (Deut. 32.14; Sal. 22:13).
	[c] têm... moradia	[c] O verbo não consta no texto, está implícito.
	[d] humildes, pobres	[d] Conf. 2: 6 e 8: 4-6
	[e] seus maridos	[e] Em hebr., para o masculino singular significa lit.: "seus senhores". O texto a seguir (versículos 2-3) é extremamente obscuro e a tradução adotada nas diversas versões é, portanto, em grande parte conjectural.
2 O Senhor Javé jurou [f] por Sua santidade: "Eis que vêm dias sobre vocês em que vocês serão deportadas com anéis [g] presos ao nariz, e os seus descendentes [h] com anzóis de pesca! 3 Vocês sairão pelas frestas, em fila, uma após a outra serão empurradas [i] para o despejo de lixo [j]! " (Oráculo de Javé)	[f] jurou	[f] Conf. 6:8 e 8:7. é uma fórmula solene que expressa a decisão irrevogável.
	[g] aneis	[g] O anel no nariz tem uso atestado na Assíria também para prisioneiros; a referência a anzóis (ganchos) pode indicar que, devido à grande quantidade de prisioneiros, os anéis existentes seriam poucos e substituídos por anzóis.
	[h] posteridade	[h] Lit.: "o que segue"; pode indicar os servos, os seguintes ou os últimos da coluna de deportados.
	[i] empurradas	[i] O hebr. Tem a forma ativa "empurrarão"; em geral se adota o texto dos LXX, na voz passiva "empurradas".
	[j] lixo	[j] A tradução é conjectural; os LXX viram aqui o nome de um lugar (Hermon, Harmon?) que indicaria uma etapa da deportação; se o texto for considerado assim, pode-se ver uma alusão à execução e morte das mulheres da nobreza que fossem fisicamente incapazes de suportar a caminhada.

continua...

VEREDAS DA JUSTIÇA
PROFECIAS

continuação

Texto	Termo	Observação
INCOSCIENZA DELLE ÉLITES (Cap. 6:1-7)	---	---
1 Ai daqueles ᵏ que fundam sua segurança em Sião ˡ, que confiam no monte de Samaria; ai dos notáveis das "primícias dos povos", aos quais a casa de Israel proocura! **2** Vão para Kalne ᵐ e vejam, continuem até Hamat ⁿ, a grande, depois desçam até Gat º dos filisteus: vocês, por acaso, seriam melhores ᵖ do que esses reinos? Ou território ᵍ de vocês seria maior do que o deles? **3** Vocês que procuram afastar o dia mau estão, na realidade, fazendo chegar o império ʳ da violência. **4** Esses que se deitam em sofás ˢ incrustados de marfim, que se estendem em suas camas, comem as cabras do rebanho, e bezerros retirados do estábulo; **5** que improvisam cânticos ao som da lira, inventam instrumentos musicais como Davi ᵗ;	ᵏ Ai daqueles	ᵏ Conf. a mesma fórmula em 5: 7
	ˡ Sião	ˡ A menção a Sião parece imprópria aqui, porque: 1) a acusação é direcionada aos habitantes do reino do norte. 2) Sião e a montanha de Samaria são qualitativamentes diferentes; sobre o monte Sião está o Templo, no qual eles podem e devem, em alguns casos, confiar (ver em Isaías), mas na montanha de Samaria não há nada semelhante. 3) No final do verso, somente Israel é mencionado, ele não menciona Judá. A menção feita a Sião poderia, portanto, ser uma adição posterior para adaptar o oráculo à situação e ao contexto de Judá. Trata-se de uma referência dura e irônica à eleição de Israel, considerada como orgulho.
	ᵐ Kalne	ᵐ·ⁿ Cidades-estado sírias;
	ⁿ Hamat	
	º Gat	º Cidade filisteia
	ᵖ melhores	ᵖ A comparação é entre Israel (vocês) e o povo daquelas cidades
	ᵍ território	ᵍ O hebr. traz: "o território deles maior que o de vocês"; a frase, cujo significado não é visto, é corrigida nas diversas versões para ganhar o sentido visto aqui.
	ʳ império	ʳ Lit.: "cetro".
	ˢ sofás	ˢ O uso de deitar-se para descansar ou comer é estrangeiro; indica moleza (ver também 3:12).
	ᵗ Davi	ᵗ Tem o sentido de modelo do poeta e cantor de Israel; esta comparação é irônica, é claro, pois a inspiração do grande rei era muito diferente e sincera.

continua...

continuação

Texto	Termo	Observação
6 que bebem o vinho nas taças^u, que se ungem ^v com o óleo mais precioso, sem se preocupar com a ruína de José ^w! 7 Por isso eles irão agora para o exílio, serão os primeiros entre os deportados: a festa dos que podem se espreguiçar acabou!	^u taças	^u Copos de dimensões especiais, usados em sacrifícios.
	^v se ungem	^v A unção da cabeça é um sinal de alegria (ver Salmos 23: 5, Isaías 61: 3); mesmo aqui, no entanto, há ironia, está no sentido de folia.
	^w José	^w Todo o povo de Israel (conf. 5:15)

9.3 Comentários sobre o texto relativo ao tema 9

9.3.1 Irresponsáveis

O clima destes dois oráculos aparece imediatamente e é caracterizado por uma atmosfera festiva, de um banquete onde o vinho flui e a música mantém os espíritos em estado de euforia geral. Os discursos e as exclamações são de pessoas saciadas e eufóricas que pretendem aproveitar a vida. Com traços fortemente caricaturizados, o profeta apresenta os notáveis do povo, as suas elites, com vontade de se divertir. O primeiro elemento que ele pretende destacar com este esboço da "doce vida" de Samaria é a inconsciência absoluta e a irresponsabilidade desses homens proeminentes, os quais, sem qualquer preocupação e vazios de qualquer tipo de reflexão, olham para o futuro através da fumaça de sua embriaguez com a estúpida confiança do bêbado. Onde será que eles podem depositar a sua confiança se não em si mesmos, no "monte Sião", no *status quo* do desenvolvimento socioeconômico da nação? O primeiro jogo de palavras implícito nesta expressão não escapa a nenhum ouvinte do profeta: Israel sempre foi caracterizado como o povo que tem sua força em Javé, que pôs a sua confiança nEle. É só nEle que Israel aprendeu a confiar, mas o Javé dos santuários e das liturgias solenes e retumbantes passou a ser não mais do que uma sombra que ele usa para cobrir com cores vistosas uma descrença religiosa íntima.

O Israel do qual eles se consideram os expoentes mais qualificados não é mais o pequeno e ingênuo punhado de beduínos que Javé libertou do Egito e milagrosamente levou a ocupar o território de Canaã. E um outro Israel, de pessoas venceram o *Lo'clebar*, ou, usando o termo oficial da retórica vazia daqueles anos "as primícias dos povos". Presos a essa escalada verbal sem qualquer conteúdo, os políticos de Samaria, sentindo-se no centro de uma intensa vida civil e no ponto de convergência dos olhares da casa de Israel (outro termo característico da teologia antiga que indicava a realidade do povo de Javé) veem sua nação agora incluída no grupo de potências estáveis. De acordo com uma das interpretações correntes, o v. 6:2: "Passai a Calné e vede ..." retomaria, em uma forma de questionamento, as teses da política oficial de Samaria, que compara seu crescimento com o das grandes cidades costeiras: Calné, Hamat e Gat. A elite de Israel está convencida de que não está atrás das principais potências fenícias e sírias.

No entanto, é mais provável que essa comparação seja devida à escrita do profeta e estabeleça um paralelo entre o destino que aguarda o povo no futuro e a atual situação de depressão que afetou essas cidades.

Tanto em um caso quanto no outro, o tema é sempre o da política irresponsável dos notáveis dirigentes, que não sentem a evolução da situação, que persistem na sua política de avestruz, mantendo as aparências, e que estão jogando a si mesmos e a todo Israel na ilusão de um poder que eles não possuem. O profeta desenvolve o tema da catástrofe, do fim iminente e da destruição com uma perseverança teimosa, mas eles se obstinam em não ver isto e em construir castelos no ar, para nutrir-se de sonhos, para enganar-se e tentar afastar deles mesmos e de Israel a catástrofe, não percebendo que, ao fazê-lo, eles realmente se aproximam desse fim.

Portanto, o ponto focal da admoestação de Amós parece ter que ser procurado na afirmação do v. 6:6: eles não «se preocupam que José está em ruínas", ou seja, eles não se importam com a situação real em que o povo de Deus se encontra, evitando olhar a realidade da opressão e da exploração em que eles vivem. Eles vivem em suas ilusões e, no entanto, ao fazê-lo, eles não condenam apenas eles mesmos, mas envolvem na ruína todos aqueles que confiaram em sua orientação e direção. O pecado que Amós denuncia em primeiro lugar nas elites do povo é a falta de consciência vocacional, a ausência de uma visão ministerial de seu papel. É o início da desintegração dos quadros político-civis do povo que Jeremias e Ezequiel denunciarão com igual vigor, os pastores do povo, os quais, ao invés de guias, são instrumentos de seu fim, e em vez de salvar e constituir uma realidade estável e uma espinha dorsal à qual os pequenos possam se guiar e se dirigir para obter conselhos e bons exemplos, tornam-se enganadores e causa de escândalos.

9.3.2 O luxo

Percebe-se que o ambiente em que Amós define o discurso é o do banquete, da festa. Isso fica evidente no primeiro oráculo, que se refere às "vacas de Basan". Seja qual for a interpretação dada a esta expressão, o significado do oráculo não muda substancialmente. De fato, existem exegetas que, com base em considerações de natureza gramatical, interpretam o apóstrofo conforme dirigido contra os notáveis de Samaria, em analogia com o oráculo do Cap. 6; segundo outros, a expressão faz alusão às nobres mulheres da aristocracia local e da alta burguesia de Samaria.

Se for aceita esta segunda interpretação, deve-se notar que, além da atmosfera da festa degenerada em embriaguez, o tom arrogante da linguagem e o fato de que se trata de mulheres. A sociedade patriarcal de Israel, que durante séculos considerou como símbolos da feminilidade Sara, Rebeca, Rute e Ana, só pode sentir uma sensação de perplexidade com uma situação de presunçosa liberdade do sexo feminino, essa reversão dos valores para os quais as mulheres se tornam incitadoras da desordem, incluindo a corrupção e, fator decisivo num contexto de desprezo pelo miserável. São realmente dignas filhas daquele companheiro corruptor do homem de Gênesis 3, ou ainda mais perto, e na chave histórica, filhas dignas de Jezebel do tempo de Elias.

Ainda mais violento e caricatural é o estilo do segundo oráculo: a aristocracia egoísta e cega de Samaria enche as casas recém-construídas com uma alegria barulhenta, criando novos instrumentos de música e melodias inéditas, com artistas improvisados que perdem a sensação do ridículo, debochando do jovem Davi, ou seja, profanando na sua embriaguez o grande e sublime cantor da fé e da piedade de Israel. Ao assimilar os usos e costumes estrangeiros, espreguiçam-se sobre as casas de marfim (veja a mesma anotação indignada no Cap. 3:15), ungem-se com as primícias do óleo e o menu, digno dessa classe, são cordeiros engordados e bezerros cevados.

Esta linguagem tem a intenção de denunciar o aspecto do luxo presente na sociedade israelense, o luxo do mobiliário, da alimentação e dos costumes associados ao luxo mostrado nos edifícios erguidos por essas classes sociais (ver também Cap. 2:5; Cap. 3:11). Como esse luxo provoca a reação do profeta? Conforme se observa em relação à denúncia da injustiça, comete-se um erro se houver a intenção de interpretar essas admoestações sob um olhar sociológico, interpretando-as como as queixas e os protestos de um camponês escandalizado pelo padrão de vida dos ambientes urbanos. A figura de um Amós arcaico, um beduíno que vem da solidão das montanhas da Judéia para uma cidade corrupta e que profetiza o seu fim, é uma criação romântica e sugestiva, mas desprovida de conteúdo real. A riqueza não é um pecado em si mesmo, seja porque se refere a uma condição de antes do tempo do deserto, como se fosse uma espécie de pecado sociológico, e tampouco é um pecado legal ou cultual. Nenhuma lei da tradição antiga coíbe nem proíbe a riqueza para um filho de Israel. Afinal, os grandes personagens e símbolos de sua história são Abraão, Jacó, Davi e Salomão! Assim, o luxo de Samaria se torna pecado porque subverte a lei das relações entre os filhos do mesmo povo, introduz uma discriminação de fato entre eles, e Amós é suficientemente lúcido para saber como desmistificar a origem do mesmo, indicando-o como o resultado da violência e originado da opressão.

Não se pode deixar de notar que toda essa alegria não tem um caráter exclusivamente profano e agradável. Alguns termos significativos espalhados aqui e ali no oráculo permitem pensar em uma atmosfera em um sentido religioso e sacral. O ritmo musical, com a ironia a Davi, evoca o meio ambiente das reuniões litúrgicas e os cálices em que se bebe, assim como o óleo precioso da unção, são elementos litúrgicos. Mais do que banquetes privados, seriam atos de culto, refeições sagradas, ritos mais ou menos mágicos de comunhão com poderes sobrenaturais destinados a garantir a prosperidade da nação. Esta hipótese, se não totalmente verdadeira, não deve ser descartada, uma vez que isso corresponde muito bem ao que se conhece das práticas mágicas e religiosas da civilização cananéia, todas de caráter mais ou menos naturalista-sexual.

Nesse mesmo contexto, a alusão à condenação de Israel contida no Cap. 2 pode ser bem compreendida, na qual se fala de "estender-se em frente a cada altar, sobre roupas tomadas como penhor" e "beber o vinho das multas, no templo de Javé". Não menos característico seria então a expressão que Amós emprega no Cap. 6:7 "...cessarão os festejos dos espreguiçadores...", traduzida também por "o grupo daqueles que podem se esticar", ou por "a confraria dos prostrados".

9.4 Questões relativas ao tema 9

9.4.1 Vocação profética da Igreja

O problema das eleições, nos países democráticos, e da tomada do poder, em países menos democráticos, ao lado dos mal-entendidos e das diversas formas de sofrimento social, que levou Amós a assumir as posições concretas que se conhece, está agora no centro de um debate fundamental na Igreja, que é o da profecia política.

Na verdade, durante várias décadas foi testemunhada a multiplicação de documentos e mensagens provenientes das comunidades cristãs sobre os problemas concretos da vida nacional ou internacional. Leem-se os pronunciamentos sobre as guerras recentes, sobre os nacionalismos, os colonialismos, o poderio nuclear das superpotências, as guerras urbanas não declaradas e a injustiça social. A forma dessas intervenções varia e, é claro, corresponde às diferentes formas das próprias comunidades, como, por exemplo o catolicismo romano, que usa "encíclicas" ou cartas pastorais, e as comunidades evangélicas, que se expressam em documentos de assembleias, sínodos e reuniões.

Em todos esses casos, fala-se com frequência de uma "missão profética da Igreja". O que isso significa? A comunidade dos crentes, se responde, é como uma sentinela que deve proclamar a palavra de Deus, que deve dirigir-se às pessoas chamando-os para a sua vocação e à obediência às exigências da vontade divina. A Igreja continua a obra de Jesus convidando os homens ao arrependimento, à fé e ao reavivamento. Ela deve chamar a atenção das pessoas para os problemas fundamentais de sua existência, defender os fracos e os oprimidos, desmascarar erros e a violência. É natural que, nesta linha profética, figuras como as de Amós, ou figuras mais próximas, do tempo do Novo Testamento, como João Batista, assumam um valor simbólico na Igreja e representem o ideal da "função profética" de hoje

No entanto, a propagação desta tendência levanta alguns problemas que precisam ser abordados e para as quais as comunidades terão que encontrar uma resposta.

9.4.2 Pregação ou política

O primeiro problema é aquele que agora é bem conhecido sobre a política e a Igreja. A Igreja cristã deve ou não deveria entrar no mérito dos problemas da vida política? Ao fazê-lo, ela não falha no seu caráter religioso e espiritual, para se confundir com as realidades do mundo? Esta questão já não surge, na comunidade de hoje, em um nível teórico, e já não existe a possibilidade de discutir isso, uma vez que as posições já estão tão radicalizadas no "sim" e no "não" que hoje se testemunha mais um grande choque de posições em vez de uma busca por uma solução.

Quanto à profecia bíblica em si, é difícil argumentar que os profetas tenham se limitado ao discurso religioso. Em vez disso, eles intervieram diretamente nas situações concretas da história nacional, assumiram posições políticas precisas, "fizeram política" e fizeram políticas violentas também. Basta lembrar o caso de Eliseu, que organiza e favorece a revolução de Jeú e não é diferente o caso de Amós, como foi visto.

No entanto, seria um grave erro de interpretação simplesmente transpondo-se o seu discurso para a nossa situação atual e estabelecendo-se equações como estas:

- Amós = Igreja,
- profecias = posições cristãs,
- oráculo profético = encíclicas ou declarações sinodais

Seria um grave erro de interpretação, especialmente porque, inevitavelmente, levaria a estabelecer outras equações igualmente ilegítimas:

- Samaria = sociedade moderna,
- proprietários ricos = capitalistas;
- pobres = proletários.

É inegável que existem algumas afinidades e que alguns grandes temas são comuns, mas o que é absolutamente diferente é o contexto social em que os dois discursos se movem, o de Amós e o da comunidade cristã de hoje.

A sociedade de Amós pode apresentar afinidades sociológicas com as nossas sociedades, podendo ser definida como pré--capitalista, com tudo aquilo que o termo implica, mas um fato é claro: trata-se de uma sociedade estruturada religiosamente no contexto da fé tradicional em Javé. Samaria não é Moscou, Nova York, Paris ou Shangai, mas é o centro do povo de Deus, de uma comunidade humana que quer se referir à Lei revelada. Nossas sociedades, todas as sociedades modernas, referem-se a ideologias humanas e romperam o vínculo entre política e fé. Isso não significa, é claro, que elas sejam desprovidas de personagens religiosos, ou que não façam uso das forças religiosas, inclusive as cristãs, que estão dentro delas.

Amós pode se referir, na sua denúncia sobre a crise social e política de seu tempo, ao metro comum da Lei, parâmetro indiscutível de toda a vida de Israel, ele pode invocar a lei divina, mas hoje em dia não se pode. Depois de Cristo, não se pode mais fazê-lo, porque, com Ele, esta conexão entre o povo, a Lei e a Igreja foi dissolvida.

A palavra profética da Igreja, se sua validade e necessidade for reconhecida, deve, portanto, assumir pontos de referência diferentes daqueles de Amós.

9.4.3 Natureza do testemunho profético

A denúncia dos pecados de Israel realizada por Amós é caracterizada imediatamente por suas características circunstanciadas e precisas. Ele identifica as responsabilidades e enuncia os fatos e, ao fazê-lo, ele se coloca na tradição profética do seu povo e a aprofunda. Basta lembrar de um período mais antigo da história de Israel, o caso de Natan e Davi, e para os tempos mais recentes, Elias e Acabe. No primeiro caso, a denúncia profética atingiu a violência usada pelo soberano contra seu oficial Uria para obter sua esposa, mas no segundo, ele foi atingido pelo abuso de poder do tribunal para aproveitar a fazenda de um cidadão livre, Nabot. Em ambos os casos, a profecia destacou a violência, o abuso dos poderosos em relação aos mais fracos e prenunciou a condenação divina.

Estes três elementos também caracterizam os oráculos de Amós. Ele identifica o pecado, a culpa, mesmo sob suas coberturas teologicamente motivadas (guerra santa), ideais (a vocação divina), religiosos (serviço a Javé). O seu olho se exercita, e é exercitado pelo Espírito, para identificar os nós do discurso israelita, os pontos de compromisso, as lacunas e a violência. Qualquer profecia que se queira considerar como tal deve poder examinar, com olhos igualmente limpos, a realidade à qual se dirige, a Igreja, o mundo, o povo de Deus, o povo dos filisteus, os sacerdotes ou os "barões". Deve desmascarar, com igual rigor, a culpa, onde quer que ela se esconda.

Neste ponto, serão abertas duas questões que não são pouco importantes. Uma é: o pecado é uma realidade individual ou uma dimensão coletiva da existência? Em Amós leem-se oráculos que afetam um homem (Amazias, o rei) ou classes sociais (comerciantes, proprietários de terras), e, para ele, o problema não é resolvido no sentido de uma contraposição, mas sim de uma sobreposição de culpas.

A segunda questão poderia ser colocada nestes termos: a identificação do pecado é unicamente o fruto da revelação do Espírito ou é possível usar instrumentos de indagação humana? É evidente que não se fala sobre isto em Amós, mas se fala nas atuais comunidades de crentes.

Identificar o pecado não é para Amós mais que o primeiro passo, pois o segundo o acompanha, que é a denúncia. O pecado não é, nos seus oráculos, um termo genérico, uma definição da natureza humana em si mesma, uma hipótese abstrata sobre a essência do ser humano e da sociedade, O pecado é sempre uma falha, sempre tem um nome, significa fazer ou não fazer, é sempre exatamente ilustrado como uma quebra nas relações humanas e, portanto, é identificado e referido a situações concretas. A profecia não é um discurso religioso ou uma advertência genérica, mas é uma denúncia concreta de situações concretas em que a palavra de Deus é colocada.

Para a comunidade cristã de hoje, o pecado é muitas vezes uma abstração, um fato teológico, o pressuposto de todo discurso sobre a condição humana, e o lugar que ocupa a confissão dos pecados no culto evangélico tradicional reflete exatamente essa sensibilidade, como uma confissão que é sempre excessivamente genérica para que seja uma autêntica situação diante de Deus.

9.4.4 Motivações

O problema fundamental, no entanto, que parece surgir em relação a esta intervenção da comunidade dos crentes na vida da sociedade humana, diz respeito às suas motivações. Todos os crentes, mesmo aqueles que se encontram em posições mais "avançadas", isto é, que são mais abertos às exigências da pregação política e que estão envolvidas nela, reconhecem que a palavra profética da Igreja não é caracterizada como tal, exceto quando se refere à palavra bíblica. Como o profeta retira a sua justificação apenas da sua vocação, do fato de que Deus falou com ele, então a comunidade dos crentes não pode dirigir-se à sua própria geração senão falando em nome de Deus e quando chamada por Deus. Sua única iniciativa não pode ser outra coisa além de um testemunho dado sob a realidade da revelação.

No entanto, é necessário reconhecer, honestamente, que nenhuma testemunha cristã já foi, no passado, ou será, no presente, completamente livre de condicionamentos ambientais, e que não será "pura". A própria palavra de Amós era, em certo grau, condicionada ou adaptada, poder-se-ia dizer mais exatamente, pela sua posição pessoal sobre a civilização da cidade que julgou negativamente. A palavra da Igreja não pode, portanto, pretender alcançar esse teor absoluto, pois sempre será meditada e fundada biblicamente, por corajosa e livre que seja, a expressão de homens pertencentes a uma civilização bem determinada.

A palavra de Deus, no entanto, que constitui o fundamento e a justificativa de toda profecia atual, ainda é um conceito ambíguo e o fato de que certas posições concretas são interpretadas e avaliadas de forma diferente pelos crentes em uma mesma comunidade revela não só o condicionamento a que eles estão sujeitos no contexto político, social, cultural, etc., mas, também, a concepção diferente que eles têm da "palavra".

A mensagem de Amós e dos demais profetas é apresentada como uma nova realidade na língua religiosa israelense. Esta novidade não pode ser para nós, como já foi visto, como algo além da redescoberta da dimensão do julgamento de Cristo. Isso significa que a profecia política deve ser exclusiva e rigorosamente cristológica. Deve evitar, por um lado, uma simples transposição de palavras e de conceitos bíblicos gerais, como se fosse uma espécie de fundamentalismo profético. A profecia não pode ser fundamentalista, mas o podem o legalismo, o culto e a moral, como assim demonstram todos os grupos fundamentalistas, os mais relutantes em assumir compromissos políticos.

Não se pode sequer partir de uma interpretação da realidade como aquela católica, isto é, de uma leitura que está na chave de teologia natural da história humana, pois resulta em tantas páginas de "profecias magisteriais romanas". Motivações como a "humanidade", o "direito natural" ", a "justiça", o "bem",etc. não fornecem uma medida de profecia, mas apenas um material apologético para um discurso político.

De que maneira a profecia pode e deve ser "cristológica" é o problema de nossa fé hoje, e é bastante importante o só ter sido mencionado este assunto aqui.

TEMA 10
OS SINAIS DO JUÍZO

10.1 Os sinais do juízo – Introdução

Neste ponto, é legítimo fazer uma pergunta que os ouvintes de Amós podem ter formulado, ou que ele mesmo não teve dificuldade em prever: como é possível que Israel, o povo ao qual Javé falou, que "possui" a revelação e a lei, poderia ter chegado ao seu fim sem perceber, como os oráculos do juízo assim afirmam? Que explicação pode ser dada a respeito do comportamento irresponsável de uma comunidade que tem todas as premissas teológicas e espirituais para entender a vontade de Deus?

A esta questão destina-se a responder o oráculo contido no Cap. 4, um dos maiores em todo o livro. Dividido em cinco estrofes construídas de modo idêntico, é apresentado como uma palavra de Javé ao seu povo. Cada uma das cinco partes começa com a enunciação de uma intervenção divina: "Eu vos deixei com boca vazia", "eu vos golpeei ...", "eu desencadeei contra você ..." etc. e conclui com uma fórmula fixa: " não vos convertestes a mim ...".

Como todos os oráculos do livro de Amós, esse ciclo também termina com um anúncio de condenação. Infelizmente, o texto não é claro, onde o v. 12 afirma, de fato: "Portanto assim te farei..." ("Eu agirei contra vós dessa maneira..."), seguido da expressão: "e, porque isso te farei,...". O seguinte pensamento ainda é um convite para considerar o encontro com Deus: "prepara-te para te encontrar com o teu Deus". Em nenhuma dessas partes, no entanto, a natureza do julgamento está claramente declarada. O que significa encontrar com Deus? Como Deus tratará Israel? Tudo isso não está especificado. De acordo com alguns críticos, deve-se pensar em uma corrupção do texto, causada pela queda de algumas palavras ou de algum verso. Segundo outros, no entanto, a natureza do julgamento é intencionalmente silenciada. Então, Amós quer deixar o assunto em suspenso, não resolvido, não definir qual será a intervenção de Deus, para provocar um impacto maior no ouvinte. O ouvinte israelita interpreta: "Deus nos tratará assim...", mas "assim, como?" Embora não tenha resposta, ele tem uma sensação clara de que esta é uma realidade séria e ameaçadora de condenação.

O texto também apresenta algumas anomalias que sugerem um remanejamento de palavras ou expressões. A segunda estrofe, por exemplo, consiste nos vv. 6:7-8, é mais ampla do que as outras e o conceito que é expresso é simplesmente reiterado com outras palavras. Provavelmente esse trecho foi ampliado mais tarde e o texto concluía após as palavras: "...e sobre a outra não.".

O oráculo é seguido no v. 13 por um fragmento de hino a Javé criador (ver o Tema 11 deste livro), e a conexão entre o oráculo de Amós e este hino não está claramente definida.

10.2 Detalhes sobre o texto relativo ao Tema 10

Texto	Termo	Observação
OS SINAIS IGNORADOS DO JUÍZO QUE VEM (Cap. 4:6-12)	---	---
6 "Eu também deixei vocês de boca vazia [a] em todas as suas cidades, Eu fiz faltar alimento em todos os seus lugares, mas, mesmo assim, vocês não voltaram para mim!" Oráculo do Senhor 7 Eu também recusei a vocês a chuva a três meses depois da colheita; fiz chover sobre uma cidade mas não sobre outra; um campo foi banhado pela chuva, um outro ficou sem e secou-se [b]. 8 "Uma, duas cidades foram para outra para conseguir ter água mas não puderam matar a sua sede, no entanto vocês não voltaram para mim!" Oráculo do Senhor	[a] boca vazia [b] secou-se	[a] Lit.: "a dentes limpos"; a Rev. traz: "a dentes enxutos". [b] Antes da introdução de métodos modernos, a agricultura dependia exclusivamente da chuva, em especial daquela que ocorre no período de inverno (dezembro-março).

continua...

continuação

Texto	Termo	Observação
9 "Afligi vocês com o calor abrasador e a ferrugem; sequei ᶜ as suas vinhas e os seus pomares; suas amendoeiras e seus olivais, os gafanhotos os devoraram, ainda assim vocês não voltaram para mim! Oráculo do Senhor **10** "Deixei chegar contra vocês a peste ᵉ vinda do Egito, e matei os teus jovens ᶠ à espada, capturando os seus cavalos ᵍ; fiz o fedor dos seus acampamentos subir até as suas narinas e, no entanto, vocês não voltaram para mim!" Oráculo do Senhor. **11** "Fiz destruições entre vocês, como Deus destruiu Sodoma e Gomorra ʰ; então vocês se tornaram como uma brasa retirada de uma fogueira, e, ainda assim, vocês não voltaram para mim!" Oráculo do Senhor. **12** Portanto, Eu agirei contra vocês da seguinte maneira, ó Israel, porque assim Eu decidi tratar vocês "......." ⁱ Prepare-se ʲ, portanto, ó Israel, para se encontrar com o seu Deus ᵏ!	ᶜ sequei	ᶜ O hebr. traz: "a abundância das vossas vinhas...";
	ᵈ gafanhotos	ᵈ Conf. A visão da destruição em 7:1 ss
	ᵉ peste	ᵉ Provável alusão a uma epidemia de peste ocorrida entre a tropa do exército em missão, semelhante àquela que atingiu os assírios (II Re 19:35).
	ᶠ jovens	ᶠ Menção a uma derrota militar
	ᵍ cavalos	ᵍ A frase é construída com base em uma conjectura.
	ʰ Sodoma e Gomorra	ʰ Tipo de destruição total (conf. Gen. 19:24-28). A expressão "Deus destruiu" é proverbial e é encontrada também em Is. 13:19 e Jer. 50:40; proverbial é, igualmente, a imagem da brasa (tição), para indicar uma catástrofe da qual se escapa somente por milagre (conf. Zac. 3:2; II. Sam. 14:7.
	ⁱ "......."	ⁱ Aqui falta a descrição da pena correspondente que se poderia esperar.
	ʲ prepare-se	ʲ Termo técnico da convocação litúrgica para o santuário (Es. 19:11, Israel no deserto de Sinai) ou da chamada às armas (Ez. 38:7).
	ᵏ seu	ᵏ O adjetivo possessivo traz aqui um sentido polêmico: Israel considera Deus como sendo "seu"; na realidade, porém, a eleição tem o significado oposto: "Israel é de Deus", conf. Es. 15:2; Jer. 24:7; Sal. 50:7.

10.3 Comentários sobre o texto relativo ao tema 10

10.3.1 Conhecer a ação de Javé

Este oráculo está estreitamente relacionado, do ponto de vista formal, a dois outros textos da coleção: o ciclo de visões e as maldições contra os povos. Em ambos os casos, o pensamento e a preocupação são divididos em cinco tempos e se desenvolvem progressivamente, isto é, de maneira crescente, até chegar à sentença final do juízo. O caso deste oráculo não é diferente: enumeramos cinco calamidades, que o uso do idioma tornou atual, poderíamos definir as "pragas", em analogia com aquelas que atingiram o Egito na época de Moisés: fome, seca, má colheita, epidemia e terremoto. No final desta lista, um salto inesperado: o anúncio de uma ação de Deus em relação ao seu povo: "Eu agirei contra você ...", resumido em um único termo: "conhecer (encontrar) Deus".

É evidente que também neste caso as cinco etapas, que constituem o corpo do oráculo, devem preparar o ouvinte para a proposição final, são tantos passos de uma série de passos que o conduzem ao ponto mais alto de meditação, até a sentença final. Esta analogia formal não é a única, mas há uma afinidade substancial de pensamento entre estes e os dois ciclos já mencionados.

No caso das visões, a sentença do julgamento foi inesperada e imprevista, embora não absurda, pois foi preparada através do diálogo entre Javé e o profeta. Também neste caso surge a frase ameaçadora: "prepare-se para conhecer o seu Deus", a qual não é uma provocação verbal gratuita por parte do profeta, mas é a conclusão necessária de um longo processo. Esta conclusão foi preparada pelos versículos anteriores que evocam encontros específicos com Javé, o qual não fez nada além de tentar encontrar seu povo, de esforçar-se para começar com um diálogo, uma conversa séria da qual Israel sempre se esquivou.

Por outro lado, esse pensamento traz nosso ciclo mais próximo ao ciclo das maldições contra os povos.

Nesse caso, de fato, voltando-se para Israel, Amós havia enumerado os atos poderosos que Javé havia realizado para o seu povo na história passada e que a tradição lembrou com particular cuidado: a saída do Egito, a jornada no deserto, a conquista de terra dos amorreus. A estes sinais tradicionais de revelação, ele também acrescentou o dom dos profetas e Naziritas como uma expressão da vontade misericordiosa de Deus.

Nestas manifestações da graça, Amós combinou a infidelidade de Israel, o pecado, a violação da Lei, a recusa de ouvir a voz dos profetas. Deus falou e Israel não quis ouvir sua voz; isto, em síntese, é a tese desse oráculo.

Analogamente, e em correspondência direta com isso, reside a tese deste ciclo. Javé falou através de provações e de castigos, mas seu povo preferiu fingir não ver, não recebeu a mensagem.

O pensamento do profeta lida com dois termos característicos: "voltar, retornar a Deus" e "preparar, preparar-se".

O primeiro é típico do estilo de pregação encontrado em muitas outras páginas do AT. É o verbo que Oséias usará depois para definir a atitude de Israel em relação a Javé (Os. 7:10, 12:7; 14:1). No contexto de sua teologia da Aliança, entendida como uma relação de amor paternal, "retornar a Deus" significa reconstituir o vínculo de confiança e de carinho que foi destruído pelo pecado da idolatria. Todos os profetas posteriores usarão este termo para convidar as pessoas para o arrependimento (Is. 10:22; 31:6; 42:22; Jer. 3:12; 15:19; Joel 2:12; Zac. 1: 3). Um significado semelhante é encontrado no verbo empregado na linguagem do Deuteronômio (Deut. 4:30). Aqui, também, se trata de uma questão de uma nova abordagem da vida, assumindo as tradições da Aliança.

O segundo termo característico é o de "preparar-se", que, como foi visto, não por acaso pertence à linguagem cultual e também militar. Trata-se da atitude do crente que se prepara para ir ao santuário para renovar seu compromisso com Javé, sua participação na comunidade de fé dos irmãos e na comunhão de fé com esses irmãos. Ou, de uma maneira ainda mais característica, responde ao chamado divino para participar da "guerra santa".

Preparar-se significa colocar-se na condição de oferecer a Deus uma dedicação plena e absoluta nos dois momentos clássicos de fé na Aliança: o culto e a guerra. Mas era precisamente nessas áreas, no entanto, que estava o equívoco da fé de Israel, pois o culto agora se reduziu a uma mera manifestação ritual, e a guerra santa passou a ser encarada como uma guerra de conquista completamente distante de Javé e, portanto, profana. Israel acredita estar respondendo plenamente ao apelo tradicional "prepara-te", está convencido de que os seus cultos em Betel e suas expedições militares são verdadeiramente o que Deus pede dele, e então ele se ilude sobre, ao fazer assim, ir ao encontro de seu Deus.

A respeito deste equívoco sobre os dois termos, Amós, com a sua reconhecida habilidade de oratória em momentos anteriores, constrói seu discurso mais uma vez. Não é para as cerimônias ou para as batalhas que Israel deve se preparar, mas sim para algo completamente diferente, para o julgamento. O encontro com Javé, que durante décadas já havia sido incluído na rotina das cerimônias, ou que era esperado do ponto de vista do espírito profano do revanchismo, certamente acontecerá, mas isto será, para o povo, o dia da sua morte. Também neste caso, surge novamente o adjetivo característico da polêmica contra a religião, o qual já foi examinado: o "teu" que se refere a Javé. O Deus de Israel, aquele que o povo de Israel considera desdenhosamente como "seu Deus", com quem mantém um relacionamento apenas de tradição e de costume, que é parte da vida da nação como um elemento integral, e que permanece indissoluvelmente ligado ao seu povo, só que agora manifesta-se como o Senhor que dispõe do seu destino e o julga.

10.3.2 Interpretação dos sinais

É bastante característica, neste ciclo de oráculos, a concepção de Amós sobre os fatos históricos dos quais Israel é protagonista e objeto. Segundo ele, a vida do povo é uma conversa constante com o Senhor, a qual é impossível desconsiderar, e essa conversa não ocorre apenas na pronúncia de palavras e teorias, mas na realidade concreta da vida. Ou seja, não se está na presença de um diálogo abstrato entre a palavra de Deus, seus mandamentos e as leis, por um lado, e, por outro, a profissão de fé do povo, sua piedade e o seu culto de adoração.

Mas como é possível ver se existe realmente um contato, uma conversa, entre Javé e Israel, na história que este último está vivendo? Como foi visto antes, a presença de Deus manifesta-se tanto em formas positivas quanto negativas, e expressa-se como graça e julgamento. Por um lado, há as grandes obras de libertação do Egito e da entrada em Canaã, e, por outro, os sofrimentos, tais como as epidemias, mortalidade e guerras. Nestes últimos, Amós vê uma intervenção divina clara e explícita, pois não são eventos que se podem considerar como desgraças ou infortúnios, de desventuras a serem atribuídas ao acaso ou ao destino, mas são eventos motivados por uma vontade divina específica e precisa.

No entanto, é necessário entender a natureza dessa intervenção. Existem dois componentes no pensamento de Amós, a saber: as intervenções divinas são um instrumento de educação e são uma palavra de revelação. Instrumento de educação no sentido de que os crentes são educados por essas "experiências", por essas "provações", para fazer uma busca mais comprometida e atingir uma maior coerência de fé. O uso de termos como "experiência" é, no entanto, questionável neste contexto. Este é um conceito que se tornou familiar à sensibilidade de crentes modernos, que se reflete em declarações claras no Novo Testamento, onde a fé é apresentada como um caminho comprometido pelo qual Deus conduz seus filhos, levando também em consideração as experiências da vida. No caso do profeta, no entanto, um outro aspecto do problema parece predominar, segundo o qual as intervenções negativas de Javé na história de sua comunidade são uma palavra de revelação, um sinal de alarme, uma advertência. O principal problema que surge neste ponto para uma comunidade de crentes não é tanto a submissão à provação e a superação da provação dentro da própria experiência de fé, mas sim a interpretação dos sinais e dos fatos.

Os fatos que na vida natural ou social atingem a comunidade não são casuais, mas são, de fato, obra de Deus, não são desprovidos de sentido, pois eles carregam uma mensagem e mostram sinais. A comunidade dos crentes é chamada a ler e interpretar esses sinais que a cercam e através dos quais Deus lhe fala de forma negativa, sinais estes que correspondem às palavras de graça que ele abordou no passado. A condição trágica em que Israel se encontra vivendo é precisamente a de ser uma comunidade que não soube interpretar os sinais dos tempos, da mesma forma que não conseguiu interpretar as palavras de salvação de Deus. Ela é cega diante de uma e de outra mensagem e, tanto os atos de amor quanto as ações de julgamento, lhe são igualmente estranhos, incompreensíveis. Ela as vê e não as entende.

10.4 Questões relativas ao tema 2

10.4.1 Sinais dos tempos

Uma expressão característica se repete frequentemente na linguagem da comunidade cristã moderna: "os sinais dos tempos". Não se sabe exatamente a sua origem, mas não se vai errar muito e for considerada como um dos resultados do trabalho de revisão teológica que os ambientes das igrejas confessionais implementaram na Alemanha durante os anos do nazismo. Ao ter que medir forças com um poder político muito diferente daqueles tradicionais, cujas características de subversão e de extrema opressão eram óbvias, os crentes daquela geração fizeram uso da expressão para destacar a necessidade de uma confissão vigilante da fé na situação histórica existente. Os tempos de provação, de perseguição e de confissão haviam chegado e era necessário saber manter-se atentos e prontos. Falar sobre sinais dos tempos significava sair do esquema superior de um problema espiritual centrado no problema do indivíduo e na experiência individual de salvação, para afrontar a necessidade de uma pregação responsável ao nível da comunidade posta naquele contexto. Os termos clássicos da linguagem pietista, tais como provação, experiência, esperança e consolo, encontraram sua conotação original no contexto da fé comum. É, portanto, neste exato contexto de uma comunidade confessante e comprometida com o dar sentido à sua fé na comunidade civil, que a matriz de nossa expressão deve ser buscada.

Pouco a pouco, no entanto, essa expressão acabou assumindo um significado diferente e "ler os sinais dos tempos" passou, cada vez mais, a ser equivalente a "ler nos fatos da história a mensagem da vontade divina". Certamente, nenhum crente moderno achará necessário suprimir a leitura da Escritura, a reflexão bíblica, para realizar uma espécie de exegese da história humana, ninguém pensa que possa propor uma reflexão sobre o jornal cotidiano em lugar do Evangelho. Ninguém pensa que ele tem o dever de acreditar na História. O que se tenta fazer, no entanto, e os crentes fazem isso com um interesse cada vez maior, é descobrir se há ligações e correspondências entre a vontade divina, o plano revelado de salvação e os acontecimentos da vida humana. Por esta razão, tende-se a dar um significado muito especial aos grandes eventos da história recente: a primeira guerra mundial, o advento do nazismo, a revolução russa, a revolução chinesa, a segunda guerra mundial, e outros. Estes são eventos de tal magnitude no caso humano que envolvem a vida e o destino de milhões de pessoas, de modo que não parece possível atribuí-los ao acaso. Mas isso não significa ter que assumir e dizer: Deus decidiu isso, Ele fez com que acontecessem e os realizou. Pode-se apenas limitar a dizer, como muitos crentes dizem, que esses fatos têm algum relacionamento com a vontade divina, com a salvação, com o Seu Reino.

Tomar consciência plena de que a Palavra de Deus é obscura, duvidosa, enigmática, embora seja verdade. Ela é como uma estrada escura na qual se é chamado a caminhar e onde ocorrem repentinos lampejos de luz que permitem uma localização e uma orientação. Essas coisas estão acontecendo, essas reviravoltas imprevistas, eis aqui estão os sinais de que aquilo que foi expresso na Palavra é verdade.

Esta maneira de propor e entender a questão da fé na história não é nova, nem pode ser descartada em duas palavras como herética, mas também não é uma maneira de pensar profética, e sim apocalíptica.

10.4.2 Profecia ou apocalipse? Um novo olhar

Quando, de fato, os profetas falam de sinais, referem-se a fatos, pessoas e situações concretas que, de alguma forma, aludem à presença de Deus, à Sua vontade e à Sua realidade. O profeta é um sinal no meio de seu povo, com suas palavras e atitudes (ver, como exemplo, Ez.12:6), da mesma forma que certas ações simbólicas que ele realiza e que, de algum modo, levantam a questão sobre Deus e Seu trabalho . De um modo não diferente, o Evangelho de João irá apresentar os milagres de Jesus, que são fatos concretos e ações que se referem à sua missão.

Os autores do Apocalipse, por outro lado, consideram a história humana como uma sucessão de eventos determinados pela eternidade, pela qual Deus traçou o plano da história segundo sua vontade insondável. Para esses autores, a história é realizada, ou ocorre, como um filme cinematográfico, que é independente das pessoas que testemunham a projeção e tem uma vida própria e independente. Ler os sinais dos tempos significa, portanto, saber como intuir (perceber) nos eventos aquele pormenor que permite entender o ponto em que se encontra no contexto geral, significa capturar em um personagem ou em um fato, a chave para abrir o entendimento de todo o desenvolvimento da história.

Fica claro neste estudo que as alusões feitas por Amós à história recente de seu povo, guerras, pestes, fome e pobreza, são de ordem profética e não apocalíptica. Ele não pretende fornecer aos ouvintes um entendimento geral de todos os eventos contemporâneos e não diz que a orientação da história é o julgamento, nem que Deus traçou uma linha necessária que vai da libertação do Egito até o exílio na Assíria, uma linha obrigatória da qual os castigos recentes seriam os sinais. Ele não ilustra um plano divino sobre os fatos, mas percebe os fatos como um apelo ao arrependimento. O problema da leitura dos sinais não é, para a comunidade cristã, o problema de "compreender" a vontade divina, a revelação, o Senhor, mas de "obedecer", isto é, de se arrepender.

Nessa linha de pensamento, nos dias de hoje, as crises que atingem as Igrejas não são complementos da pregação ou mesmo da verificação de sua verdade. As palavras de anúncio, assim como as de advertência, contidas no Evangelho, nos chegam da boca de Jesus ou da caneta de Paulo, e são, em si mesmas, suficientes para explicar a realidade da fé. O problema reside em ouvi-las e compreendê-las.

Precisamente, esta leitura profética dos sinais é hoje particularmente carente na comunidade cristã. Não por acaso, a falta de uma teologia do juízo (julgamento) só pode levar a uma dupla forma de evasão (fuga), a evasão do apocalipse e a dos escribas. Sobre a primeira, já foi visto que é uma projeção para o futuro distante que se espera, implicando na busca de seus indícios no presente, uma forma literária que evoca a luta entre o bem e o mal. Mas esta não é o único meio de fuga para uma comunidade que não quer ler os sinais e se arrepender, pois há o caminho da visão literal dos escribas. Aqui o povo se prende à letra, à revelação escrita e formal e assume que é nesta que toda a mensagem divina está contida. A revelação em sua totalidade e a história da comunidade não têm relevância e apenas é determinante aquilo o que se lê e se entende do texto. O mundo dos escribas é o mundo das letras e, portanto, da Lei, no qual tudo já foi dito, tudo já está escrito e é necessário apenas interpretar, isto é, ler, analisar e deduzir, não sendo necessário saber o que, como e porque se está vivendo. A vida vem do livro .

A reforma protestante é sintomática a este respeito. Rejeitando a teologia natural do catolicismo, isto é, a ideia de que a revelação divina é o cumprimento de uma espécie de revelação temporária inerente à (inserida na) realidade humana, orientou claramente a reflexão cristã no sentido profético, desviando-se do fascínio do apocalipse e do engessamento da ortodoxia dos escribas. Ser filhos da Reforma hoje não significa, no entanto, ter a posição ou atitude de servos dos reformadores, mas sim pensar como eles, entender a plenitude da revelação na Palavra, mas também se arrepender na história.

E também deve-se aqui lembrar o fato de que a profecia, em Israel, termina quando se instauram e se solidificam os domínios dos escribas e o sonho dos apocalípticos, aos quais se junta, ainda, a dominação dos sacerdotes políticos.

TEMA 11
JAVÉ, O CRIADOR

11.1 Javé, o Criador – Introdução

Até agora foram examinados os temas essenciais da pregação de Amós centrados no anúncio da destruição de Israel. Como foi visto, os diferentes ângulos pelos quais ele se prepara para dirigir-se a pessoas despreocupadas e superficiais estão convergindo. Vozes diferentes que formam um grande coro e que assumem conotações diferentes, ora trágicas, ora irônicas, ora cáusticas, ora angustiadas, contribuem para construir um discurso lógico, coerente e unívoco: uma sentença de condenação sem remissão.

Na grande sinfonia trágica da pregação de Amós existem, no entanto, dois temas que não concordam com a abordagem geral. O primeiro é representado por uma coleção de algumas frases que desenvolvem o tema da onipotência de Javé, enquanto o segundo consiste em alguns oráculos de esperança que fecham o seu livro.

As ditos de Javé, o criador onipotente, estão contidas nos Cap. 4, 5 e 9. Esses versículos, muito parecidos uns com os outros, são unanimemente reconhecidos pelos estudiosos como pertencentes a uma mesma composição poética, como um hino que celebra o poder de Javé na criação.

Todas as estrofes são construídas de acordo com o mesmo padrão e são fechadas com uma declaração típica da teologia israelense, que já foi examinada com referência à teologia da guerra santa: "Yahwe sabaot, o Eterno dos Exércitos é o seu nome".

O primeiro trecho (4:13) é lido no final do grande oráculo sobre o fracasso de Israel em entender os sinais, que terminaram com as palavras de advertência: "Prepare-se para encontrar o seu Deus, ó Israel". Aqui celebra-se o poder criador de Javé nos fenômenos atmosféricos e na transformação da ordem natural e cósmica.

O segundo fragmento, que é lido em 5:8,9, num capítulo muito retrabalhado onde se sobrepõem oráculos relativos à busca de Deus e à condenação da injustiça, consiste em dois versículos. O primeiro celebra novamente a presença de Deus nos fenômenos atmosféricos e seu poder sobre as chuvas, enquanto o último apresenta-o como aquele que destrói fortalezas.

Esta segunda estrofe, composta por apenas dois versos e, provavelmente, incompleta, não é fácil de interpretar. Na verdade, pode se referir à força de um terremoto, um fenômeno natural que perturba a estabilidade da Terra, mas também pode se referir à guerra como o poder destrutivo das fortalezas. Neste caso, deve ser intitulado, como na nossa tradução: "Javé guerreiro, Deus dos exércitos". Nesses dois fragmentos, não há absolutamente nenhuma conexão com o contexto imediato.

O terceiro e maior fragmento, que se lê em 9: 5-6, é imediatamente relacionado à quinta visão. Aqui retornam os dois temas anteriores, ou seja, o domínio sobre o abismo, a construção da morada celestial e o poder das intervenções em fenômenos particulares, como os terremotos ou as inundações do Nilo, tema que já está presente em outro contexto de julgamento (8:8) como prova da ameaça de Javé.

Também neste caso, a ligação com o contexto não parece muito evidente. A visão culminou com a afirmação da onipotência de Javé no juízo e o verso do hino que celebra o seu poder pode ser associado ao primeiro, por afinidade temática.

11.2 Detalhes sobre o texto relativo ao Tema 11

Texto	Termo	Observação
JAVÉ CRIADOR (Cap 4:13)	---	---
13 É ele, de fato, que forma [a] as montanhas, que cria [b] o vento que revela [c] seu plano para o homem que faz [d] a aurora e a escuridão que caminha [e] acima das alturas da terra: Javé, o Deus dos Exércitos [f], é o seu nome!	[a] forma	[a] Lit . modela (conf. O mesmo verbo em Gen. 2:7)
	[b] cria	[b] É o verbo de Genesis 1, da criação do mundo e de toda a realidade que conhecemos.
	[c] revela	[c] Provável menção à função dos astros como instrumentos de conhecimento dos acontecimentos (plantio, colheita...)

continua...

VEREDAS DA JUSTIÇA
PROFECIAS

continuação

Texto	Termo	Observação
	ᵈ faz	ᵈ Verbo que se encontra também em Gen. 2:4 e Sal. 8:4.
	ᵉ caminha	ᵉ Talvez seja uma menção a uma erupção vulcânica.
	ᶠ Deus dos exércitos	ᶠ Expressão típica da confissão de fé israelita (Sal. 24:10; 46:7; Is. 6:3; 54:5)
JAVÉ TUTOR DO UNIVERSO (Cap. 5: 8)	---	---
8 Foi ele quem fez ᵍ as Plêiades e o Orion, que muda a escuridão ʰ pela manhã, que escurece o dia ⁱ em trevas que reúne as águas ʲ do mar, para espalhá-las sobre a superfície da terra: Javé é o seu nome!	ᵍ fez	ᵍ O mesmo verbo aparece em Gen 2:4.
	ʰ escuridão	ʰ O mesmo termo (*salmawet*) é usado no Salmo 23 para "vale da sombra da morte", isto é, o inferno. No entanto, esse significado não é adequado a este contexto.
	ⁱ escurece o dia	ⁱ Possível alusão ao "Dia de Javé", conf. 5:18 ss.
	ʲ águas	ʲ Ver o mesmo pensamento expresso em forma poética em Jó (36: 27-30).
JAVÉ SENHOR DO UNIVERSO (Cap. 9: 5-6)	---	---
O senhor Javé dos exércitos, quando toca a terra, a faz tremerᵏ; 5 então aqueles que nela habitam começam o luto. Ela sobe toda, como o Nilo ˡ, e se abaixa, como o Nilo do Egito. 6 Ele construiu sua morada ᵐ no céu, fundou seu próprio palácio ⁿ na terra. Ele convoca a água do mar para espalhá-la sobre a superfície da terra: Javé é o Seu nome.	ᵏ tremer	ᵏ Conf Sal. 104:32.
	ˡ Nilo	ˡ As inundações do Nilo aparecem como um fenômeno devido à intervenção direta de Deus.
	ᵐ morada	ᵐ A tradução segue os LXX; O hebraico traz "sua escada" ou "seu degrau", mas o paralelismo que vem a seguir torna a opção dos LXX mais provável.
	ⁿ palácio	ⁿ Lit.: "a sua volta", uma parte do edifício é considerada como o todo. Observar a correspondência entre o templo celestial e o terrestre, provavelmente referindo-se ao templo de Sião

continua...

Texto	Termo	Observação
JAVÉ, O GUERREIRO (Cap. 5: 9)	---	---
9 Ele desencadeia a destruição no forte °, Conduz a ruína na fortaleza	° forte	° Conf. 6:8 (castelo)

11.3 Comentários sobre o texto relativo ao tema 11

11.3.1 A teologia da criação

O hino espalhado em fragmentos no livro de Amós comemora, como foi visto, o poder de Javé sobre a criação. Este poder se manifesta em diferentes níveis e em uma série de intervenções específicas:
- criação da terra e do céu (a morada de Deus),
- direção dos fenômenos naturais (vento),
- do tempo (nascer e pôr-do-sol),
- orientação das estrelas e seus cursos (revelando a vontade divina),
- manutenção da ordem natural (águas do abismo, inundações do Nilo),
- fertilidade da terra (chuva).

Todos os fenômenos que dominam a existência do homem, tanto os que o perturbam e os que o projetam para a morte, como os terremotos, catástrofes e convulsões, quanto, ao contrário, aqueles que regulam, de algum modo, o curso de sua existência terrena, devem ser rastreados até o poder de Javé

Essas teses não se constituem em um problema para o crente moderno. O fato de que a obra de Deus se manifestou na criação e organização do universo parece agora claramente definido e adotado como um dos pontos fundamentais da fé. A propósito, o primeiro artigo do Credo não faz referência explícita a Deus "criador do céu e da terra"? Os problemas que a filosofia, as ciências e a vida moderna colocam, são secundários a essa afirmação fundamental e dizem respeito às modalidades de criação, a relação que pode existir entre a realidade de Deus e a existência. do mundo, a autonomia da criação e da matéria, etc.

Para Israel, o próprio fato da criação era, em vez disso, um grande problema teológico, e, acima de tudo, a relação entre Javé, Deus do povo e libertador do Egito, e o mundo criado era um problema. Os fatos básicos da fé israelense não são, de fato, o ordenamento e a orientação do universo por uma mente suprema, Deus, mas sim, como foi visto antes, as intervenções concretas feitas por Javé na história do povo. Somente em um período relativamente recente, isto é, depois do exílio na Babilônia Israel iniciou uma reflexão sistemática sobre o tema da criação, desenvolvendo então uma verdadeira teologia da criação, paralela à sua teologia antiga e fundamental da presença de Deus na história. Textos que são considerados fundamentais para uma visão cristã da criação e, consequentemente, da realidade do mundo, como Gênesis l ou Isaías 42:5: 44:24, etc., pertencem precisamente a esse período relativamente tardio da meditação espiritual do povo.

O fato de que no hino em questão é usado o verbo "*bara*", o mesmo que expressa em Gênesis, o ato da criação, levou muitos estudiosos a considerá-lo pertencente a um período bastante posterior a Amós, datado talvez no século VI AC. Outros estudiosos, no entanto, apontam que, embora tenha refletido profundamente sobre o tema da criação e não tendo feito desta doutrina um dos pontos fundamentais de sua fé, Israel tem consciência, desde a antiguidade, de que Javé é onipotente mesmo no campo de realidades naturais. Não poucos salmos e outros textos antigos do Gênesis sugerem essa certeza. Pode-se, assim, assumir que o hino citado por Amós já faz parte da bagagem litúrgica de Israel ou o é apenas um pouco mais tarde.

Mas há outro fato a ser notado: a reflexão de Israel sobre o poder criativo de Javé é determinada, em grande parte, pelo seu contato com o meio ambiente cananeu. A religião cananeia, de fato, dando um lugar proeminente para a ideia de um Deus criador ou, mais exatamente, de um deus que renova e dá vida à criação, impôs aos profetas uma reflexão mais profunda sobre esse tema e, igualmente, a reflexão sobre o tema da criação se tornou necessária devido ao tempo de contato mantido com o ambiente altamente desenvolvido da Babilônia do século VI. Por conseguinte, Israel teve que repensar e reformular os princípios fundamentais de sua fé no contato direto com o mundo exterior das religiões pagãs, onde está presente o tema da presença e do poder de um deus no mundo das realidades naturais.

Pode-se, portanto, considerar a teologia contida no hino como uma teologia secundária em relação à linha fundamental da reflexão do A.T., não no sentido de que ela tenha menos interesse e menos importância para os crentes, mas no sentido de que ela expressa uma reflexão posterior.

Para resumir, os crentes foram levados a refletir sobre a realidade do mundo e sua criação, isto é, na presença de Deus na criação, somente depois de refletir sobre a presença na vida concreta e na história da comunidade. Tendo que seguir o caminho seguido por Israel, alguém se pergunta hoje sobre Deus o Criador depois de acreditar nele como salvador e libertador. Somente a partir da consciência de que Ele julga, redime, constitui a existência cotidiana se pode entender também a sua presença na realidade do cosmos. A fé surge do encontro direto com a palavra de Deus na realidade concreta da própria situação como ser humano e como comunidade, e não pela meditação abstrata sobre o poder do Deus que criou e ordena o mundo.

11.3.2 Uma resposta da comunidade

Estas considerações gerais relativas ao tema propriamente teológico da criação merecem ser exploradas mais a fundo. Neste ponto, menciona-se isto apenas para ilustrar e entender a inserção deste hino sagrado no contexto de uma profecia. A questão que surge imediatamente é a seguinte: por que e por quem essas citações foram feitas? Os estudiosos são unânimes em ver aqui uma posterior interpolação de textos pelos discípulos do próprio profeta, com exceção do texto de 4:13, em relação ao qual ainda existem dúvidas. Em tempos que não podem ser facilmente determinados, mas, de qualquer modo, após a redação do livro, os leitores envolvidos na compreensão do texto se sentiram autorizados, e mesmo no dever, de comentar de alguma forma o que estavam lendo.

Um fato surge agora, em primeiro lugar: o contexto em que essas citações são feitas. O texto possui sempre oráculos de julgamento, em que Javé é evocado como o juiz onipotente que tem o direito de condenar e aniquilar seu povo. "É isso que Ele está por fazer", diz Amós. "Sim" responde a comunidade de seus discípulos, que aceita que "Javé realmente tem o poder de fazer isso, ele pode dar vida e morte, e também é visto ao redor das pessoas, na realidade do mundo".

No entanto, trata-se aqui de uma onipresença lógica, preordenada, e que tem uma norma, uma lei. O Senhor não é um gigante caprichoso que brinca com Israel, ora abençoando-o e ora abandonando-o, mas é o mesmo Deus que deu forma e ordem à criação. Isto significa que o julgamento não é uma realidade casual e ocasional, mas que é necessária, como parte de um plano preciso que corresponde a uma intenção divina. Para o crente, trata-se de uma questão de aceitar e acolher essa intenção, de saber que está inserido nela e que é uma questão de viver a provação do juízo como um tempo de revelação, um momento específico em que Deus fala com a sua Igreja.

Essas interpolações feitas pelos círculos proféticos de Israel, ou mais provavelmente de Judá, têm, portanto, o significado de uma confissão de fé com a qual os crentes pretendem assumir sua posição diante das declarações do profeta. Na realidade do julgamento que se aproxima, da qual os sinais premonitórios já são percebidos, reconhece-se a presença de Deus. Inserir no texto escrito por outros suas próprias considerações, significa para nós hoje uma intromissão indevida, talvez uma falsificação do texto. Convém lembrar, a este respeito, que a concepção antiga da obra literária é muito diferente da atual e que nenhum dos leitores conscientes de tais interpolações as julgaria indevidas, assim como não seria considerado ilegal atribuir um trabalho recente a um personagem ilustre.

Ao intercalar seu hino no texto profético, os discípulos de Amós não pretendem enfraquecer com confissão de fé posterior a veracidade dos oráculos antigos, antes eles tentam demonstrar sua validade. O profeta não é, como se pode observar, uma grande ou nobre figura mas é difícil negar a homens como Amós uma personalidade excepcional. Ele não é um gigante que lança seus vaticínios e depois desaparece no ar; ao contrário, ele vive profundamente enraizado na comunidade da qual é membro e da qual ele se mostra solidário. Amós está em constante referência dialética com Javé de um lado e com o povo do outro. Cada palavra sua e cada ato seu se referem a esta comunidade de vocação e pecado que é o próprio povo.

Por outro lado, no entanto, ele é um homem que vive à margem do povo, que está situado nas fronteiras e, como tal, nunca é aceito como expressão do sentimento geral ou de um consenso. As suas palavras, oráculos pronunciados oralmente, as admoestações e as ameaças não têm a consistência das leis escritas e das tradições religiosas mantidas nos santuários, ele ataca, com sua novidade perturbadora, as estruturas tradicionais da teologia israelense, propõe uma nova interpretação da vontade de. Deus e, como tal, perturbam uma ordem constituída. A pregação profética é, por sua natureza, destinada a não ser recebida pela comunidade religiosa de Israel, e ser, pelo contrário, bastante rejeitada, e, apesar disso, o fato de ela criar raízes, suscitar reações positivas, dela ser coletada e transcrita, é um dos fatos surpreendentes da situação religiosa de Israel naqueles séculos.

A profecia, portanto, cria dentro de um povo leal às suas formas tradicionais, rituais e cultos formalistas uma nova comunidade de crentes e é colocado como origem de uma nova tradição, através da qual os novos crentes receberão vida e esperança, da mesma forma que a antiga tradição da Aliança e do Êxodo criou a consciência espiritual de Israel. É a esses núcleos de "novos crentes", filhos da profecia, que se deve gratidão por se possuir atualmente páginas escritas preciosas e únicas como as de Amós. No entanto, no caso deles, a vitalidade da mensagem antiga não parece reviver entre todos, como no culto dos santuários, nas formas litúrgicas, mas somente de modo restrito à meditação e releitura. E é muito bem entendido que esta comunidade de "filhos espirituais" de Amós, se for possível assim defini-la, não se limita a simplesmente reler os seus oráculos, mas sim procurar revivê-los em um diálogo frutífero.

E a comunidade de crentes, aquela que recebeu a mensagem profética, responde com a sua declaração de fé ao que lhe foi anunciado, confirma a validade do que ouve e lê. Em certo sentido, ela se apropria do anúncio da profecia e a torna sua, revivendo sua trágica seriedade e participando do próprio trabalho profético, toma uma atitude a respeito o que ouve e lê e atribui a ela a condição de uma palavra autorizada e presente. Assim como nos Salmos, a comunidade atesta a sua participação com o "Amém" que responde à proclamação da obra de Deus, de seu julgamento e de suas promessas, e, assim, ela responde também com sua profissão de fé às palavras de seus profetas.

TEMA 12
A RESTAURAÇÃO

12.1 A restauração – Introdução

O segundo tema estranho à pregação de Amós, e que também é claramente expresso em uma série de oráculos no final do livro, é o tema da restauração do povo após a interposição na linha da história de Israel dos parênteses representados pelo julgamento.

O primeiro oráculo em que o tema surge (Cap. 9:8) é uma composição e sua autenticidade, ou originalidade, é contestada, ao menos parcialmente. Consiste em duas partes com o final já conhecido: "oráculo de Javé". A primeira parte anuncia a destruição em termos perfeitamente correspondentes à pregação de Amós, visto que nele se lê uma expressão bastante característica, já encontrada no final do ciclo de visões: "Os olhos de Javé se voltarão para o seu povo, mas não para salvá-lo e sim para aniquilá-lo". Amsler considera, levando em conta este conceito e também a menção ao "reino pecaminoso", que, no texto primitivo, este oráculo constituía o fechamento do ciclo de visões e servia de ligação com o episódio de Betel, no qual o centro do debate é constituído precisamente pelo oráculo de condenação do reino de Jeroboão II.

Em vez disso, é a última parte do versículo que levanta problemas. O terceiro verso aparece de fato como uma inserção: "mas não exterminarei totalmente a casa de Jacó". Este vislumbre de esperança, incomum na pregação de Amós, levou quase todos os estudiosos a ver aqui uma adição posterior dessas palavras.

Nos últimos versículos do livro (Cap. 9: 11-15), existem dois oráculos cujo tema único é a restauração de Israel, mas cuja proveniência é, com todas as evidências, diferente. A primeira parte (vv. 11-12) abre com a fórmula já encontrada em outros trechos: "naquele dia ..." (ver em 2:16; 8:3; 9:13), mas, ao contrário, fecha com uma expressão incomum: "Oraculo de Javé, que também o executa". Fala-se do reino de Davi como uma "cabana caindo", ou "queda", cuja reconstrução é anunciada. Os termos evocam uma catástrofe que destrói o reino davídico e não pode limitar-se ao cisma do século X AC. Trata-se, com toda evidência, da destruição de 568 AC, que viu o fim da independência de Judá. O texto deve, portanto, ser posterior a essa data. A reconstrução é evocada em termos característicos da profeção pós-exílio (Is. 43:18; Is. 54: 9) A menção a Edom, o inimigo hereditário, finalmente derrotado, também é característica das esperanças do exílio (Is. 63 : 1-6; Jer, 49: 7-22; Joel 4:19), assim como a menção aos povos, todos levaram a convergir para Jerusalém como um lugar de revelação. Este oráculo deve, portanto, estar situado no meio daqueles judeus que escaparam da deportação e viveram o período de exílio na difícil situação político-econômica da Judéia ocupada pelos babilônios.

A segunda passagem (Cap. 9: 13-15) também abre com uma fórmula frequente em Amós: "aqui estão os próximos tempos" (Cap.4:2 e Cap. 8:11), mas com uma entonação completamente diferente: aqui os dias são de reconstrução e de bênção divina e não de destruição. Depois de uma proclamação geral apresentada como "o oráculo de Javé" (versículo 13), passamos a uma evocação direta para a primeira pessoa em quem o próprio Deus fala e fecha com uma interpelação para a segunda pessoa: "diz o Senhor, teu Deus". Este procedimento também é característico da pregação do Deuteronômio, que frequentemente alterna entre "você" e "vós", e é, portanto, nesse ambiente de Jerusalém que a origem desse texto específico deve ser buscada.

O primeiro sinal indicado para a restauração é o da superabundância dos produtos da terra, quase não há mais separação entre os diferentes trabalhos agrícolas devido à grande riqueza de produtos. O tema da colheita retorna aqui tão rico que parece o derretimento do vinho vindo das colinas e o emanar de leite e de mel referidos na tradição em relação à terra de Canaã,

Os últimos versículos, em vez disso, falam da reconstituição da comunidade de Israel em seu país, já com uma linguagem "jurídica" do condenado que recebeu o seu perdão.

12.2 Detalhes sobre o texto relativo ao Tema 12

Texto	Termo	Observação
EXORTAÇÃO PARA RESTABELECER A JUSTIÇA (Cap. 5:14-15)	---	---
14 Procurem o bem, não o mal, se vocês querem viver e se querem que Javé, o Deus dos Exércitos, esteja com vocês, como vocês afirmam. **15** Odeiem o mal, amem o bem restaurem o direito à porta: então, talvez, Javé, o Deus dos Exércitos, tenha misericórdia do restante de José!	---	---
CONDENAÇÃO E PERDÃO (cap. 9:8)	---	---
8 Eis que os olhos [a] do Senhor Javé estão fixados [b] no reino [c] pecador: "Eu os removerei da superfície da terra. Porém [d] Eu não vou exterminar completamente a casa de Jacó, oráculo de Javé.	[a] olhos	[a] Como em 9:4, o olhar de Javé é pela morte de Israel.
	[b] estão fixados	[b] O verbo está implícito no texto.
	[c] reino	[c] O termo expressa o orgulho do povo (ver 6:16, 7:13) que se sente forte e autossuficiente.
	[d] porém...	[d] É uma provável adição posterior ao texto original

Texto	Termo	Observação
RESTAURAÇÃO DA CASA DE DAVI (Cap. 9: 11-15)	---	---
11 Naquele dia restaurarei o tabernáculo ᵉ cadente ᶠ de Davi, repararei suas fendas, reconstruirei suas ruínas, restaurarei como ele era no passado.	ᵉ tabernáculo	ᵉ Em Isaías (1:8) indica Jerusalém; aqui parece indicar o reino de Davi. Não significa, todavia, a dinastia de Davi que é chamada "casa de Davi" (II Sam. 7:11, 23:5).
	ᶠ cadente	ᶠ O verbo no particípio pode significar: "cadente" no sentido de "prestes a cair", "instável", ou: "que irá cair"
12 Isto para que herdem o que restou de Edom ᵍ e todos os povos ʰ sobre os quais o meu nome foi invocado!" Oráculo de Javé, que também executa estas coisas.	ᵍ Edom	ᵍ Inimigo tradicional de Israel ao oriente que aqui aparece reduzido a um "resto"...
	ʰ todos os povos	ʰ Referência clara ao império de Davi e Salomão.
13 Eis que estão para vir ⁱ tempos (oráculo de Javé), em que aquele que lavra siga logo depois ʲ do que ceifa, o que espreme as uvas o que semeia; as montanhas farão escorrer o mosto, todas as colinas serão umedecidas.	ⁱ estão para vir	ⁱ Os LXX tem um texto diferente. A fórmula é lida em 4:2 referindo-se ao julgamento feito por Deus, e em Jer. 31.31 para anunciar o tempo da nova revelação.
	ʲ logo depois	ʲ A abundância da colheita não deixa descanso para o camponês. Com a colheita concluída já se deve semear. Após a colheita se ara a terra (conf. Lev. 26: 3 ss).
14 Então me voltarei para o bem do destino ᵏ de meu povo Israel: ele reconstruirá as cidades desoladas e ali habitará, plantará vinhas, beberá o vinho e comerá seus frutos.	ᵏ bem do destino	ᵏ No significado de bênção na comunhão do Pacto, conf. 5:14
15 Eu o plantarei ˡ em seu próprio solo, para que nunca mais seja deportado da terra que Eu lhe dei!" diz o vosso Deus.	ˡ plantarei:	ˡ O tema da restauração é característica dos profetas do exílio: Isaías (Is 61: 8; 62: 8-9) e Ezequiel (36: 33-38). Ver ainda Oséias 2:23, que corresponde ao "meu povo" do verso 14.

12.3 Comentários sobre o texto relativo ao tema 12

Também para os oráculos de restauração, os problemas são, da mesma forma que para o hino de Javé Criador, de ordem crítica e teológica. Ao examinar os oráculos de Amós, foi visto que interpolações de palavras e de expressões posteriores não são infrequentes em seu texto. O caso do hino já foi examinado e faz sentido em si mesmo, enquanto os fragmentos inseridos no seu texto original são diferentes e característicos.

Há o inciso no Cap. 5:15 ("talvez"), que suspende a ameaça do julgamento por um momento. Há o remanejamento do v. 10 para o Cap. 9, onde a sentença é limitada somente aos culpados, perpetradores dos pecados. Somente aqueles que demonstram a necessidade da palavra serão afetados. E existe o caso mais eloquente do remanejamento do ciclo de maldições contra os povos e a adição da condenação de Judá. Há, ainda, a menção feita a Sião em 6:1, que também pode ser considerada uma inserção tardia.

Todas essas inserções de texto parecem estar ligadas a um único ambiente: a comunidade de Judá após a destruição de Samaria em 722 AC. Essas hipóteses (que são, de fato, hipóteses que se valem da ajuda das pesquisas e das ciências ligadas à história e à literatura) permitem o entendimento de algumas anomalias e incertezas do texto, no entanto, fazem parte da ciência bíblica especializada. Mais significativo é, em vez disso, a definição desse problema em termos espirituais e perguntar-se: por que e com que critérios a comunidade judaica acreditava que poderia reorganizar o material que lhe havia sido transmitido, inserindo nele as suas próprias reflexões sobre os temas nele contidos?

Também neste caso, como no hino ao criador, a comunidade dos discípulos de Amós formada pelos crentes que, depois de algum tempo, reviam suas profecias, sentiu-as como suas próprias coisas, as viveu, e, assim, prolongou em seu próprio tempo o espírito da mensagem profética. Neste caso, no entanto, não parece estar presente apenas um grupo de discípulos, alguns poucos crentes que, de alguma forma, se identificam com o mestre e compõem aquele pequeno "restante" do qual fala Isaías (11:16).

No caso destes oráculos, está-se na presença de uma comunidade mais ampla, de uma verdadeira reflexão teológica, está-se em um momento de "reinvenção" ou "redescoberta" da profecia. Pode-se, portanto, ver nessas interpolações feitas pelos judeus do reino do sul não apenas uma releitura de profecias antigas, mas uma verdadeira reinterpretação da mesma.

De fato, tendo inserido no próprio corpo das profecias de Amós suas próprias considerações (aquelas que, em um sermão evangelicamente estruturado são chamadas de "aplicações", ou seja, a tradução em termos concretos referente a tudo o que é lido), significa que a comunidade judaica reviveu essas palavras, ela as fez suas, mas, de certo modo, também as superou. Toda a mensagem profética do período de exílio, atestada pelos livros segundo Isaías e Ezequiel, é uma mensagem de esperança, é uma proclamação de restauração e usa expressões e imagens bastante semelhantes às dos oráculos aqui inseridos no texto de Amós.

O que ocorre aqui, no entanto, é o contraste que surge da justaposição entre as palavras de condenação do profeta e as palavras da esperança, contraste que não é apenas presente em nível dos conceitos gerais e dos pensamentos, mas da própria linguagem utilizada. Parece que a comunidade judaica tenha, intencionalmente, usado certas expressões e imagens como se desejasse responder ao profeta antigo, como, de fato, ela retoma e parte das suas imagens da morte e as transforma, numa reviravolta, em imagens de benção. Samaria e suas habitações, símbolos da opressão, são destruídas, diz Amós, mas, depois, as casas serão reconstruídas, o oráculo responde, e uma nova sociedade se levantará do nada. As videiras ficarão desertas, lugar de funeral, diz o profeta, mas as vinhas serão, depois, um lugar de celebração e todos beberão o fruto do que foi plantado. Campos e jardins serão devastados por gafanhotos e haverá desolação, disseram os oráculos antigos, mas serão campos ricos em culturas, abundantes e pródigos, diz o novo texto.

Uma terra de violência e abuso se torna uma terra em que Javé está presente. Essa reversão é extraordinariamente eloquente no uso do símbolo típico do pensamento de Amós, que foi o exílio. Aqui a deportação se desencontra absolutamente com a promessa explícita de um "ser enraizado" na terra dada por Deus, soando quase como uma nova entrada em Canaã.

E não só isso, pois a oração final do oráculo torna essa inversão total de situações ainda mais eloquente através do uso que se faz do adjetivo possessivo "teu" ao referir-se a Deus. O pecado de Israel relatado por Amós pode ser resumido no fato de que o povo se atribuiu o direito de usar Javé, o seu dia, a sua eleição e a sua promessa como se fossem suas propriedades. Israel já havia classificado Javé como "seu", e ele poderia possuí-lo como um capital assegurado. A Sua bênção e Sua presença eram agora consideradas realidades automáticas, os santuários não eram muito mais do que colossais "máquinas eletrônicas" operadas com moedas em que Javé, reduzido a uma mercadoria sagrada, era recebido por seu povo como qualquer mercadoria de consumo. A sentença do julgamento, em vez disso, que os adjetivos "nosso" ou "meu", quando referidos a Deus, não significam que Ele esteja em sua posse, mas que povo e a pessoa estão em Sua posse. Israel teve que entender que ser "de Javé" não significa que Ele pertença ao povo, mas vice-versa, e que o significado último da eleição reside no fato de que todo o povo pertence a Deus. Somente Deus pode, legitimamente, fazer uso da expressão "meu" ao referir-se aos seus crentes.

Mas qual é o significado deste novo enunciado, a única em todo o livro: "Javé, o teu Deus"? Será que isso significa, talvez, que tudo o que Amós disse foi parcial, paradoxal, resultado de um extremismo fanático? Será que, de alguma forma, deve-se redimensionar sua profecia com uma nova palavra que também leve em consideração outros aspectos da realidade, que completem dialéticamente suas teses radicais? Javé julga e condena, sim, mas será que também é aquele que perdoa?

Se a comunidade dos crentes de Judá se limitasse a fazer isso, ela poderia não ter dado uma interpretação da mensagem profética nem a teria reinterpretado, ela poderia, simplesmente, tê-la reduzido. Os profetas, por outro lado, não se redimensionam em uma espécie de dialética entre extremos, eles se compenetram na sua missão. A comunidade que reconstruiu o texto do livro de Amós, de acordo com suas necessidades e critérios teve a intenção de fechar o texto com este oráculo de restauração para buscar responder ao oráculo que o abriu: "a palavra de Javé que ruge de Sião", a voz que não pode ser evitada e que é a mesma que agora anuncia a reconstrução da comunidade destruída. Javé que deportou Israel é o onipotente que traça o destino da realidade e é o mesmo que reconstrói a história de seu povo.

O oráculo não é, portanto, o final feliz de uma história ruim, a palavra reconfortante após as ameaças, nem o sereno depois da tempestade. Quem escreveu isso tinha vivido o julgamento, o exílio, o silêncio de Javé como o próprio Amós o havia vivido em realidade, e não apenas em visão. E agora ele poderia responder com essa suposição de confiança total na única realidade de Deus: sua palavra criadora de vida e de história.

Com estas grandes promessas de restauração de Israel, a tradição quis expressar o testemunho de Amós sobre um ponto que permanece em segundo plano em suas ameaças: o julgamento de Javé sobre o seu povo não é senão o contrário daquela graça que Ele tem guardado para o dia em que Israel abandonar sua falsa segurança e procurar aquele que pode, somente Ele, fazê-lo viver.

12.4 Questões relativas ao tema 12

O fato de que, nos tempos que se seguiram à pregação do profeta, seu texto tenha sido interpolado, ou seja, tenham sido inseridos outros textos, como o hino ao criador, os oráculos de restauração etc., levanta alguns problemas para um leitor atual, mas também oferece ideia para uma revisão do próprio conceito de profecia e a oportunidade de chegar a uma nova compreensão desse fenômeno.

Em primeiro lugar, deve-se libertar de preocupações fundamentalistas. O fato de que se possa concluir que a palavra atribuída ao profeta Amós, ou, muito mais simplesmente, contida em um livro que atualmente possui seu nome, não seja sua, não significa que ela seja desprovida de significado espiritual e que deva ser apagada.

Em segundo lugar, precisa-se libertar de qualquer concepção moderna que veja os autores bíblicos como grandes personalidades invioláveis. A comunidade de crentes que transmitiu a coleção das profecias de Amós, e a transmitiu com seus próprios pensamentos e afirmações de fé, compreendeu perfeitamente aquilo que se deve entender como mensagem profética. Entendeu que a profecia não é uma previsão, um grito ou um protesto lançado por um indivíduo e transmitido com sentido imutável à posteridade, mas é uma palavra concreta sobre a história da Igreja que pode viver e reviver somente em meio à meditação da Igreja. Sem a comunidade de crentes que leiam, meditem e revivam as palavras de Amós, o seu texto é apenas um documento literário a ser mantido em uma biblioteca.

Na verdade, a profecia não pertence ao gênero da oratória, ao discurso sagrado, mas está enraizada na reflexão da comunidade a respeito da revelação. Pode-se ressaltar, com razão, que o profeta se constitui, na Bíblia, em uma pessoa investida com o dom do Espírito e que ele não é uma comunidade. E o caso de Amós é particularmente eloquente a este respeito, uma vez que os seus discípulos se reuniram em torno de sua mensagem, eles não a provocaram nem criaram. Em suma, a Igreja vem após a profecia e apenas reflete sua presença, pois nem a constitui nem a produz. Indubitavelmente estas são afirmações exatas, que devem ser enfatizadas no tempo presente quando a comunidade, como realidade sociológica e teológica, é muitas vezes vista como um dado primário e fundamental, quase a matriz da Palavra e da profecia.

Nisto reside, no entanto, a diferença substancial entre nossa situação atual como crentes e aquela do século VIII AC. Os contemporâneos de Amós, e ele mesmo, antes da profecia, eram um grupo de pré-proféticos. A comunidade dos crentes de hoje é pós-profética. Não só porque a comunidade atual vive cronologicamente muitos séculos após o tempo de Amós, mas, pelo que já foi dito repetidamente a respeito de Cristo. A Igreja não é o Israel de Amós colocada diante do evento inesperado da Palavra, mas é o corpo de Cristo colocado diante do Verbo encarnado. Não é mais importante para os crentes de hoje esperar pela profecia, mas é tempo de tentar não sufocar o Espírito, ou seja, deixá-lo viver entre nós, não tentar suprimi-lo, mas, em vez disso, de inseri-lo no discurso profético aberto por Amós e cumprido por Cristo, que é o discurso do Espírito. A profecia não pode ser, para nós, o irromper de uma nova palavra, mas sim o fato de que a Palavra de Jesus retoma a vida. E a comunidade é o lugar onde isso pode e deve acontecer.

Isso é o que os discípulos de Amós intuíram, assim como os discípulos dos demais profetas e os discípulos de Jesus, ao coletar, manter e transmitir suas palavras e os fatos da vida, e ao manter viva sua memória. Os elementos que podem ser destacados neste ponto são os seguintes:

a) assimilar

A mensagem profética vive na medida em que é percebida como uma realidade viva e real por homens que a encarnam e a tornam sua, isto é, na medida em que é assimilada. A profecia não é apenas uma palavra que é ouvida, um julgamento que é aceito em toda a sua seriedade e sua dimensão de absoluta, mas é, sim, uma mensagem com a qual se dialoga, das quais as instâncias e as intuições são revividas e com a qual se mantém em relacionamento, muitas vezes sob tensão.

A profecia é uma mensagem que pode-se definir, embora com diferenças consideráveis e com alguma impropriedade, como sendo algo semelhante à poesia. Para que um poema seja vivo, não basta que tenha sido escrito por um poeta, mesmo que seja um gênio, mas é necessário que outras pessoas o façam seu, reconheçam-se neles, que repitam seus versos identificando-se neles. Um poema está vivo quando um homem o torna vivo com sua vida interior e, semelhantemente, a profecia está viva quando as pessoas pertencentes à comunidade dos crentes a vivem como sendo suas. Somente desta maneira a profecia se torna atual.

Assimilar a profecia, portanto, não significa apenas entender o seu significado, compreendê-lo, mas significa torná-lo próprio e isso envolve, em termos modernos, existir uma resposta à palavra lida. Assimila-se a pregação do Evangelho não só quando se avalia o seu objetivo e se entende conceitualmente, mas quando se é capaz de intercalar na leitura as posições pessoais de fé, quando se é capaz de responder com as próprias palavras àquilo que se lê.

b) repensar

Se a primeira geração dos discípulos de Amós assimilou sua mensagem, ela o fez sua, a segunda geração, ou aquelas gerações posteriores, não se limitaram a isso, mas fez mais, repensaram sua profecia. Paradoxalmente, seguindo seu próprio caminho e revivendo as suas palavras como absolutas, chegaram a conclusões diferentes e opostas e responderam ao anúncio de condenação e de julgamento não com "amém", mas com as profecias de restauração.

Eles inverteram, de modo coerente com a sua polêmica e sua pregação, as suas próprias palavras e, retomando com plena liberdade as suas fórmulas, eles as usaram para transmitir uma mensagem de vida e esperança. "Dias virão ..." disse o pastor de Tekoa anunciando a deportação, enquanto "dias virão ..." dizem seus discípulos, anunciando o retorno dos exilados. Esta não é, claro, uma constatação gratuita, uma reviravolta otimista no próprio coração da mensagem de condenação, uma vez que este tema já foi examinado e constatou-se que trata-se de uma impostação nova e original para a profecia da qual os capítulos 40 a 55 de Isaías são o maior testemunho.

O fato singular é que esses crentes sentiram o dever de intercalar esta mensagem de vida e renovação, precisamente no texto profético mais sombrio e destituído de esperança. Eles fizeram isso porque essas páginas permaneceram, para eles, vivas e atuais, e não se tornaram um livro velho e desatualizado. A um crente educado em uma comunidade evangélica não pode escapar a profunda analogia existente entre essa sensibilidade espiritual, típica dos círculos proféticos, e sua concepção de pregação.

De fato, é evidente que toda meditação do Evangelho, ou de uma página da Escritura, tem, para a comunidade que se pretende evangélica, um significado completamente diferente, a exemplo daquilo que a comunidade católica pretende quando fala de "liturgia da Palavra ". A releitura do texto antigo não tem significado de comemoração litúrgica, não é uma mera afirmação de seu valor perene, nem é apenas uma homenagem obediente à Palavra revelada no passado, mas é a releitura e o diálogo constante com uma mensagem que se declara absolutamente válida, mas que se quer fazer reviver no presente.

No sentido que deve ser claramente afirmado que, por pregação, uma comunidade evangélica não entende ser apenas o sermão dominical, mas toda leitura e interpretação do texto sagrado, a pregação evangélica não é comemoração, mas assimilar e repensar a palavra transmitida pela Igreja. É isso apenas, ou não é nada!

Nesse sentido, isso significa que em torno da palavra profética deve-se iniciar um debate, deve-se falar e até mesmo divergir, pois ela deve estar no centro de um movimento de vida e pensamentos, de crises e estudo, e não no centro de uma liturgia ou de um ritual. Não se comemora a profecia, pois ela nos ataca e nos fala na medida em que nos ataca. Mais uma vez, não é diferente do evento da Páscoa, quando os discípulos e as mulheres, os embalsamadores piedosos da profecia, descobriram sua presença e seu choque. E só esse choque é profético, todos os outros são previsões, prognósticos e contestações que se esvaem no vazio

c) minorias

Um fato singular que deve ser notado na história do livro de Amós e nas suas leituras subsequentes, é a presença de uma minoria de crentes envolvidos em torno dela. Não é todo o povo de Israel que transmite a profecia e a relê, mas algumas pessoas comprometidas, que acreditam em sua atualidade, que se reconhecem nessas páginas e lhes dão vida, assimilando-as. Esta consideração deve nos tornar extremamente cautelosos sobre a ilusão de transformar a Igreja cristã, o cristianismo, em uma comunidade profética, num núcleo de pessoas que fazem da referência à profecia o significado de suas vidas.

A Igreja parece sempre tender a assumir as características de um Israel de Amós mais do que a comunidade de discípulos de Cristo, parece sempre mover-se na linha da religião mais do que na linha da profissão de fé e parece sempre aceitar compromissos com o poder ao invés de distanciar-se de suas situações de privilégio. Se for mesmo assim, ela adaptará a extraordinária mensagem de esperança cristã às exigências da política eclesiástica, preferindo os ritos sagrados à justiça vivida de maneira concreta.

A profecia sempre se situará em uma posição de minoria, expressão de poucos, e sempre corresponderá à realidade dos núcleos dos crentes, que estão situados na linha da Palavra de Cristo, mas dentro da indiferença geral. A Igreja profética nunca existirá. Podem surgir situações históricas em que o núcleo dos crentes dará uma expressão mais relevante à sua profissão de fé e obterá maior audiência e atenção, momentos em que a palavra suscita ecos mais profundos na cristandade e no mundo, mas as comunidades que se propõem a assimilar e repensar a palavra profética junto com Cristo, sempre permanecerão minorias.

CONSIDERAÇÕES FINAIS

Amós é apenas um dos doze "pequenos profetas" e, no entanto, sua coleção, que possui apenas nove curtos capítulos e 146 versos, é de grande importância para o povo de Deus. Ele é, de fato, o primeiro profeta de Israel cujos oráculos, pronunciados no oitavo século antes de nossa era, foram escritos e mantidos até a era moderna. Além disso, sua coleção de oráculos contém todos os principais temas que serão amplificados posteriormente pelos "grandes profetas", a saber, Isaías, Jeremias e Ezequiel. Sua crítica da injustiça por trás de todas as aparências de legalidade estrita, seus ataques contra a perversidade de uma religião que acredita justificadas, através da multiplicidade e abundância de orações e oferendas, as injustiças sociais mais gritantes, faz da sua mensagem uma das mais atualizadas até os dias de hoje.

Mas, ainda mais do que o arauto da verdadeira justiça e adoração a Deus, Amós é o profeta da palavra. De fato, o pecado dos filhos de Israel atinge seu apogeu quando, rejeitando o profeta, eles recusam a própria Palavra que poderia salvá-los. Portanto, haverá apenas um caminho para que Deus seja ouvido: a morte infligida como a correção paterna final. O fim de Israel, a destruição de suas instituições políticas e religiosas então vigentes, será, paradoxalmente, o caminho para o seu renascimento.

Em diversos momentos, ao longo deste livro, pessoas, fatos e situações foram mencionadas com a finalidade de facilitar o entendimento das palavras de Amós, em particular palavras e atitudes de Jesus Cristo. As palavras que encontramos no livro de Amós estão muito bem alinhadas com as palavras de Jesus Cristo, proferidas séculos depois, e estas nos dão suporte para compreender ainda melhor o contexto e a mensagem de Deus ao povo de Israel, naquele tempo remoto, e aos crentes de hoje, em nosso contexto.

No entanto, qualquer que seja a história exata do texto, podemos concluir que o trabalho de Amós, em seu estado final, é extremamente elaborado e isso levou os estudiosos a uma interpretação fortemente articulada e verdadeiramente renovada das palavras do pastor de Tekoa.

Não há conclusões imutáveis possíveis a respeito do texto do livro de Amós, exatamente pelo fato de não ser possível aprisionar Deus dentro de uma teoria ou religião, nem apropriar-se de Sua vontade ou de submeter Suas decisões colocando-se variáveis e constantes em alguma fórmula pré-elaborada. Nós somos pequenos demais para sequer imaginar qualquer coisa nesse sentido! Cada pessoa é um ser vivo e experimenta mudanças no seu físico e no seu pensamento ao longo de sua vida e as sociedades experimentam mudanças constantes e diversificadas ao longo de sua história, no entanto, o que Deus requer das pessoas e os reflexos de suas atitudes concretas na sociedade não se altera. Como resulta do trabalho de exegese, o que muda são apenas as palavras utilizadas para afirmar a mesma vontade de Deus.

Nos dias de hoje, dispomos de estatísticas e de métodos científicos de análise de dados e podemos constatar que cresce o número de pessoas que se dizem "leigas", "sem religião" ou "ateus". De fato, ouvem-se pessoas que contestam o cristianismo e que dizem que Deus dos cristãos é um ser vingativo, opressor e que tem prazer em intimidar e castigar os seus fiéis, no entanto fica claro aqui, através do texto e do testemunho vivencial de Amós, que temos um Deus vivo, que ama o povo de Israel assim como as pessoas de todos os povos, que propõe a todos uma vida repleta de relacionamentos baseados na justiça e que deles espera respostas concretas e vivenciais de amor, e não somente cultos e religião.

Esperamos sempre saber um pouco mais a respeito de Deus, nosso Senhor, e de conhecer um pouco sobre a Sua vontade e, na medida em que avançamos, cresce nossa responsabilidade em divulgar a outros, evangelizar e, principalmente, dar exemplos e testemunhos vivos e concretos.

Nesse sentido, com humildade e sabedoria, devemos tomar atitudes que nos coloquem, cada um, nos caminhos corretos, nas veredas da justiça, a saber, alertar, analisar, influenciar e proclamar a palavra de Deus e buscar a Sua justiça, sem a menor pretensão de sermos elevados à condição de profetas, mas apenas de sermos obedientes às palavras de Jesus Cristo e à vontade de Deus.

> Pois: *Assim diz o Senhor:*
> *Não se glorie o sábio na sua sabedoria,*
> *nem o forte na sua força,*
> *nem o rico nas suas riquezas;*
> *mas o que se gloriar, glorie-se nisto: em me conhecer e saber que Eu sou o Senhor e faço misericórdia, juízo e justiça na terra, porque destas coisas me agrado, diz o Senhor* (Jer. 9: 23-24).

REFERÊNCIAS

AMLER, S. **Amos, Commentaire de l'Ancien Testament**, Xla, Neuchatel-Paris, 1965.

DIZIONARIO Biblico. G. Miegge; G.TOURN MILANO (coord.). 1968.

HAURET, C. **Amos et Osée**, Verbum Salutis 5, Paris, 1970.

TRADUCTION Oecuménique de la Bible. Septuaginta, ed. du CERF, Sociedade Bíblica do Brasil, São Paulo, 2017. Disponível em: https://www.editionsducerf.fr/.

VAN RAD, G. **Théologie de l'Ancien Testament**, Il, Genève, 1965.

WEISER, A. **Die Propheten, Das Alte Testament deutsch**, 24, Gottingen, 1959.

WERNER, H. **Amos, Exempla Biblica IV**, Geittingen, 1969.

WOLFF, H. W. **Die Stunde des Amos**, München, 1969.

ÍNDICE REMISSIVO

A
Amós 7, 9, 10, 13, 15, 30, 31, 32, 37, 39, 41, 42, 44, 45, 46, 47, 49, 51, 52, 55, 56, 57, 58, 59, 60, 61, 62, 63, 64, 65, 66, 67, 68, 69, 70, 71, 73, 74, 75, 76, 78, 79, 80, 81, 82, 83, 84, 85, 86, 87, 88, 89, 90, 91, 92, 93, 94, 95, 96, 97, 98, 105, 106, 108, 109, 110, 111, 112, 113, 114, 115, 116, 119, 120, 125, 127, 128, 130, 131, 132, 133, 134, 136, 137, 138, 139, 141, 143, 144, 145, 146, 147, 148, 149, 150, 151, 152, 153, 155, 156, 157, 159, 160, 163, 164, 165, 166, 168, 169, 171, 173, 175, 180, 181, 182, 183, 184, 185, 186, 187, 191, 192, 193, 194, 195, 196, 197, 198, 199, 201, 202, 204, 205, 206, 207, 210, 213, 216, 217, 219, 220, 221, 223, 224, 227, 228, 229, 230, 231, 232, 233, 234, 235, 237, 238

B
Betel 21, 22, 24, 31, 34, 41, 42, 44, 45, 48, 56, 58, 62, 63, 66, 67, 90, 93, 107, 108, 110, 139, 141, 142, 145, 146, 148, 149, 151, 153, 155, 160, 164, 174, 206, 223

C
Casa de Israel 24, 27, 29, 31, 35, 58, 100, 103, 142, 143, 164, 189, 191
Ciclo de visões 87, 88, 204, 223
Comunidade 43, 48, 49, 59, 61, 63, 66, 68, 69, 70, 71, 72, 73, 74, 82, 85, 94, 95, 97, 115, 127, 128, 129, 130, 131, 133, 134, 135, 136, 137, 138, 146, 147, 149, 150, 151, 152, 153, 155, 158, 159, 160, 169, 180, 181, 182, 185, 186, 187, 195, 196, 198, 199, 201, 206, 207, 208, 209, 211, 218, 219, 220, 221, 223, 227, 228, 229, 230, 231, 232, 233, 234, 235
Comunidade dos crentes 94, 135, 136, 195, 199, 208, 229, 232, 233
Condenação 7, 32, 41, 66, 77, 78, 79, 82, 83, 86, 87, 89, 93, 95, 97, 98, 99, 106, 107, 110, 111, 115, 119, 120, 124, 131, 132,

133, 140, 144, 145, 152, 163, 165, 170, 171, 174, 175, 178, 184, 190, 194, 197, 201, 202, 213, 214, 223, 225, 227, 228, 233
Consciência 51, 61, 63, 83, 84, 88, 89, 90, 95, 112, 116, 127, 135, 137, 138, 139, 146, 153, 158, 163, 166, 169, 170, 174, 185, 192, 209, 217, 218, 221
Crentes 43, 47, 70, 71, 94, 111, 112, 133, 134, 135, 136, 137, 138, 146, 151, 156, 158, 160, 163, 167, 195, 198, 199, 207, 208, 209, 218, 219, 220, 221, 227, 228, 229, 231, 232, 233, 234, 235, 238
Cristã 43, 63, 69, 70, 71, 72, 74, 94, 114, 115, 127, 134, 135, 137, 138, 158, 159, 160, 161, 195, 196, 198, 199, 208, 211, 212, 217, 235
Cristo 9, 13, 71, 74, 112, 113, 114, 115, 117, 138, 146, 160, 161, 197, 200, 232, 235, 237, 239
Culto 34, 40, 48, 51, 60, 63, 64, 68, 78, 125, 127, 139, 140, 141, 143, 145, 146, 147, 148, 150, 151, 152, 153, 155, 158, 160, 168, 184, 194, 198, 200, 206, 207, 221

D

Davi 28, 35, 47, 48, 50, 52, 64, 103, 122, 123, 154, 189, 193, 194, 197, 224, 226
Deus 9, 11, 13, 15, 16, 17, 18, 19, 20, 21, 22, 23, 24, 25, 26, 27, 28, 29, 30, 31, 32, 33, 34, 35, 36, 39, 40, 43, 44, 45, 47, 49, 50, 51, 52, 53, 55, 57, 58, 59, 60, 61, 62, 63, 65, 66, 69, 70, 71, 72, 73, 76, 80, 82, 83, 84, 85, 86, 87, 89, 92, 93, 95, 96, 97, 98, 100, 101, 102, 104, 105, 106, 109, 110, 111, 112, 113, 114, 115, 116, 119, 120, 123, 125, 126, 127, 128, 129, 130, 131, 133, 134, 136, 137, 138, 139, 140, 141, 142, 143, 144, 145, 146, 147, 148, 149, 150, 151, 153, 155, 156, 159, 160, 161, 164, 166, 167, 168, 169, 170, 171, 175, 176, 177, 179, 180, 183, 186, 192, 195, 196, 198, 199, 201, 202, 203, 204, 205, 206, 207, 208, 209, 210, 211, 214, 215, 216, 217, 218, 219, 220, 223, 224, 225, 226, 229, 230, 237, 238, 239
Deus dos Exércitos 21, 24, 25, 26, 27, 28, 29, 39, 98, 101, 104, 142, 144, 176, 214, 215, 225

Dia de Javé 101, 102, 107, 114, 141, 164, 165, 168, 169, 170, 215
Divina 41, 51, 55, 60, 61, 65, 67, 68, 71, 72, 77, 83, 85, 86, 87, 89, 91, 95, 97, 103, 106, 107, 109, 111, 115, 127, 130, 131, 132, 134, 138, 140, 148, 149, 159, 161, 167, 175, 186, 195, 197, 201, 207, 209, 211, 212, 216, 219, 224

E
Eleição de Israel 7, 87, 119, 126, 131, 189
Episódio de Betel 42, 45, 62, 66, 108, 141, 146, 223
Espiritual 22, 35, 40, 47, 52, 62, 63, 70, 71, 80, 88, 91, 93, 106, 110, 128, 135, 138, 145, 151, 154, 155, 157, 158, 184, 195, 209, 217, 221, 231, 234
Exércitos 21, 24, 25, 26, 27, 28, 29, 35, 39, 98, 101, 104, 142, 144, 167, 168, 169, 176, 213, 214, 215, 225

F
Fé 40, 47, 49, 52, 53, 55, 56, 59, 60, 62, 63, 65, 68, 71, 73, 74, 82, 91, 92, 96, 112, 114, 125, 127, 130, 135, 137, 138, 145, 146, 147, 148, 150, 151, 152, 153, 154, 155, 156, 158, 159, 160, 161, 164, 166, 167, 168, 169, 170, 180, 186, 193, 195, 196, 197, 201, 206, 207, 208, 209, 210, 211, 215, 217, 218, 219, 220, 221, 223, 231, 233, 235, 237
Filisteus 16, 28, 35, 49, 119, 122, 126, 129, 132, 133, 134, 136, 189, 198
Fim de Israel 81, 82, 83, 84, 85, 86, 87, 91, 97, 116, 237

G
Guerra 16, 17, 23, 24, 31, 32, 34, 35, 39, 55, 57, 112, 120, 122, 124, 138, 166, 167, 168, 169, 170, 197, 206, 209, 213, 214

H
História 39, 45, 46, 47, 48, 49, 50, 51, 52, 59, 61, 62, 65, 67, 71, 73, 79, 81, 82, 88, 95, 106, 109, 110, 111, 114, 127, 129, 130, 131, 132, 133, 134, 135, 137, 146, 153, 161, 163, 169, 171, 180,

193, 196, 197, 200, 205, 207, 209, 210, 211, 213, 217, 218, 223, 227, 230, 231, 234, 238
Homem 18, 24, 26, 42, 44, 45, 46, 52, 53, 56, 59, 63, 64, 65, 66, 67, 68, 72, 73, 76, 78, 83, 84, 85, 88, 89, 90, 92, 93, 105, 111, 112, 115, 116, 124, 128, 134, 140, 147, 149, 151, 153, 154, 157, 159, 166, 177, 178, 179, 182, 183, 185, 193, 198, 214, 216, 220, 233
Humanidade 53, 95, 112, 113, 114, 127, 130, 134, 135, 136, 137, 146, 156, 157, 175, 180, 183, 200

I

Igreja 69, 71, 72, 74, 75, 95, 134, 135, 136, 137, 155, 158, 159, 194, 195, 196, 197, 198, 199, 219, 231, 232, 234, 235
Israel 7, 13, 15, 18, 19, 20, 21, 22, 23, 24, 27, 28, 29, 30, 31, 32, 33, 35, 36, 37, 38, 39, 40, 41, 42, 44, 45, 46, 47, 48, 49, 50, 51, 52, 53, 55, 58, 59, 61, 62, 63, 64, 65, 66, 67, 68, 71, 75, 77, 78, 79, 80, 81, 82, 83, 84, 85, 86, 87, 88, 89, 91, 97, 98, 99, 100, 101, 103, 104, 105, 106, 107, 108, 109, 110, 111, 115, 116, 119, 120, 121, 122, 123, 124, 125, 126, 127, 128, 129, 130, 131, 132, 133, 134, 136, 138, 139, 140, 142, 143, 144, 145, 146, 147, 148, 149, 150, 151, 152, 153, 154, 155, 156, 157, 163, 164, 165, 166, 167, 168, 169, 170, 171, 173, 174, 178, 179, 181, 184, 186, 187, 189, 190, 191, 192, 193, 194, 197, 201, 203, 205, 206, 207, 208, 213, 214, 217, 218, 219, 220, 221, 223, 224, 225, 226, 227, 229, 230, 232, 234, 235, 237, 238

J

Javé 7, 8, 9, 10, 39, 40, 41, 47, 48, 50, 51, 55, 57, 58, 59, 60, 61, 62, 65, 67, 68, 73, 75, 76, 77, 78, 79, 81, 82, 86, 87, 91, 93, 94, 97, 98, 100, 101, 102, 104, 105, 106, 107, 109, 111, 113, 114, 119, 121, 126, 127, 128, 129, 130, 131, 132, 133, 134, 139, 140, 141, 142, 144, 145, 147, 148, 149, 150, 151, 152, 153, 154, 155, 156, 164, 165, 166, 167, 168, 169, 170, 174, 175, 177, 180, 182, 185, 186, 187, 188, 190, 191, 194, 196, 197, 201, 204, 205, 206, 207, 213, 214, 215, 216, 217, 218, 219, 220, 223, 224, 225, 226, 227, 229, 230

Jerusalém 15, 18, 27, 37, 40, 45, 48, 49, 51, 57, 64, 78, 86, 102, 108, 124, 139, 141, 145, 185, 224, 226
Jogo de palavras 76, 79, 86, 108, 148, 149, 164, 190
Juízo 7, 24, 25, 26, 27, 29, 67, 84, 89, 100, 102, 103, 114, 115, 117, 170, 201, 202, 204, 211, 216, 219, 241
Julgamento 44, 49, 51, 57, 66, 75, 77, 82, 83, 85, 86, 89, 91, 94, 95, 97, 98, 100, 104, 105, 106, 107, 112, 113, 114, 115, 116, 117, 120, 121, 126, 131, 132, 133, 134, 144, 157, 170, 174, 187, 200, 201, 202, 204, 206, 207, 208, 211, 214, 219, 223, 226, 227, 229, 230, 232, 233
Justiça 3, 4, 10, 24, 25, 27, 29, 30, 51, 83, 140, 142, 143, 150, 151, 155, 156, 174, 175, 176, 178, 179, 180, 181, 183, 184, 186, 200, 225, 235, 237, 238, 239, 241

L
Linguagem 10, 13, 15, 56, 59, 60, 61, 79, 80, 85, 90, 98, 105, 112, 114, 124, 147, 149, 150, 156, 164, 169, 178, 184, 192, 193, 205, 208, 209, 227, 228
Livro de Amós 7, 9, 10, 13, 15, 41, 44, 45, 46, 49, 75, 91, 97, 130, 163, 201, 216, 230, 234, 237, 238

M
Maldições contra os povos 204, 205, 227
Mundo 19, 22, 34, 43, 52, 61, 64, 65, 68, 69, 80, 90, 114, 117, 129, 134, 135, 136, 137, 138, 158, 168, 195, 198, 211, 214, 217, 218, 219, 237

O
Obra de Deus 87, 105, 112, 147, 208, 216, 223
Oráculo 41, 44, 55, 58, 60, 62, 76, 86, 87, 97, 98, 99, 100, 101, 102, 104, 105, 106, 107, 109, 114, 119, 120, 121, 126, 128, 129, 130, 131, 133, 139, 140, 141, 145, 149, 150, 152, 163, 164, 174, 175, 178, 180, 182, 183, 187, 188, 189, 192, 193, 194, 196, 201, 202, 203, 204, 205, 213, 223, 224, 225, 226, 228, 229, 230
Oráculo de Javé 97, 101, 104, 121, 141, 188, 223, 224, 225, 226
Oráculo do senhor Javé 98, 100, 102, 104, 105, 141

P

Palavra de Deus 43, 55, 60, 66, 69, 92, 93, 100, 105, 110, 136, 140, 149, 159, 161, 167, 195, 198, 199, 207, 209, 218, 239

Palavra de Javé 58, 59, 60, 61, 62, 65, 98, 100, 105, 132, 140, 156, 201, 230

Pecado 82, 83, 97, 100, 112, 119, 122, 123, 124, 125, 126, 128, 144, 149, 155, 157, 180, 192, 193, 197, 198, 205, 220, 229, 237

Poder 7, 37, 38, 41, 47, 50, 63, 64, 66, 71, 82, 87, 89, 92, 95, 98, 99, 100, 101, 105, 106, 107, 110, 115, 126, 129, 153, 158, 159, 164, 167, 170, 173, 175, 177, 179, 181, 183, 191, 194, 197, 198, 199, 208, 213, 214, 216, 218, 219, 235

Política 37, 39, 40, 48, 50, 64, 66, 67, 108, 127, 137, 138, 145, 154, 158, 163, 166, 171, 186, 187, 191, 195, 196, 197, 199, 200, 235

Povo 13, 15, 16, 17, 18, 19, 20, 21, 22, 23, 24, 26, 27, 28, 29, 30, 31, 32, 33, 35, 36, 40, 41, 44, 45, 46, 47, 48, 50, 51, 53, 58, 59, 62, 63, 65, 66, 68, 76, 78, 79, 81, 82, 83, 84, 85, 87, 89, 92, 93, 97, 99, 100, 102, 103, 104, 105, 106, 107, 108, 109, 110, 111, 112, 114, 115, 119, 121, 125, 126, 127, 128, 130, 131, 132, 133, 134, 136, 137, 138, 139, 140, 150, 151, 152, 153, 154, 158, 164, 165, 166, 167, 168, 169, 170, 171, 174, 179, 180, 181, 182, 186, 187, 189, 190, 191, 192, 194, 196, 197, 198, 201, 204, 205, 206, 207, 210, 211, 217, 219, 220, 223, 225, 226, 229, 230, 234, 237, 238

Povo de Deus 40, 51, 58, 59, 62, 119, 125, 134, 136, 137, 166, 171, 179, 186, 192, 196, 198, 237

Povo de Israel 13, 15, 18, 19, 21, 22, 23, 24, 27, 28, 29, 30, 31, 32, 33, 35, 36, 48, 51, 78, 97, 105, 132, 138, 150, 166, 170, 190, 206, 234, 238

Pregação 41, 42, 44, 48, 51, 55, 57, 61, 63, 65, 66, 67, 68, 70, 71, 74, 82, 84, 85, 86, 96, 105, 106, 108, 110, 114, 140, 146, 149, 195, 199, 205, 209, 211, 213, 220, 223, 224, 230, 233, 234

Pregação de Amós 41, 55, 66, 67, 82, 110, 213, 223

Presença de Deus 61, 85, 114, 115, 137, 164, 168, 169, 170, 207, 210, 214, 217, 218, 219

Profecia 4, 55, 59, 60, 61, 62, 64, 65, 66, 67, 68, 69, 70, 71, 72, 73, 74, 80, 82, 86, 91, 92, 93, 94, 95, 96, 97, 105, 106, 107, 108, 114, 115, 116, 117, 119, 120, 158, 160, 185, 195, 196, 197, 198, 199, 200, 201, 210, 213, 219, 220, 221, 228, 229, 230, 231, 232, 233, 234, 235
Profeta 9, 11, 13, 20, 31, 40, 41, 42, 43, 44, 45, 46, 51, 53, 55, 56, 58, 60, 61, 62, 63, 64, 65, 66, 67, 68, 70, 71, 72, 73, 74, 75, 76, 81, 82, 83, 84, 85, 86, 87, 88, 89, 90, 92, 93, 94, 95, 97, 98, 99, 101, 105, 106, 107, 108, 109, 116, 119, 120, 125, 131, 132, 133, 134, 136, 139, 140, 141, 143, 145, 146, 148, 150, 152, 153, 156, 160, 163, 164, 166, 171, 175, 182, 183, 185, 186, 190, 191, 193, 199, 204, 205, 207, 210, 219, 220, 228, 230, 231, 237

R
Reino de Israel 37, 38, 47, 51, 64, 77, 173
Reino do Norte 44, 45, 48, 49, 50, 63, 66, 89, 101, 126, 145, 185, 189
Religião 7, 40, 63, 65, 67, 102, 133, 139, 146, 147, 150, 151, 156, 157, 158, 159, 160, 161, 183, 206, 218, 235, 237, 238

S
Sacerdotes 64, 68, 120, 133, 137, 141, 142, 144, 147, 148, 149, 155, 160, 179, 198, 213
Samaria 20, 21, 27, 28, 34, 37, 38, 49, 66, 89, 98, 101, 102, 110, 139, 144, 153, 154, 182, 183, 187, 188, 189, 190, 191, 192, 193, 196, 227, 228
Santuários 22, 31, 40, 48, 51, 52, 64, 68, 78, 89, 93, 110, 120, 125, 132, 140, 142, 144, 145, 148, 149, 150, 152, 155, 190, 220, 221, 229
Senhor Javé 57, 75, 77, 78, 79, 98, 100, 102, 104, 105, 141, 165, 187, 188, 215, 225
Sentença de condenação 82, 86, 97, 119, 132, 140, 163, 213
Série de Oráculos 41, 84, 97, 99, 132, 174, 223
Sociedade 9, 13, 15, 40, 73, 133, 134, 135, 136, 154, 155, 156, 157, 158, 173, 175, 181, 183, 184, 185, 187, 192, 193, 196, 198, 199, 228, 238, 241

T

Tekoa 15, 37, 41, 45, 46, 52, 74, 88, 115, 116, 185, 233, 238
Tema do lamento fúnebre 99, 108
Teologia 4, 10, 48, 59, 110, 115, 117, 127, 128, 129, 132, 135, 137, 139, 155, 159, 168, 178, 184, 191, 200, 205, 211, 213, 216, 217, 218, 220
Tradição 40, 48, 52, 53, 55, 57, 59, 60, 63, 65, 67, 68, 82, 84, 99, 125, 145, 148, 150, 152, 155, 166, 168, 169, 170, 181, 193, 197, 205, 206, 221, 227, 230

V

Verdade 25, 37, 42, 43, 44, 53, 56, 59, 60, 63, 66, 67, 74, 85, 91, 92, 100, 107, 112, 121, 126, 128, 130, 152, 153, 156, 163, 195, 209, 210, 211, 214, 231
Visões 7, 41, 42, 43, 44, 45, 75, 78, 80, 81, 83, 84, 85, 86, 87, 88, 89, 90, 91, 92, 93, 116, 119, 132, 171, 204, 223
Vocação 50, 55, 65, 71, 72, 73, 74, 75, 81, 88, 89, 94, 106, 121, 132, 136, 137, 138, 194, 195, 197, 199, 220
Vontade de Deus 9, 11, 66, 73, 80, 137, 148, 150, 201, 238, 239

SOBRE O LIVRO
Tiragem: 1000
Formato: 14 x 21 cm
Mancha: 10 x 17 cm
Tipologia: Times New Roman 11,5 | 12 | 16 | 18
Arial 7,5 | 8 | 9
Papel: Pólen 80 g (miolo)
Royal Supremo 250 g (capa)